PLUS HEUREUX
QUE LE DALAÏ-LAMA

Les clés des grands maîtres
appliquées au monde moderne

Catalogage avant publication de Bibliothèque et Archives nationales du Québec et Bibliothèque et Archives Canada

Manchado, José Antonio

[Sea más feliz que el Dalai Lama. Français]

Plus heureux que le dalaï-lama : les clés des grands maîtres / José Antonio Manchado ; traduction, Christine Weber.

Traduction de : Sea más feliz que el Dalai Lama.

ISBN 978-2-89788-165-8 (couverture souple)

1. Bonheur. 2. Tranquillité d'esprit. I. Titre. II. Titre : Sea más feliz que el Dalai Lama. Français.

BF575.H27M3614 2019 152.4'2 C2018-942819-8

Avec la participation financière du gouvernement du Canada. Canada

Nous remercions la Société de développement des entreprises culturelles du Québec (SODEC) pour son appui à notre programme de publication.

Gouvernement du Québec – Programme de crédit d'impôt pour l'édition de livres – Gestion SODEC.

Infographie de la couverture et mise en pages : Marjorie Patry
Révision linguistique et corrections d'épreuves : Daniel Picard
Traduction : Christine Weber

Éditeur : Les Éditions Le Dauphin Blanc inc.
Complexe Lebourgneuf, bureau 125
825, boulevard Lebourgneuf
Québec (Québec) G2J 0B9 CANADA
Tél. : 418 845-4045 Téléc. : 418 845-1933
Courriel : info@dauphinblanc.com
Site web: www.dauphinblanc.com

ISBN version papier: 978-2-89788-165-8
ISBN version numérique epdf : 978-2-89788-166-5
ISBN version numérique epub : 978-2-89788-167-2

Dépôt légal : 1er trimestre 2019
Bibliothèque nationale du Québec
Bibliothèque et Archives Canada

Données de catalogage disponibles auprès de Bibliothèque et Archives nationales du Québec.

Imprimé au Canada

Limites de responsabilité

L'auteur et la maison d'édition ne revendiquent ni ne garantissent l'exactitude, le caractère applicable et approprié ou l'exhaustivité du contenu de ce programme. Elles déclinent toute responsabilité, expresse ou implicite, quelle qu'elle soit.

PLUS HEUREUX QUE LE DALAÏ-LAMA

Les clés des grands maîtres appliquées au monde moderne

José Antonio Manchado

Traduit de l'espagnol
par Christine Weber

Le Dauphin Blanc

À Julia Rivas pour son aide précieuse et son soutien dans la réalisation de cette œuvre.

Sommaire

Introduction et remerciements

« On peut allumer des dizaines de bougies
à partir d'une seule sans en abréger la vie.
On ne diminue pas le bonheur en le partageant. »

Bouddha

Je consacre une grande partie de ma vie à dispenser des cours et des séminaires axés sur la découverte intérieure, le bien-être, la reconnexion avec la vie, et sur l'art de mener une vie réellement heureuse. Lors de ces cours, je me sers souvent d'anecdotes et d'expériences que j'ai eu la chance de vivre pour illustrer à partir d'exemples concrets le message que je veux transmettre. En font partie : la résolution de défis, la gestion de peurs, les outils permettant de découvrir sa véritable nature et de vivre en paix et en pleine conscience.

De nombreux patients, élèves et amis me suggéraient d'écrire un livre pour que toutes ces expériences puissent profiter à un plus grand public. C'est ainsi qu'un beau jour j'ai décidé de rassembler quelques-unes d'entre elles et de les mettre à la disposition de tous les êtres sans exception.

Si les situations que je raconte ici sont bien réelles, toutes des fruits de mes propres expériences, elles ne sont néanmoins pas relatées dans un ordre chronologique : j'ai choisi de me centrer sur l'enseignement en soi, sur le message qui en ressort et sur les exercices de paix et de clarté mentale, en sélectionnant intuitivement les cas qui me paraissaient le mieux illustrer ces expériences. La plupart des histoires sont accompagnées d'une réflexion de maîtres spirituels et d'une application pratique. D'autres invitent simplement le lecteur à garder le silence, à être à l'écoute de ce qu'il ressent suite à la lecture du récit.

Je voudrais préciser qu'en dépit du titre, ce livre n'est pas exclusivement d'orientation bouddhiste et ne traite pas du Dalaï-lama, personne dont j'admire et respecte toutefois profondément le grand travail accompli en faveur de l'éveil de la conscience et de la diffusion des enseignements du Dharma et de la paix dans le monde.

En raison de la grande variété d'enseignants spirituels qui m'ont guidé et inspiré, vous retrouverez dans ce livre l'essence de nombreuses philosophies et de divers chemins spirituels. C'est pourquoi je vous invite à ouvrir votre cœur et à lire son contenu au-delà de l'étiquette ou du concept, en comprenant que tous les chemins sont des rivières qui mènent au même océan.

Mon intention en écrivant cet ouvrage a été de bâtir un petit pont entre les méthodes ancestrales et le monde moderne dans lequel nous vivons. D'autre part, même si, à un niveau profond, c'est l'unité – ou la non-dualité – qui est à la base desdits enseignements, c'est un langage de dualité qui est ici employé. Je m'explique : ma priorité est de rendre accessible et pratique ce qui à première vue semble compliqué ou seulement à la portée de quelques «chanceux». Mon propos étant que ce livre puisse être compris par n'importe quel lecteur, quelles que soient ses connaissances, j'ai donc pris le parti de raconter les situations que j'ai vécues en gardant le niveau de conscience que j'avais au moment où elles se sont produites. C'est-à-dire que j'ai choisi de renoncer à la forme pour privilégier le contenu. Mon cœur me dit en effet que la véritable manière de comprendre ces enseignements se fait depuis la pratique et l'expérience directe.

Ce que vous allez lire à présent et, si vous le désirez, mettre en pratique, vous servira à « déprogrammer » un esprit « programmé » en fonction du conflit, vous permettant ainsi d'expérimenter un état de paix authentique, inconditionnel et véritable.

Pour finir, j'aimerais exprimer ma profonde gratitude à tous les êtres qui m'ont inspiré cet ouvrage et qui m'ont aidé à « déprogrammer » (absence de limites) mon esprit, pour que je puisse me rappeler, me réveiller et atteindre l'état de bonheur et de compréhension que je vis aujourd'hui.

Merci à tous mes amis, élèves, et aux mille patients et plus que j'ai traités. Un remerciement tout particulier à des maîtres comme Kalu T. ou M. Díaz et à une infinité d'êtres extraordinaires qui m'ont donné l'occasion de comprendre et de retrouver le sens de la vie.

Enfin, bien sûr, un grand MERCI à ma famille : à mon père et à ma mère que j'aime de manière inconditionnelle pour être eux aussi mes grands et mes meilleurs maîtres.

Merci !

Que les enseignements bénéfiques de ce livre profitent à tous les êtres sans exception !

José Antonio Manchado

Chapitre 0

« S'attendre à ce qu'une simple compréhension intellectuelle des textes bouddhistes nous aide à résoudre nos problèmes, c'est comme prétendre qu'une personne malade guérisse en lisant juste la notice, mais sans prendre le médicament. »

Gueshe Kelsang Gyatso

Lors de mes premières rencontres avec mes maîtres, je percevais et j'observais chez eux des sourires et des regards pleins de joie, et j'avais la sensation étrange (au même titre d'ailleurs que d'autres compagnons occidentaux) qu'ils connaissaient quelque chose d'amusant qui m'échappait.

Un jour où je leur parlais de ce que je considérais être mes problèmes, un de ces enseignants spirituels fit remarquer que la vie était une grande et merveilleuse histoire drôle, et que la seule gageure était de pouvoir la comprendre pour rire avec elle.

Je lui demandai s'il voulait bien me la raconter.

« Je t'apprendrai quelques exercices, destinés à révéler ta véritable nature, qui t'aideront à découvrir le caractère illusoire de ce que tu appelles "problème". Cette essence authentique est comme un immense soleil radieux et, pour se connecter à lui, il suffit de retirer les nuages de l'ignorance qui le recouvrent », telles furent ses paroles.

Aujourd'hui, après avoir expérimenté les enseignements de ces grands sages, je souris, me sentant vraiment heureux, me sachant UN avec la vie. Il s'agit d'outils simples que je partage jour après jour. Une grande partie d'entre eux se trouvent dans ce livre.

Commençons donc le voyage de la rencontre avec notre vrai bonheur…

« Je n'ai pas de vérités absolues ni de réponses précises.

En réalité, je ne sais absolument rien.

J'ai simplement ressenti et vécu des expériences.

Ne crois rien de ce que tu m'entends dire.

Mets juste en pratique quelques-uns de ces outils qui pour moi comme pour d'autres ont fonctionné, partage ensuite ton expérience avec tous les êtres sans exception… »

Manchado, José Antonio :

Le yoga de la félicité, atelier, janvier 2012, Lanzarote.

Chapitre 1 : Comment tout a commencé

« Les adieux sont seulement pour ceux qui aiment avec les yeux. Parce que pour ceux qui aiment avec leur cœur et leur âme, il n'y a pas de séparation. »

Rûmî

En 1995, un événement d'une grande intensité est venu changer radicalement le cours de ma vie. J'avais 19 ans lorsque mon grand-père paternel que j'admirais beaucoup et pour qui je ressentais une profonde affection tomba soudainement malade. Sa santé se détériorait de jour en jour, et sa souffrance augmentait, transformant sa routine quotidienne en une lutte constante contre la douleur. Rapidement, il dut se faire hospitaliser.

J'avais fait savoir à ma famille que je n'irais pas lui rendre visite; je voulais garder de lui le souvenir de l'homme qu'il était : fort, joyeux et tranquille. Mon niveau de conscience à cette époque ne me permettait absolument pas d'accepter que la dernière image de mon grand-père qui resterait gravée dans mon esprit fût celle d'un homme âgé, rongé par la douleur.

Toutefois, l'existence ne tient pas toujours compte des résistances de chacun, aussi solides soient-elles. Un jour, une complication inattendue est survenue : j'avais à tout prix besoin de ma voiture, mais mon père l'avait utilisée afin d'aller à l'hôpital. Pour récupérer les clés, je n'avais d'autre choix que de monter dans cette froide chambre d'hôpital dans laquelle un vieillard agonisant, n'ayant physiquement pas grand-chose à voir avec l'homme qu'avait été mon grand-père, criait et délirait, accroché aux draps de son lit, où il mourrait d'ailleurs peu de temps après. Ce fut pour moi, à cette période de ma vie, une image bouleversante qui me resta en mémoire de nombreuses années.

Curieusement, le grand-père d'un de mes amis d'alors mourut également cette même année. Cet homme, d'un âge déjà bien avancé, décida de réunir un samedi après-midi tous les êtres qui lui étaient chers. Bien installé sur son lit, il appela tour à tour chaque membre de sa famille. Il leur donna quelques conseils, leur sourit affectueusement et, après avoir parlé avec la mère de mon ami, dit :

— Maintenant, je peux partir en paix.

Il sourit et, rendant son dernier soupir, il s'éteignit paisiblement.

Ces deux façons de quitter ce monde, si incroyables et différentes, eurent un tel impact sur moi qu'une question surgit du plus profond de mon être : comment est-ce possible qu'une personne puisse mourir avec autant de résistance et de douleur et une autre, de façon si harmonieuse, voire presque joyeuse? Je commençais à avoir l'étrange impression qu'on m'avait caché quelque chose.

C'est à partir de ces deux événements que je me suis lancé dans une longue recherche au cours de laquelle de nombreuses rencontres et expériences m'ont permis de comprendre et de faire la lumière sur ce sujet.

Conte :

– Qu'est-ce que votre maître vous enseigne ? demanda un visiteur.

– Rien, répondit le disciple.

– Dans ce cas, pourquoi prononce-t-il un discours ?

– La seule chose qu'il fait, c'est de nous indiquer le chemin, mais il ne nous enseigne rien.

Devant l'incompréhension du visiteur, le disciple ajouta en guise d'explication :

– Si notre maître nous transmettait des connaissances, nous les transformerions en croyances. Or, ce qui intéresse notre maître, ce n'est pas ce que nous croyons, mais uniquement ce que nous voyons.

Anthony de Melloa

Chapitre 2 : La recherche

« Le bouddhisme n'est pas tant une religion qu'une science de l'esprit. »

Dalaï-lama

« Sans l'expérience directe, les enseignements se convertissent en discours intellectuels ou simple collection de choses à apprendre; ils n'auront alors aucun sens véridique et ne permettront aucun changement dans nos vies. »

Tenzin Wangyal Rimpoché

Suite à l'expérience que fut le décès de mon grand-père, la soif de découvrir la réponse à la multitude de questions qui se bousculaient dans mon esprit me motiva pour assister à toute une série de conférences, de cours, séminaires et discussions sur les religions, philosophies, croyances et tendances spirituelles les plus diverses. Pourtant, aucune d'elles ne résonnait suffisamment en moi.

D'une certaine manière, les concepts dogmatiques, figés, dualistes et trop abstraits, les prétendus lois ou codes auxquels il fallait obéir aveuglément, la rigidité des normes et rites, la recherche constante en dehors de soi-même allaient trop à l'encontre de ma façon simple et naturelle de sentir la vie. Je ne voulais pas vivre sous le fardeau de peurs et de culpabilités ni lutter pour réprimer mes sentiments. Encore moins nier des aspects primordiaux de la Vie en échange de la promesse d'obtenir le salut éternel, ou sous la menace de brûler pour toujours dans les flammes de l'enfer ! Y avait-il vraiment quelqu'un qui allait me récompenser après une existence monotone, taciturne, remplie de culpabilité, et après une vieillesse de souffrance, de conflit et de décrépitude ? Dieu avait-il réellement créé la peur, la culpabilité et la peine ?

Par ailleurs, j'ai également rencontré plusieurs enseignants qui me disaient simplement :

— Ne fais rien ! Il n'y a rien à faire; tout ceci n'est qu'un rêve.

Mais ils oubliaient que pour en arriver là, de façon expérimentale et non pas conceptuelle, eux-mêmes avaient passé de nombreuses années à méditer ou à pratiquer. Je sentais, tout du moins pour ma part, qu'il me manquait quelques outils de base permettant dans un premier temps de « déprogrammer » mon esprit identifié au monde de l'illusion (l'ego), qui recherchait constamment le bonheur à l'extérieur ou dans le monde. Sans quoi Bouddha ne se serait peut-être pas « donné la peine » de transmettre plus de quatre-vingt mille enseignements pour nous aider à découvrir notre vraie nature.

J'eus à ce moment-là la grande chance de croiser sur mon chemin des moines et des lamas bouddhistes tibétains, des maîtres de méditation et de calme mental, des sages et des sonothérapeutes… Tous ces êtres me proposèrent une réponse, adaptant leurs langages et pratiques au niveau de conscience qui était alors le mien. Ils me fournirent ainsi des moyens d'action, et m'indiquèrent un chemin clair sur lequel je pouvais progressivement comprendre, me « déprogrammer », accéder petit à petit au silence intérieur, qui est au-delà des pensées, et me connecter à la sagesse universelle hors de tout concept ou limite. C'est un chemin qui m'a permis de vivre diverses histoires, certaines comme témoin, d'autres comme acteur principal. Elles m'ont empli de compréhension, en créant espace et liberté en mon for intérieur. Ce sont ces histoires que je voudrais maintenant partager avec vous, ainsi que quelques exercices et réflexions de ces grands maîtres qui, eux, vivent dans un état de félicité et de joie inconditionnelle, connectés à leur vraie nature.

Toutes les expériences et personnes qui apparaissent dans ce livre sont réelles. Cependant, pour des raisons de confidentialité et de circonstances personnelles, certaines personnes m'ont demandé de changer ou d'omettre leur nom et localisation afin de conserver leur anonymat et tranquillité.

Note de l'auteur :

Les chapitres suivants prévoient des exercices pratiques et des réflexions que mes maîtres considéraient comme «pre-sadhanas» (pratiques d'avant l'éveil). Une fois éveillé à sa propre nature, on abandonne toute recherche au profit d'un approfondissement de l'expérience de l'Unité.

En observant les réponses que les maîtres nous donnent aux différentes situations et divers défis, nous arriverons sans aucun doute à mieux discerner l'attitude consciente face à la vie. Chaque expérience devient alors un chef-d'œuvre de retrouvailles avec la vérité où demeure le «Maître intérieur» de tout un chacun.

Conte :

On raconte qu'un lama ne cessait de souligner l'importance de percevoir la vacuité. Il priait tous les moines et pratiquants du dharma de se vider entièrement et de distinguer le substrat vide de tous les phénomènes. Devant tant d'insistance, plusieurs moines s'approchèrent un jour de lui et demandèrent :

– Vénérable lama, nous ne remettons en aucun cas tes enseignements en question, mais pourquoi insistes-tu autant sur la doctrine du vide ?

Le lama sourit et leur demanda de le rejoindre à la tombée du jour, en apportant leur bol rempli d'eau. Le moment venu, les moines arrivèrent, et le maître annonça :

– Donnez un coup sur votre bol et faites-le retentir. Je veux écouter la musique mélodieuse de ces bols.

Les moines s'exécutèrent, mais le son qui en sortit fut pauvre et sourd. Le lama ajouta alors :

– Maintenant, videz-les et recommencez à les faire sonner.

C'est ce que firent les moines. Là oui, le son était excellent, enveloppant, vivant, et en expansion ! Le lama s'exclama :

– Vous voyez à présent ? Un bol plein ne sonne pas bien ! C'est dans le vide que vous trouverez toute la sagesse et la vérité de l'Univers. C'est pourquoi il vous faut juste vous vider, comme ces bols.

Chapitre 3 : La peur

« Surmonte la peur et vois avec émerveillement comment ton monde se transforme. »

Eschyle d'Éleusis

« L'amour chasse la peur, mais, réciproquement, la peur chasse l'amour. Et non seulement l'amour, la peur chasse aussi l'intelligence, chasse la bonté, chasse toute idée de beauté et de vérité. Ce qui reste, c'est le désespoir muet. Car en fin de compte, la peur chasse même l'humanité de l'homme. »

Aldous Huxley

J'ai toujours été fasciné par le contact avec la mer. Il n'est donc pas surprenant que le surf soit l'une de mes grandes passions, une forme de méditation en mouvement unique et le moyen de me sentir un avec la nature. Enfant déjà, dès que j'avais un moment libre, j'en profitais pour m'absenter et aller surfer dans les eaux de cette merveilleuse île atlantique de Lanzarote.

Vers l'âge de 19 ans, juste après la mort de mon grand-père, je faisais du surf à la Santa, un endroit splendide à l'ouest de l'île. C'était un jour d'hiver spectaculaire où les vagues étaient immenses. À tel point que nous étions seulement quatre « fous » à nous être aventurés dans l'eau.

Ce qui ne m'empêchait pas d'être complètement détendu, quoique vigilant : je savais où me placer, et j'étais capable de glisser avec aisance sur ces masses d'eau impressionnantes. Je me rappelle qu'une trentaine de personnes nous observait du rivage. Tout allait pour le mieux quand soudain un changement se fit perceptible. Je le vois encore comme un film qui passe sous mes yeux au ralenti.

Tout d'abord, je remarquai que le ciel s'assombrissait. Ensuite, j'entendis des sifflements et des bruits de klaxon. Je compris qu'il se passait quelque chose et que les gens, depuis la rive, essayaient de nous avertir de l'imminence d'un danger. C'est alors que je le vis. Une série de vagues d'une taille saisissante s'approchait dangereusement vers nous. Ma situation était particulièrement délicate, car si je ne réagissais pas rapidement, la vague me tomberait dessus et se briserait sur moi. Je sus que je devais garder mon sang-froid et ramer avec force vers elle pour tenter de la prendre ou de passer par-dessous (technique du «duck dive»).

J'étais sur le point de la prendre quand j'aperçus un autre surfeur qui en sortait et fonçait droit sur moi de façon incontrôlée. Je criai de toutes mes forces pour l'avertir de ma présence et pour éviter ainsi le coup de sa planche contre ma tête. Heureusement, il réussit à m'esquiver. Néanmoins, je n'étais pas tiré d'affaire, au contraire : j'étais à la merci de cette vague monstrueuse, et je n'avais plus un souffle d'air dans les poumons. En un éclair, une secousse terrible m'entraîna vers le fond avec une force semblable à celle d'un camion. Le choc fut si brusque que je sentis mon épaule se disloquer et, en même temps, le cordon de ma planche s'enrouler autour de mon cou.

Je ne voyais que de l'écume blanche, je ne savais pas où se trouvait la surface, où étaient le haut et le bas, ni où étaient mes jambes et mes mains. Je ressentais juste cette pression au cou et la suffocation qui en découlait.

Dans pareille situation, le plus intelligent est de demeurer immobile, de se laisser emporter avec prudence par la mer vu que tout effort, même minime, implique une perte d'énergie, d'air et de temps. Je savais qu'une vague de cette taille allait me maintenir au moins une minute sous l'eau, et, en ce moment, une minute représentait une éternité, d'autant plus que ce cri d'avertissement m'avait vidé du dernier souffle d'air qui me restait.

Je ne sais plus ce qui a suivi. Je me souviens seulement d'être parvenu à dégager l'attache qui entourait et emprisonnait mon cou, libérant ainsi la pression qu'elle exerçait sur ma gorge. Je pus remonter à la surface et reprendre une bouffée d'air qui me permit de résister aux deux vagues suivantes. Le pire était passé. Je m'accrochai fortement à ma planche et, couché sur elle, je me laissai dériver vers les rochers. Là, plusieurs amis vinrent m'aider à sortir. J'ai encore en mémoire mon corps endolori, les marques autour de mon cou, mes lèvres, ma figure et mes mains violacées. Je sentais mon cœur battre à tout rompre dans ma poitrine. Je regardais la mer avec panique, cette même mer que j'avais tant aimée depuis mon enfance. Je n'arrivais pas à concilier ces deux sentiments.

Une fois chez moi, j'étais déterminé à abandonner ce sport qui avait toujours été ma passion. Le simple fait de penser à la mer me produisait une forte pression dans le thorax; j'en venais à suffoquer.

Un peu plus tard, j'ai fait la connaissance d´Ángel, un excellent professeur d'arts martiaux et grand pratiquant de la méditation. Lorsque je lui racontai mon histoire, il me dit :

— Manchado, mon ami, retourne faire du surf. Choisis un moment où la mer sera au moins aussi agitée que ce fameux jour.

Je pensais qu'il plaisantait, qu'il ne m'avait pas bien écouté ou qu'il était devenu complètement fou. Rien qu'à l'idée de m'y rendre, tout mon corps tremblait. Je lui expliquai que j'en étais incapable : le seul fait de me l'imaginer, mon cœur s'arrêtait de battre. Ce à quoi il répliqua :

— Non, cher ami. Si tu n'es pas en mesure de transcender cette peur, c'est que ton cœur s'est déjà arrêté. Parce qu'une peur que tu n'arrives pas à dépasser se transforme en une prison et te prive de ta vie. La mer est une de tes plus grandes passions : tu vas la sacrifier pour une expérience désagréable ? Il est triste de voir combien de fois nous décidons de renoncer à nos rêves, à nos projets, à nos passions (et, en définitive, à tout ce qui nous procure du bien-être) à cause d'une mauvaise expérience. Comprends bien qu'il y a une peur biologique, un instinct de survie qui te permet de rester en vie : elle t'empêche de conduire en sens contraire, de mettre les doigts dans une prise ou de te jeter d'une falaise sans parachute. Mais il existe aussi une peur psychologique, ou toxique, qui te conditionne et limite ta vie. Ce que tu ressens actuellement pour la mer est une peur restrictive et inutile. Avant l'accident, tu surfais déjà sur de grandes vagues. Même plus hautes que celles-là ! Retournes-y, Manchado, et récupère ce qui est à toi.

Il me fallut trois semaines pour digérer tout cela, jusqu'au jour où on m'annonça qu'une tempête se dirigeait vers l'île, ce qui présageait des vagues énormes. Le moment venu, je pris la route pour le nord-est de Lanzarote, zone où la mer est la plus violente en période de raz-de-marée. Alors que je conduisais, je sentais l'air me manquer et mes jambes trembler. En arrivant sur les lieux et en retrouvant l'ambiance habituelle du surf sur cette côte, j'ai commencé à faire de la tachycardie. Au loin, on voyait se profiler de grandes séries de vagues de taille et de force impressionnantes, ce qui en aucun cas ne m'aidait à garder mon calme… Elles étaient encore plus grosses que la dernière fois ! En réalité, je ne me souvenais pas d'avoir vu un tel spectacle.

Je me garai à l'écart pour ne pas être dérangé par mes amis surfeurs qui se trouvaient là, et qui sans doute se seraient approchés pour prendre de mes nouvelles. Tout en enfilant ma combinaison en néoprène, j'entendais mon cœur dans les tempes battre de plus en plus rapidement. J'avais l'impression qu'il allait sortir de ma poitrine ! Je croyais être sur le point de m'évanouir ! Pourtant, je m'autorisais à ressentir tout cela. J'entrai dans l'eau et me dirigeai vers le pic. Je dus ramer avec le bras droit seulement, la main gauche étant complètement paralysée.

Devant moi apparut la première vague, un monstre d'au moins trois mètres. De façon instinctive, je passai dessous et, tranquillement et naturellement, les pensées suivantes me vinrent à l'esprit : « Je suis comme un dauphin. Je fais partie de l'océan. C'est ici que j'ai vécu beaucoup des plus grands moments de ma vie. Ici, je suis chez moi. » Je ne saurais expliquer ce qui s'est alors produit. C'est comme si cette vague avait emporté toutes mes peurs, comme si elle avait balayé de mon corps et de mon esprit toute sensation de crainte, comme si la panique n'avait jamais existé. Mon cœur reprit son rythme normal. Mon corps retrouva le calme. Cet après-midi-là, j'ai surfé pendant au moins deux heures d'affilée. Ma peur avait complètement disparu.

Que disent les maîtres ?

La peur en tant que telle ne serait rien d'autre qu'un instinct de survie dont la fonction est de nous protéger ou de nous préparer face à un défi ou un danger. Elle devient problématique lorsqu'on l'élève à un niveau mental, psychologique ou imaginaire où elle se transforme en quelque chose de toxique qui conditionne notre vie, en la faisant reposer sur les prévisions catastrophiques ou douloureuses qu'un malheur va nous arriver.

À un degré plus profond, ces maîtres comprennent que la peur n'est pas réelle. Ce n'est qu'une création de l'esprit réactionnaire qui se sent toujours attaqué ou en conflit. Pour nous le prouver, ils nous proposent l'exercice suivant : ils nous demandent d'observer les symptômes physiques et émotionnels qui ont surgi en nous durant une situation de danger intense où nous avons éprouvé une grande peur. Ensuite, ils nous invitent à comparer ces symptômes avec ce que nous avons ressenti lors de notre premier baiser... On ne verra pas de différences; la seule chose qui change est l'attente, l'interprétation que l'on fait d'un événement et de l'autre!

La peur équivaut à se situer ou bien dans le passé, en se remémorant une expérience jugée désagréable ou indésirable, ou bien dans le futur, en pensant qu'un malheur ou un événement nuisible va arriver. Mais si nous sommes présents, vivant ici et maintenant, il ne peut y avoir de peur.

Celle-ci est une émotion qui se manifeste lorsque nous entrons dans une zone d'incertitude : quand, dans un domaine de notre vie, nos croyances repèrent une nouveauté, nous réagissons en éprouvant de la crainte.

L'amour est liberté; la peur, le contraire.

La peur est un manque de confiance en la vie et en nous-mêmes.

La peur est une distorsion de la réalité, une projection de notre esprit réactionnaire qui vit dans l'absence d'amour. Dans cet état, on croit que l'on va être attaqué.

La peur est un grand indicateur de notre degré d'attachement à une situation, à une personne, à un lieu, etc. Elle nous montre où nous en sommes mentalement à un moment donné.

Il ne faut pas nier la peur toxique, il faut la sentir et agir malgré elle en suivant notre «GPS intérieur émotionnel» (nous y reviendrons plus loin). Les maîtres comprennent que la peur est une émotion très utile qui nous indique où nous nous situons, où nous sommes retenus dans notre développement intérieur. Derrière elle se cache notre vrai potentiel, notre essence. C'est pourquoi, si nous affrontons nos peurs, nous obtiendrons la liberté. Faire le contraire nous rend prisonnier et nous réduit.

Très souvent, à fuir au lieu de faire face, nous sacrifions ce qui nous plaît, notre potentiel, notre vie.

La peur est une illusion exagérée par l'ego qui, de par sa nature, s'alimente de la résistance, de la colère et de l'impuissance.

La peur imaginaire ou toxique essaie de faire en sorte que l'on ne commette pas d'erreurs et que l'on s'adapte aux codes mentaux limitants qui sont nos croyances dysfonctionnelles.

Son apparition nous signale immanquablement le niveau de connexion que nous avons alors avec la vie ou le moment présent.

Lorsque nous sommes préoccupés, au lieu d'être occupés à quelque chose, c'est la peur qui prédomine en nous. D'ailleurs, si nous disséquons le verbe se «préoccuper», nous voyons qu'il se compose du préfixe «pré» (avant) et du verbe s'«occuper» («s'emparer de»), c'est-à-dire «s'occuper avant l'heure».

Si nous vivons dans le moment présent, en permettant aux choses d'être comme elles sont, en nous occupant de chaque instant, nous vivons dans l'absence totale de peurs.

De nombreux lamas tibétains affirment : «La peur est la réponse naturelle de l'esprit lorsque l'on s'approche de la vérité, et la vérité est de découvrir qui l'on est réellement.»

Que font les maîtres?

Ils s´autorisent à éprouver la peur en l'acceptant pleinement, sans la réprimer ni la dissimuler.

Ils la reconnaissent et se familiarisent avec elle, comprenant que, d'une certaine façon, sa fonction est de protéger. Simplement, ils la remercient et «dansent» avec elle vers leur objectif ou dans la direction où la vie les invite à aller. Ils comprennent que le véritable antidote à la peur est précisément de faire ce que l'on redoute.

Ils la prennent comme un défi afin de tirer le meilleur d'eux-mêmes (se connecter à leur essence ou Être).

Ils se demandent quelle sagesse se cache derrière cette crainte.

Ce qu'ils font en tout premier lieu, c'est la reconnaître, l'accepter, l'observer avec du recul et, une fois acceptée, ils se posent la question de savoir si elle est biologique ou imaginaire. En se demandant par exemple : «Cette action, qui a priori m'effraye, peut-elle mettre ma vie en péril ou me conduire à une maladie incurable?» Ils s'interrogent de la sorte pour déterminer s'il s'agit d'une peur biologique par opposition à psychologique. Si la réponse est affirmative, ils savent qu'ils ont affaire à une peur biologique dont l'unique utilité est de les préserver d'un danger réel. Néanmoins, si elle est négative, ils comprennent qu'il s'agit juste d'une peur restrictive, qu'ils peuvent dépasser simplement en «dansant» avec elle. C'est-à-dire en avançant vers leur objectif malgré sa présence.

Ils nous rappellent que se résigner à ce sentiment qui nous paralyse et nous limite revient à baiser la main de l'assassin qui nous étrangle et nous retire la vie.

Qu'est-ce que les maîtres ne font pas?

Ils ne fuient pas la peur.

Ils ne croient pas qu'elle soit réelle : ils la considèrent comme une fausse projection de l'esprit conceptuel ou système de conflit.

Ils n'opposent pas de résistance, ne combattent pas, ne s'en servent pas comme excuse.

Ils ne sacrifient pas leur vie ni leur pouvoir intérieur à cause d'elle.

Ils ne s'avouent pas vaincus et ne se laissent pas gagner par elle.

Ils ne luttent pas contre elle, ni ne l'ignorent ou la répriment.

À titre anecdotique, voici ce qui m'est arrivé il y a quelques mois lors d'une conférence : quelqu'un commenta que seuls les imbéciles n'ont pas peur. Cela m'a rappelé mon nom tibétain «Karma Jikme Dorje» qui veut dire «celui qui n'a pas peur» ou, dans ce cas précis, «le grand imbécile».

En fin de compte, pour simplifier les choses, nous ressentons tous des peurs : il ne s'agit pas de les nier, mais d'agir en dépit de leur présence.

Exercice pratique :

En position de méditation, prenez au minimum trois respirations profondes et acceptez ce que vous ressentez tel quel, sans opposer de résistances.

Ensuite, en vous connectant à votre ressenti, faites l'affirmation suivante :

Je relâche tout ce qui est faux et me déconnecte de la vie. Je ne suis pas ces projections; elles ne sont pas réelles.

Portez votre attention au niveau du cœur, là où le thorax se sépare. Prenez conscience de cet endroit pendant au moins quelques minutes.

Pensez à une situation qui vous fasse vraiment peur et permettez-vous de ressentir l'émotion.

À l'inspiration, ressentez, à un niveau mental et émotionnel, comme vous accueillez affectueusement cette peur et, puisque d'une certaine manière sa fonction était de vous protéger, vous lui dites :

Merci; maintenant, je n'ai plus besoin de toi.

À l'expiration, visualisez que vous la mettez dans une boîte imaginaire située en face de vous, peu importe à quelle hauteur. En la projetant dans cette boîte, vous lui dites :

Je t'aime.

Répétez cette opération jusqu'à ce que vous sentiez que la boîte est complètement pleine. Visualisez ou ressentez alors qu'elle s'éloigne progressivement en direction du soleil pour finalement se fondre avec lui.

Avant de terminer, connectez-vous à votre cœur quelques instants et répétez trois fois l'affirmation suivante :

Merci, merci, merci.

Pour finir, exprimez votre reconnaissance pour ce nouveau jour, et souhaitez que les bienfaits de cette méditation rejaillissent sur tous les êtres sans exception.

Conte :

– Pardonnez-moi, dit un poisson à un autre. Vous êtes plus âgé et expérimenté que moi; vous allez probablement pouvoir m'aider. Dites-moi donc : où puis-je trouver ce que l'on appelle l'océan ? Je le cherche partout, en vain.

– L'océan ? répondit le vieux poisson, c'est là où nous nous trouvons en ce moment même.

– Ça ? Mais ici nous ne sommes entourés que d'eau ! Moi, ce que je cherche, c'est l'océan, répliqua complètement déçu le jeune poisson qui s'en alla nager ailleurs à sa recherche.

Chapitre 4 : Gratitude

« Ressentir de la gratitude et ne pas l'exprimer,
c'est comme envelopper un cadeau et ne pas le donner. »

William Arthur Ward

« La gratitude est la plus belle fleur qui naît de l'âme. »

Henry W. Beecher

Certains vols au Bangladesh, du temps où je travaillais pour une compagnie aérienne, m'ont laissé des impressions mémorables. Qu'un tel pays, regorgeant de vie et doté d'une si belle énergie, puisse renfermer autant de pauvreté me surprenait énormément.

Je vois encore la scène où, un jour, je déambulais dans la rue avec quelques collègues : un groupe de sept ou huit enfants nous suivaient. J'avais dans ma poche un bonbon sans sucre que je décidai de lancer en l'air. Ce qui arriva ensuite resta fixé dans mon cœur.

Une magnifique petite fille d'environ cinq ans, coiffée de belles petites tresses, se jeta littéralement dans l'air pour l'attraper, un grand sourire aux lèvres. Elle n'était pas encore retombée sur le sol après ce saut spectaculaire qu'une quinzaine d'enfants commencèrent à s'abattre sur elle au point de la recouvrir entièrement.

Je m'approchai inquiet et retirai délicatement tous ces gamins jusqu'à ce que je la retrouve et puisse la soulever dans mes bras. Une fois à hauteur de mes yeux, je lui demandai si elle allait bien. Rapidement, elle mit le bonbon dans sa bouche, papier d'emballage y compris, et sourit. Aussitôt, après avoir recraché le plastique qu'elle avait encore entre les dents, elle exclama :

— Thank you.

Je la reposai sur le sol en la laissant là, en compagnie d'une vingtaine d'enfants qui la suivaient en riant et jouant.

Quelques mois plus tard, au cours d'un vol pour la même destination, c'est cette fois avec un compagnon de travail, qui avait attiré mon attention avant même d'entrer dans l'avion, que j'établis une connexion toute particulière. Il avait un grand sourire et des yeux rayonnants. Il se dégageait un tel optimisme de sa personne qu'il parvenait à égayer n'importe qui sur son passage. Il s'appelait Sami.

De temps à autre, pendant les pauses, Sami sortait de son portefeuille une vieille photo usée qu'il observait attentivement, les yeux brillants. Une fois, je pus remarquer que deux larmes coulaient sur ses joues. Je m'approchai pour lui passer amicalement la main sur la tête et je lui demandai si tout allait bien. Il me regarda fixement et déclara :

— José, mon ami, je ne sais pas pourquoi, mais avec toi je me sens en confiance; alors je vais te raconter quelque chose que jusqu'à présent je n'ai partagé avec aucun collègue de cette compagnie.

C'est ainsi qu'il me montra une photo où figuraient quatre beaux enfants disposés par ordre d'âge. Le plus jeune était un bébé d'environ un an et le plus âgé devait en avoir quatre tout au plus. Quel joli spectacle de voir ces êtres aux yeux radieux, tout sourire, comme si de l'autre côté de l'appareil quelqu'un était en train de faire des grimaces et des plaisanteries ! Ces adorables créatures avaient la peau foncée et de grands yeux qui ressortaient sur leurs visages éveillés. On aurait dit de magnifiques poupées qu'on avait grandement envie de serrer dans les bras.

— C'étaient mes frères.

— C'étaient ou ce sont?

— Eh bien... dit-il après une pause, je vais t'expliquer, José : mes parents étaient si pauvres que la nourriture ne suffisait pas pour tous. Ils ont donc dû cesser d'alimenter progressivement deux de leurs enfants pour que les autres puissent survivre. Sinon, nous serions morts tous les quatre. Assez vite, deux de mes frères sont tombés malades et décédèrent. Ils nous ont choisis au hasard. Je suis le troisième et mon autre frère, le deuxième. Depuis que mes parents m'ont raconté cette histoire, j'étais encore très jeune; je remercie la vie de m'avoir donné cette opportunité.

Sami fit une courte pause pour reprendre son souffle avant de continuer très ému :

— Chaque jour en me levant, je dis merci pour tout. Ma première pensée va à mes frères : je ne veux pas que leurs décès aient été vains. Alors je m'efforce pour que ma vie contribue à apporter sens et valeur au monde. Voilà pourquoi je la vis avec passion, joie et enthousiasme. C'est ce que j'aurais aimé que mes frères fassent si c'est moi qui avais dû mourir.

Son récit m'ébranla profondément. Quelle immense leçon était en train de me donner la vie au travers de ce garçon! Soudain, tous les soucis qui tournaient dans ma tête disparurent en un clin d'œil. En outre, je pris conscience du fait que ce genre de choses et de situations existent vraiment. Comme le vieux dicton soufi l'affirme : « On maudit le fait de ne pas avoir de souliers jusqu'à ce que l'on voit un homme sans pieds. »

Avec une mentalité «ordinaire», cet homme aurait eu toutes les raisons du monde de maudire son destin, de vivre en pensant que la vie est injuste et cruelle, de rendre tout le monde coupable de sa situation. Or, il avait choisi de se concentrer sur les aspects positifs de son expérience : il était encore vivant et ne voulait pas que la mort de ses frères ait été inutile. Son intention fut dès lors de donner un sens à tout cela. Chaque jour, il montrait sa gratitude pour l'opportunité qui lui était donnée de continuer à grandir et à apporter de bonnes choses au monde, encourageant et motivant tous les êtres qui se trouvaient dans son entourage. Il prit le parti de ne pas endosser le rôle de la victime, mais plutôt de s'engager sur le chemin des courageux!

Comme le dit Helen Keller : «Aucun pessimiste n'a jamais découvert le secret des étoiles, ni navigué jusqu'à des terres inconnues, ni ouvert un nouvel espoir dans le cœur humain.»

Que disent les maîtres?

Dans cette vie qui est la nôtre, deux chemins s'ouvrent constamment à nous : celui de l'amour ou celui de la peur. Ils considèrent ce dernier comme étant faux et illusoire, un chemin truffé de souffrances.

Si l'on s'engage sur la voie de l'amour, chaque situation sera une possibilité pour grandir, évoluer, apprendre... Si l'on opte pour l'autre, nous entrons dans la victimisation, dans la plainte, l'impuissance, le drame autogénéré.

Nous sommes constamment confrontés à ces prises de décisions.

Vivre dans la gratitude et l'estime est l'option la plus élevée que l'on puisse choisir. Elle nous aligne sur les plus hautes fréquences de la vie : la santé, le bien-être, la compréhension, le calme et le bonheur.

Le fait d'être reconnaissant, explique Kalu T., ouvre la porte aux miracles quotidiens, le plus grand d'entre eux étant de se rendre compte que sa véritable nature c'est l'amour.

Vivre dans la gratitude est la forme la plus adéquate de vivre la vie. En faisant de la sorte, l'esprit et le corps s'ouvrent. Émotionnellement, nous nous sentons plus légers et entiers.

Et puisque la gratitude est le langage de la vie et de notre Être, lorsque l'on est reconnaissant, tout guérit.

Les maîtres disent merci pour tout, même pour les situations qu'une personne «ordinaire» considérerait comme totalement indésirables, parce qu'ils comprennent que la vie les met dans ces situations-là afin qu'ils se rappellent leur véritable nature ou révèlent le meilleur d'eux-mêmes. Comme le dit le dicton : «C'est sous la pression que le charbon se transforme en diamant.»

Que font les maîtres ?

Ils expriment inlassablement leur gratitude pour tout et sans exception : pour leur vie, leur santé, leurs apprentissages…

Ils choisissent invariablement d'envisager chaque chose comme une possibilité d'évoluer. C'est pourquoi ils remercient, sans opposer de résistance, chaque occasion que la vie leur offre.

Ils vivent dans l'estime permanente, étant donné que la gratitude a la même fréquence que l'amour, celle de la vie elle-même.

Ils remercient aussi tous ces êtres que d'autres pourraient qualifier de désagréables, car ils les voient comme des «miroirs» qui reflètent ce qu'ils peuvent corriger en eux.

Un de leurs mantras est : merci, merci, merci !

Ils partagent constamment leur bonheur.

Ils motivent tous les êtres sans exception (par leur action ou leur parole).

Ils pratiquent la gratitude quotidiennement, car le remerciement est le langage de la vie et de l'Être qui induit la guérison.

Qu'est-ce que les maîtres ne font pas ?

Ils ne maudissent pas leur situation ou leur destin.

Ils ne se plaignent pas.

Ils ne se construisent pas une identité à partir de leur histoire de douleur ou dans la souffrance.

Ils ne laissent passer aucune occasion sans émettre leur gratitude.

Ils n'opposent pas de résistance à la vie.

Ils ne tombent pas dans la victimisation.

Ils ne condamnent pas ce qui leur arrive.

Ils ne rendent pas la souffrance réelle en s'identifiant à des événements en apparence douloureux.

Exercice pratique :

Connectez-vous à votre cœur et, pendant quelques minutes, ou le temps que vous jugez opportun, remerciez tout ce qu'il y a dans votre vie qui contribue à votre bien-être.

Remerciez tout ce qui ne vous plaît pas de votre vie, et faites-le en le voyant comme une opportunité pour grandir et donner le meilleur de vous-mêmes.

Pour finir, souhaitez que les bienfaits de cette méditation bénéficient également à tous les êtres sans exception.

Pratiquez cet exercice pendant 21 jours, et observez en toute conscience et sans expectative ce qui commence à changer dans votre vie.

Conte :

On raconte qu'un homme roulait dans le désert quand un pneu de son véhicule creva.

Lorsqu'il descendit du véhicule pour changer la roue, il s'aperçut qu'il n'avait pas de cric. Heureusement, il se souvint d'être passé quelques kilomètres auparavant devant une maison qui semblait habitée. Il décida de s'y rendre pour se faire prêter un cric. La nuit commençait déjà à tomber et, tout en marchant, notre ami se mit à penser : « Est-ce qu'on m'ouvrira la porte ? Et si on ne m'ouvre pas ? Et si on m'ouvre, mais que la personne est en colère parce que je l'ai sortie du lit alors que demain elle doit se lever tôt ? Et si elle n'a pas de cric ? Ou si elle en a un, mais refuse de me le prêter ? » À mesure qu'il se rapprochait de la maison, ses pensées étaient de plus en plus sombres. Elles l'avaient tellement mis en colère que, lorsqu'il frappa à la porte du domicile et qu'on lui ouvrit, la seule chose qu'il put dire fut :

– Vous pouvez le garder pour vous ce foutu cric !

Chapitre 5 :
Ne pas faire de suppositions

« La sagesse est l'art de savoir sur quoi fermer les yeux. »

William James

« Un esprit sans entraînement est une porte ouverte à la souffrance. »

Maître Kalu T.

Je vais vous faire part d'une histoire qui m'a fortement impressionné. À l'époque où je travaillais pour une compagnie aérienne à l'étranger, j'avais un ami avec lequel je passais de bons moments et partageais de grandes conversations. Il s'appelait Toni et était espagnol.

Mon bon ami Toni était un être extraordinaire. Cependant, il faisait preuve d'une grande insécurité qui s'accentuait tout spécialement en matière d'amour et de relations sentimentales. Cela avait empiré depuis l'échec retentissant de ses deux dernières relations avec des femmes qui, selon ses dires, ne le comprenaient absolument pas. Mais la situation paraissait changer : il avait fait la connaissance de Laura, une des filles les plus mignonnes de la compagnie.

Je n'ai jamais vu personne qui ressemble plus à un ange que Laura : des cheveux châtain clair, des yeux bleus rayonnants de joie et d'enthousiasme, une voix douce et toujours emplie d'amour et de respect. Elle fait partie de ces personnes dont la seule pensée vous met un sourire aux lèvres. Un beau jour, lors d'un dîner entre Espagnols, la vie fit en sorte que les chemins de mon ami Toni et de Laura se croisèrent. Ils s'entendirent à merveille et, comme on dit dans ce cas-là, une «histoire d'amour» était née. Quatre mois après cette rencontre, il arriva la chose suivante :

L'ancien petit ami de Laura, Mark, avait dû quitter la compagnie pour des raisons familiales et se rendre en Australie. De sorte que Laura et lui ne s'étaient pas revus depuis la rupture, sept ou huit mois auparavant. Toni savait que ce 7 avril, Mark *l'Australien* devait revenir au pays et, de bonne heure, il téléphona à sa petite amie pour sonder l'atmosphère. Elle ne répondit pas à ce premier appel, ni aux 10 qui suivirent dans un intervalle d'à peine 2 heures. Intervalle que le bon Toni mit à profit pour vérifier et revérifier les horaires de la compagnie aérienne avec laquelle Mark voyageait. Au fur et à mesure que l'heure avançait, il se demandait où était Laura et pourquoi elle ne décrochait pas le téléphone. Le pire n'était pas qu'il se pose ces questions, mais plutôt qu'il finisse par y répondre lui-même, créant de toutes pièces une théorie de conspiration qui venait démontrer ce qu'il soupçonnait déjà : toutes les femmes sont des traîtres (et «traître» n'est pas exactement le mot qui sortit de sa bouche) et finissent par te trahir à la moindre occasion. C'est ce qu'il fit savoir à sa petite amie à travers une bonne vingtaine de messages dont l'intensité des insultes allait en augmentant, messages qui resteront gravés en mémoire, tant sur le téléphone portable que sur la ligne fixe de la jeune femme.

Ce même 7 avril, à 19 h, nous étions environ 25 personnes à nous être donné rendez-vous devant l'appartement de Toni pour un anniversaire surprise. Quand la porte s'ouvrit, nous criâmes tous à l'unisson :

— Joyeux anniversaire !

Mon ami était en état de choc. Visiblement, il ne s'y attendait pas. Il commença à saluer chacun par de fortes accolades tout en remerciant tout le monde pour cette grande surprise. En même temps, le cœur agité, il cherchait du regard sa chère Laura dans la foule — en vain. Quand il eut terminé, il posa la question qui de toute évidence le torturait depuis le matin :

— Bon, et où est ma Laura ?

Ce fut sa meilleure amie qui lui répondit :

— Eh bien… je ne sais pas… Elle a passé toute la journée à préparer la fête et, cet après-midi, elle m'a appelée pour me dire qu'elle ne se sentait pas très bien; elle nous a souhaité de bien nous amuser et dit qu'elle parlerait avec toi plus tard.

Il fallait voir la tête de Toni; tout un poème ! Mais plutôt du genre poème de terreur. Je n'avais jamais vu une personne aussi affligée pour son anniversaire. En quelques heures, sa toxicité mentale et émotionnelle s'était chargée de détruire une belle relation et de faire du mal à la personne qui s'était dévouée pour organiser cette fête. Une personne qui probablement n'avait pas répondu à ses appels par crainte que sa voix ne trahisse l'émotion et la nervosité, gâchant ainsi la surprise. La raison pour laquelle Laura ne répondait pas au téléphone n'était pas qu'elle cherchait à le tromper, mais, tout au contraire, c'est qu'elle était incapable de mentir.

Après toutes ces insultes, Laura ne voulut plus rien savoir de mon ami et, logiquement, la relation prit fin. Cette même nuit, lorsque Toni, effondré, me raconta les faits, je l'encourageai simplement à se poser la question suivante : quel est l'apprentissage dans tout cela ? Il comprit parfaitement l'enseignement et l'assimila.

Chaque fois que vous parlez, assurez-vous que vos mots viennent de l'amour et, qu'au minimum, ils valent mieux que le silence. Communiquez — ne faites pas de suppositions.

N'empoisonnez pas les personnes et vos relations par des hypothèses envenimées et par toute la toxicité émotionnelle qui peut en découler. Exprimez-vous toujours depuis le sentiment de tendresse et de compréhension.

Que disent les maîtres ?

La supposition est l'arme d'attaque préférée qu'utilise le système mental du conflit. Son venin est aussi mortel que celui du serpent le plus venimeux. Elle peut fabriquer des histoires surréalistes, de vrais films d'horreur si, parce qu'on y croit, on leur donne libre cours.

En faisant des suppositions, on impose comme guide, au moment présent, nos souvenirs du passé tout en prenant comme référence des conjectures fausses et conflictuelles. Cela génère de la souffrance.

Notre regard sur le monde est fonction de ce que nous sommes : donc si nous sommes emplis de craintes et d'insécurité, nous ferons des suppositions axées sur les peurs, superstitions, jugements et attaques.

L'esprit réactionnaire a besoin de tout savoir et, s'il ne peut pas, il s'invente les histoires qui alimentent ses suppositions.

Le fait de supposer implique une déformation de ce qui est, et donne à voir quelque chose de faux créé par notre esprit conceptuel, celui-ci se basant sur les mauvaises expériences passées, sur les frustrations et les peurs, en vue de revivre le souvenir et l'émotion conditionnés par notre mémoire.

Les enseignants spirituels nous recommandent de tout vider de son sens afin de pouvoir découvrir la vérité que nous cachons derrière nos croyances, idées et suppositions. Pour cela, ils conseillent d'appliquer un mantra puissant, infaillible quand il s'agit de freiner ces processus mentaux toxiques : « Je ne sais pas ! »

Selon tous mes maîtres, c'est en remettant en question la mentalité réactionnaire ou conceptuelle (le chapitre 30 l'explique de façon détaillée) que l'on commence à créer un lien avec sa véritable nature, qui est la Paix, en même temps que l'on accède à la véritable Sagesse universelle. D'où le fait qu'autrefois, de nombreux enseignants spirituels incitaient leurs étudiants à remettre sans cesse en question cette mentalité qui a besoin de tout savoir par un « je ne sais pas » ou « rien de cela n'a la signification que je crois ». Déjà Socrate affirmait : « Je sais seulement que je ne sais rien. » Et curieusement, il est entré dans l'histoire comme l'un des plus grands sages.

À titre illustratif, j'aimerais ajouter ici un extrait issu du blog personnel de Ibán Bermúdez Betancor, un élève et ancien patient qui a guéri d'un cancer en sept mois, complétant ses traitements médicaux avec les exercices pratiques que je donne dans mes cours et qui sont présentés dans cet ouvrage.

« Trois outils m'ont appris à me détacher de ces pensées qui nous déconcertent et nous trompent : si, chaque fois qu'une pensée nous contamine avec sa peur, nous appliquions un grand "je ne sais pas" ou "mes pensées ne veulent absolument rien dire", ou encore "cette situation n'a pas le sens que je crois qu'elle a", elle disparaîtrait, créant ainsi un vaste espace que nous pourrions remplir de paix. »

(Le témoignage complet de Ibán se trouve à la fin du livre.)

Que font les maîtres ?

Quand ils voient venir la supposition, ils lui donnent une simple réponse consciente qui coupe court au processus :

— Je ne sais pas !

— Je n'ai pas la réponse.

— Rien de tout cela n'a la signification que je crois.

— Je t'aime.

S'ils ont un doute, ils demandent.

Ils communiquent avec la personne au lieu de supposer.

Ils observent sans porter de jugements, permettant à la vie d'être.

Qu'est-ce que les maîtres ne font pas ?

Ils ne se laissent pas emporter par un enchaînement de pensées qui croient savoir ou devraient tout savoir.

Ils n'interprètent pas.

Ils n'ajoutent ou n'imposent pas une histoire à ce qui arrive; ils permettent aux faits et choses d'être ce qu'ils sont.

Ils ne cherchent pas à deviner.

Ils ne fabriquent pas d'histoires.

Ils ne tiennent pas les choses pour acquises.

Ils ne laissent pas leurs pensées les déconnecter du moment présent.

Ils ne jugent pas, ne condamnent pas.

Ils n'anticipent pas sur les événements par des conclusions précipitées.

Exercice pratique :

Quand il vous vient à la «tête» des pensées liées à des suppositions, prenez trois respirations profondes et répétez :

«Je libère toutes pensées de conflits qui me déconnectent de la vie. Je ne suis pas ces projections, elles ne sont pas réelles, puisque je suis la paix.»

Portez votre attention au niveau de votre cœur, là où se sépare la cage thoracique, et prenez conscience de cette zone pendant quelques minutes au moins.

Puis dites à ces pensées, amicalement :

«Je ne sais pas. Je choisis la paix.»

Pour finir, souhaitez que les bienfaits de cette méditation bénéficient également à tous les êtres sans exception.

Conte :

Le Maître avait coutume d´affirmer qu'une des raisons pour lesquelles les gens sont si malheureux, c'est parce qu'ils pensent qu'il n'y a rien qu'ils ne puissent pas changer.

Il affectionnait tout particulièrement l'histoire de cet individu qui dit au vendeur :

– Le transistor que tu m'as vendu a un son parfait, mais je voudrais l'échanger pour un autre qui émette de meilleurs programmes.

Anthony de Mello

Chapitre 6 : Responsabilité

*« Le meilleur cadeau que l'on puisse offrir au monde
est celui de notre propre transformation. »*

Lao Tseu

*« Si chacun balayait devant sa porte,
le monde finirait par être propre. »*

Mère Teresa de Calcutta

Mon neveu David avait l'habitude de courir comme un fou dans le couloir de la maison de mes parents. Ce bolide de quatre ans pouvait atteindre une vitesse étonnante, mais il ne maîtrisait pas encore le « système de freinage »; il se cognait chaque fois contre le même coin du mur. Au coup inévitable, suivait toujours le même scénario : ma sœur recueillait dans ses bras un enfant larmoyant et, avec la meilleure volonté du monde, lui disait pour le consoler :

— Il t'a fait bobo, le mur ? Viens, on va aller le taper pour lui apprendre.

À l'une de ces occasions où un David en pleurs donnait des coups de pied au mur tout en reniflant et proclamant « méchant mur ! », je m'approchai et lui demandai :

— David, quel âge as-tu ?

— Quatre ans, s'exclama-t-il en me montrant fièrement quatre de ses doigts.

— Bien, et tu sais depuis combien d'années ce mur est là ? poursuivis-je, tout en voyant à son regard qu'il ne savait pas exactement où je voulais en venir.

Vingt ans. Alors, tu crois que c'est sa faute si tu te cognes tout le temps contre lui ?

D'abord il se gratta la tête, puis souriant répondit :

— Non !

Mon neveu apprit magistralement cette leçon sur la responsabilité. Peu de temps après, il se cogna de nouveau contre ce fameux mur, et ma sœur, en entendant le coup, se précipita pour l'aider tout en s'exclamant :

— Encore ce maudit mur ! On va le frapper !

L'enfant s'approcha rapidement, s'interposant entre elle et le coin :

— Non, maman ! C'est moi. Il n'y est pour rien, répliqua-t-il avec empressement.

— Ah, ah ! Je vois que tu as déjà eu une conversation avec ton oncle José…, s'exclama ma sœur en souriant.

Je souris moi aussi, me réjouissant que mon neveu ne soit plus en train de confectionner dans son esprit l'éternel rôle de la victime résignée.

Des mois plus tard, une situation amusante arriva. Je me rappelle que nous nous promenions dans une rue de Arrecife, à Lanzarote, lorsque David me lâcha la main et courut vers un ouvrier de la construction qui était en train d'abattre le coin d'une vieille maison avec une perceuse électrique. Lorsqu'il sentit que quelqu'un le tirait par la chemise, l'ouvrier se retourna et aperçut ce petit bonhomme blond aux yeux bleus qui le regardait d'un air réprobateur. Surpris, il arrêta le moteur de sa machine, enleva son casque antibruit pour s'enquérir de ce que lui voulait l'enfant.

— Mais arrête de casser le mur ! Tu ne vois pas que c'est pas sa faute ? déclara-t-il.

Le bonhomme stupéfait le regardait sans savoir quoi dire. Du coup, je m'approchai et lui racontai toute l'histoire. Il se mit alors à rire et rassura mon neveu en lui disant de ne pas s'inquiéter, qu'il en tiendrait compte. Mon neveu alors apaisé, nous continuâmes tranquillement notre balade.

Que disent les maîtres ?

Déjà dès le plus jeune âge, les parents, la famille et l'entourage nous amènent progressivement à rejeter la culpabilité sur autrui au lieu d'assumer notre responsabilité. Pour beaucoup, cela se transforme en habitude. La conséquence est que partout où l'on va, nous rencontrons des « murs » dans tous les domaines de notre vie : santé, relations, travail… Et, c'est toujours la faute des autres ! Dès lors, on s'emploie à les maudire et à les éliminer, ou bien nous passons tout notre temps à nous lamenter et à condamner ces murs que nous considérons comme la cause de notre mal-être ou malheur, refusant de ce fait d'endosser la responsabilité de notre vie.

Toutes ces expressions de victimisation quotidienne nous sont familières :

— C'est la faute de mon mari, petit ami ou de ma fiancée…

— C'est la faute du gouvernement, des politiciens…

— C'est à cause de mon chef, de mes collègues de travail…

Nous sentir victime nous soumet en profondeur au système de conflit ou d'esprit réactionnaire (ego) qui nous amène à nous limiter, à nous juger et à éprouver un sentiment d'impuissance. Nous devons nous réveiller de ce mensonge ou virus mental qui nous dérobe notre pouvoir intérieur. La responsabilité est l'antidote qui permet de nous mettre en relation avec ce que nous sommes vraiment. Nous devons prendre conscience du fait que nous pouvons percevoir d'une façon différente, en choisissant l'amour comme maître.

Dans cette perspective, les enseignants spirituels ont recours au pardon qui libère les autres de la culpabilité. Ils comprennent en effet que tout ce qui est dans leur réalité n'est qu'une projection d'eux-mêmes.

Ils prennent leurs responsabilités, ce qui signifie qu'ils se rendent compte que le pouvoir réside en eux. Et dès qu'ils les assument, tout commence à changer. Ils sortent de la stérilité qu'implique le rôle de « victime des circonstances » pour vivre intensément leurs vies et leurs réalités.

Que font les maîtres ?

Ils se responsabilisent et entreprennent des actions qui sont en accord avec leur vie, en faisant appel à l'inspiration pour trouver la meilleure solution.

Ils comprennent que rien ne peut nous blesser sans notre consentement.

À travers le pardon, ils délivrent les autres de la culpabilité.

Ils savent que ce sont eux les créateurs, qu'ils ont le même pouvoir que l'univers. De ce fait, ils créent leur réalité grâce à la seule mentalité possible : un esprit innocent ou unitaire (sans jugement), celui qui établit un lien avec l'ensemble du potentiel de la vie. Déjà Jésus, en tant que maître, annonçait : « Bienheureux les enfants, car c'est à eux qu'est le royaume des cieux. »

Ils se connectent à leur pouvoir intérieur en toutes circonstances.

Qu'est-ce que les maîtres ne font pas ?

Ils n'accusent jamais les autres.

Sous aucun prétexte ils n'endossent le rôle de la victime.

Ils ne renoncent pas à vivre au maximum de leur potentiel même si surgissent des événements que l'esprit ordinaire pourrait considérer comme difficiles.

Ils ne maudissent pas l'obscurité; au lieu de cela, ils allument une bougie.

Ils ne manquent aucune opportunité que la vie leur donne pour continuer de découvrir leur vraie nature.

Exercice pratique :

Pensez à une personne ou à une situation que vous considérez comme «coupable» de votre malheur. Pourquoi vous procure-t-elle une gêne ?

Maintenant, répétez les affirmations suivantes tout en ressentant leur pouvoir :

«Je me pardonne à moi-même de te juger.»

«Je te libère de mon jugement, d'avoir pensé
que tu étais la cause de ma souffrance.»

«J'assume la responsabilité : tu es innocent (e),
je suis innocent (e).»

«Je comprends que toute situation est faite
pour que je découvre qui je suis réellement

(ou aussi mon pouvoir intérieur).»

« Je comprends que chacun agit depuis son niveau de conscience, qui est souvent celui de l'ignorance. »

« Je t'aime, je m'aime. »

Pour finir, souhaitez que les bienfaits de cette méditation bénéficient à tous les êtres sans exception.

Conte :

On raconte qu'un homme tombé accidentellement dans un ravin eut la chance de pouvoir s'accrocher dans sa chute à un arbuste qui dépassait de la falaise, évitant ainsi provisoirement le grand choc contre le sol.

– Au secours ! Au secours ! cria l'homme désespéré. Quelqu'un peut-il m'aider ?

Soudain, d'une trouée dans les nuages, une voix tonitruante se fit entendre :

– Mon fils, je suis Dieu. Devant tant de supplices, j'ai eu pitié de toi. Laisse-toi tomber et, avant que tu n'atteignes le sol, j'enverrai deux anges te recevoir délicatement et te déposer doucement sur la terre.

L'homme garda le silence quelques secondes puis se remit à crier avec force :

– Au secours ! Il y a quelqu'un d'autre ici qui puisse m'aider ?

Chapitre 7 : Avoir confiance en la vie et en l'univers

Jésus leur dit : « Parce que vous n'avez que peu de foi. Vraiment, je vous l'assure, si vous aviez de la foi, même si elle n'était pas plus grosse qu'une graine de moutarde, vous pourriez commander à cette montagne : Déplace-toi d'ici jusque là-bas, et elle le ferait. Rien ne vous serait impossible. »

Mathieu 17,20

« C'est dans la difficulté que résident les opportunités. »

Albert Einstein

Il restait encore plus d'une semaine avant la fin du mois et, ce lundi-là, il y avait juste une chose plus vide que mon compte bancaire : mon réfrigérateur. Dix euros, deux pommes et un œuf, c'était tout ce dont je disposais pour essayer de survivre jusqu'à la prochaine paie.

Certains se demandent peut-être comment j'en étais arrivé à cette situation. Eh bien, j'étais parfaitement conscient que, dans l'émotion et l'inspiration du moment, j'avais investi tout mon argent dans ma grande passion : la peinture. À cet instant, je sus que je devais faire des priorités et investir correctement mes 10 derniers euros. Je me suis donc habillé, puis dirigé vers le magasin pour remettre mon dernier billet à la vendeuse en échange d'un pot de peinture acrylique rouge dont j'avais urgemment besoin pour finir des toiles sur lesquelles je travaillais depuis plusieurs jours.

Je passai la nuit à peindre comme je ne l'avais jamais fait, m'amusant comme un enfant.

Peu de temps auparavant, j'avais appris d'un maître de peinture japonaise quelque chose qui me fascinait et que depuis j'applique dans chacune de mes œuvres : avant de commencer à peindre la toile, j'y écris de courtes bénédictions ou des vœux pour que là où l'œuvre va être exposée, elle inonde de lumière, de santé et de bonheur ceux qui se trouvent dans son entourage.

Vers 4 h, j'observai ces tableaux, sans doute les meilleurs que j'aie réalisés, puis j'allai au lit, avec le ventre vide, mais le cœur plein. Au réveil, quand encore somnolent je me dirigeai vers la cuisine pour ouvrir le frigo, je constatai que le miracle des pains et des poissons ne fonctionnait pas avec les œufs et les pommes. Je souris tout en me disant : « Du calme, l'Univers s'en chargera. »

J'étais vraiment serein et convaincu que cela serait ainsi. Je le savais de mes maîtres; ces grands êtres m'avaient enseigné à simplement permettre à la vie d'être ce qu'elle est, de l'apprécier avec la spontanéité d'un enfant.

Voilà que dans l'après-midi, le pinceau encore à la main pour effectuer quelques retouches, on sonna à la porte. C'était un ancien collègue et compagnon de surf que je n'avais pas vu depuis un certain temps. Ayant entendu dire que je peignais, il voulait voir mes tableaux.

Dès le départ, un tableau accapara complètement son attention. Il le fascinait, lui rappelant un moment intense qu'il avait vécu il y a des années, à ses débuts dans le monde du surf. Son regard s'illuminait en l'observant; il regardait avec attention chaque détail et il n'arrêtait pas de parler pour essayer de me décrire l'intensité qu'il éprouvait devant cette toile.

Au bout d'environ une heure, il m'en demanda le prix. Je lui expliquai que c'était une des pièces clés d'une exposition que j'étais en train de préparer. Mais devant son insistance, j'ai dû finir par lui proposer une somme qui avoisinait les 900 euros.

C'est tristement qu'il me dit trouver le prix correct, mais que malheureusement il ne pouvait se le permettre... Il n'avait même pas de quoi se payer de l'essence!

Il regarda le tableau une dernière fois comme quelqu'un qui se sépare d'un être cher et essaie de graver chaque détail dans sa mémoire, puis il se dirigea vers la porte.

— Alex, lui dis-je à cet instant, écoute, on va faire une chose... Aujourd'hui, je n'ai rien à manger; alors je t'échange le tableau contre un sandwich.

Il me fallut un bon moment pour lui faire comprendre que ce n'était pas une plaisanterie, et, au bout du compte, il décida d'accepter.

— José, pas seulement un sandwich... mais aussi quelques frites et le jus de fruits que tu veux!

C'est ainsi qu'Alex, le tableau (dont il ne se séparait plus) et moi, nous nous sommes retrouvés dans une petite cafétéria du coin. Je n'oublierai jamais le sandwich aux calamars, l'assiette de frites et le jus de pêche que je savourais comme si c'était un délice, pendant que mon ami ne cessait de parler de tout ce qu'évoquait la peinture pour lui.

Je l'observai un moment en pensant que c'était merveilleux de pouvoir rendre les gens heureux. C'est alors que je me suis souvenu d'un vieil aphorisme tibétain dans lequel un élève dit à son maître :

— Maître, je suis triste. Que puis-je faire?

— Égaie le jour de quelqu'un, lui répondit le maître.

Après quatre bonnes heures de discussions intéressantes, nous nous sommes séparés, et il disparut avec le tableau sous le bras.

Une fois chez moi, je m'allongeai sur le lit et, tout en écoutant le bruit de la mer, je me dis : «Génial, aujourd'hui j'ai mangé et j'ai eu beaucoup de plaisir. Je suis content. Demain aussi sera un grand jour.» Je me suis endormi en ayant une forte sensation de gratitude pour toutes les bénédictions qui m'arrivaient dans la vie.

Le jour suivant, en me réveillant, je constatai avec surprise qu'Alex m'avait appelé 15 fois sur mon téléphone. Je m'empressai d'écouter les cinq messages que mon ami m'avait laissés.

— Mon frère, comment vas-tu? J'ai montré la peinture à mon oncle qui est en vacances ici. Demain, il part en Allemagne, mais auparavant il aimerait bien passer chez toi pour voir quelques-uns de tes tableaux. On peut venir aujourd'hui dans la matinée?

Je le rappelai, et deux heures plus tard Alex se trouvait chez moi avec son oncle Hans qui avait l'air très content, car, comme il me l'annonça, les couleurs bleues de ma peinture résonnaient de façon toute particulière en lui. Il choisit d'emporter quatre tableaux, ce qui me permit de terminer non seulement le mois, mais également les deux suivants.

Que dire? Quand il fut parti, j'ai simplement regardé le ciel, remercié l'Univers et souri.

Faites toujours confiance, non pas à un niveau mental, mais en étant entièrement à l'écoute de votre ressenti. C'est là que vous noterez une grande différence dans votre vie.

Que disent les maîtres ?

C'est quand on fait confiance à la vie et à l'Univers que celui-ci nous rend cette confiance sous forme de bénédictions. Si nous aimons ce que nous entreprenons, l'Univers répond en nous indiquant que nous sommes sur le bon chemin. À l'inverse, si l'on se résigne à accomplir quelque chose que l'on n'aime pas, la vie à travers notre ressenti nous fera comprendre que nous faisons fausse route.

La créativité est le langage de l'âme ou de notre essence. Ainsi, chaque fois que nous sommes créatifs, nous sommes entièrement connectés à l'énergie universelle.

Les mots ne sont pas du domaine de l'Univers. Celui-ci ne comprend que le langage du sentiment intime. Si nous éprouvons une confiance réelle envers lui et que nous aimons ce que nous faisons, il se connecte à ce sentiment et nous aide à rendre manifeste ce qui se trouve au fond de notre cœur.

Que font les maîtres ?

Ils font ce qu'ils aiment.

Ils apprécient chaque moment sans se soucier du lendemain.

Ils s'alignent sur la vie, avec confiance et joie.

Ils ont pleinement confiance en la vie.

Ils partagent avec les autres sans rien espérer en retour.

Ils acceptent les choses telles qu'elles sont.

Ils se permettent d'exprimer leur créativité, car celle-ci est l'expression de l'esprit.

Quoi qu'il arrive, ils cultivent leur état de joie.

Qu'est-ce que les maîtres ne font pas ?

Ils ne vivent pas dans le soupçon.

Ils ne forcent pas les choses.

Ils n'abandonnent pas leur chemin à cause de la peur.

Ils ne se résignent pas à une vie qu'ils n'aiment pas par peur ou commodité.

Ils ne perdent pas espoir.

Ils ne cherchent pas le bonheur à l'extérieur d'eux-mêmes.

Exercice pratique :

Tout en étant connecté à votre ressenti, adressez-vous ainsi à l'Univers (à la Vie, à Dieu ou comme vous préférez l'appeler) :

« Je m'ouvre à toi en toute confiance, joie et humilité afin que tu m'amènes à découvrir et développer un talent ou une activité qui puisse aider d'autres êtres, apporter une valeur au monde et, surtout, qui m'aide à me souvenir de ce que je suis en réalité, au bénéfice de tous les êtres sans exception. »

À la suite de quoi, exprimez votre gratitude :

« Merci, merci, merci ! »

Souhaitez pour terminer que les bienfaits de cette méditation bénéficient également à tous les êtres sans exception.

Conte :

Le monastère était devenu trop petit, et il fallait construire un bâtiment plus grand. Un commerçant signa alors un chèque d'une valeur d'un million de dollars, le remit au maître qui le prit et dit :

– Fantastique ! Je l'accepterai !

Le commerçant fut déçu : cela représentait une grosse somme d'argent, et le maître ne l'avait même pas remercié !

– C'est un chèque d'un million de dollars, fit-il remarquer.

– Je m'en suis rendu compte, répondit le sage.

– Bien que je sois un homme très riche, un million de dollars, c'est beaucoup d'argent, continua le commerçant.

– Vous voulez me remercier pour cela ? s'enquit le maître.

– Ce serait plutôt à vous de le faire ! répliqua le commerçant très surpris.

– Moi ? Pourquoi moi ? C'est celui qui donne qui doit être reconnaissant, expliqua le maître.

Chapitre 8 : Ne rien attendre en échange

« Si une personne ne comprend pas une autre,
elle a tendance à la considérer comme folle. »

Carl G. Jung

« Dans cette vie, il n'existe ni souffrance ni joie,
juste des changements. Selon votre degré de résistance
envers eux, vous ferez l'expérience de l'une ou de l'autre. »

M. Díaz

Les premiers rayons de soleil pointaient. Javi (ainsi le nommerai-je pour préserver son identité) et moi étions tout particulièrement contents, car la météo de la veille avait annoncé de grandes vagues pour ce jour-là dans la zone nord de l'île.

Javi était (et est encore) un grand surfeur, très reconnu pour sa force, sa dextérité et son courage. Il correspondait en tout point à l'image que l'on se fait d'un « dur », et était en conséquence très respecté (voire craint) tant par les surfeurs étrangers que par les autochtones de la partie ouest de l'île.

À 7 h, lui et moi étions seuls dans l'eau en train de profiter des énormes vagues, belles, fulgurantes et puissantes. La nuit d'avant, mon ami n'avait pas très bien dormi; on le sentait un peu déconcentré, il avait moins d'équilibre que de coutume. J'eus l'impression que cela était dû à la situation sentimentale difficile qu'il traversait alors avec sa petite amie, et je décidai de ne pas y accorder plus d'importance. J'essayai toutefois de ne pas le perdre de vue au cas où il arrivait quelque chose.

Au fur et à mesure que la marée montait, l'intensité de la houle allait en augmentant. Soudain, je vis une série de trois ou quatre vagues de grande taille tomber sur mon compagnon, le mettant dans une position très critique.

La première charge passée, pendant quelques secondes qui parurent une éternité, je ne pus distinguer mon ami au milieu de tant d'écume et de turbulence. Je résolus de nager dans sa direction en l'appelant. Voir sa planche dériver sur les vagues et le cordon cassé ne présageait rien de bon. Pour aggraver la situation, à l'horizon, on voyait déjà la prochaine série s'approcher à toute vitesse. Pendant la courte trêve qui se produisit entre les deux séries, je pus entrapercevoir le corps de mon ami qui flottait à la dérive à plat ventre.

Je sus que je devais l'atteindre avant le prochain impact puisque, inconscient, et avec l'arrivée des énormes masses d'eau qui menaçaient au loin, il courait le risque de se voir projeter contre les rochers.

Je ramai de toutes mes forces et je parvins à l'attraper juste avant que l'une d'elles ne s'abatte sur nous. Je sentis mes os craquer sous le poids des deux premières vagues. Je réussis à plonger avec mon ami sous le bras, évitant ainsi la troisième qui paraissait vraiment la pire. Ma planche céda également, et je fus stupéfait de la voir se désintégrer littéralement contre les pierres.

Je parvins à rejoindre la côte rocheuse et volcanique, mais l'intensité du courant nous rendait son accès difficile, nous emportant sans pitié. Dans un de ces va-et-vient, pour essayer de protéger mon ami d'un impact, qui sans aucun doute aurait été mortel, j'interposai mon épaule entre sa tête et les rochers volcaniques acérés. Je sentis ma combinaison se déchirer et une partie de ma peau être arrachée. Le sang se mit à couler dans mon dos, mais en raison de l'émotion et de l'excitation du moment, je n'en éprouvai même pas la douleur.

Je ne sais pas comment, mais je réussis à sortir mon ami de l'eau. C'est alors que je constatai, avec inquiétude, qu'il ne respirait pas. Je l'allongeai rapidement par terre sur le dos pour essayer de le ranimer, en pratiquant le bouche-à-bouche. Il finit par tousser et recracher de l'eau. Il resta quelques instants sous le choc, cherchant à assimiler ce qui venait de se passer. Soudain, une chose des plus étranges se produisit : il me repoussa vigoureusement, se redressa, me regarda avec des yeux pleins de rage, et me dit sur un ton de défi :

— Ne raconte ça à personne !

Il se leva furieux, s'en alla chercher sa planche, prit ses vêtements et partit en voiture à vive allure.

Je restai là immobile, confus : j'étais abasourdi, désorienté, je n'y comprenais rien, et en plus la douleur à mon épaule commençait à se manifester. Dans le fond, on entendait une drôle de « bande sonore » : le bruit que provoquait ma planche de surf, ou du moins ce qu'il en restait. Elle ressemblait maintenant davantage à un puzzle dont les pièces éparpillées flottaient à la dérive et allaient s'écraser contre les rochers.

C'est à ce moment-là que je choisis de mettre en pratique les enseignements de mes maîtres : ils m'avaient montré l'importance de réaliser des actions sans rien attendre en retour et de toujours me demander, même dans la situation la plus incompréhensible, extrême ou surréaliste, quelle leçon je pouvais en tirer. C'est ce que je fis. Je dirigeai mon attention à l'intérieur de moi-même et je m'interrogeai :

— Quel est l'enseignement de cet événement ?

À la suite de quoi, je me mis à sourire et restai sur l'heureuse impression que mon ami était vivant.

Lorsqu'apparaissaient des pensées qui prétendaient savoir pourquoi mon ami avait réagi de la sorte, j'appliquais l'infaillible mantra que m'avaient enseigné mes maîtres : « Je ne sais pas ! » Après cela, je continuais en paix, acceptant pleinement tout ce qui était arrivé.

Au fil du temps, je remarquai que Javi m'évitait et ne répondait ni à mes appels ni à mes messages. Je pris alors simplement le parti d'accepter cette réalité, de lui laisser de l'espace et de lui envoyer en pensée de l'amour et les vertus de certaines méditations que je pratiquais.

Deux ans plus tard, nous nous sommes rencontrés lors d'un dîner. Je me suis approché du comptoir, lui ai souri et je lui ai dit :

— Pardonne-moi si l'autre fois il y a eu quelque chose qui t'a dérangé. J'ai juste fait ce que n'importe quel ami ferait pour un autre.

Javi ne put retenir ses larmes. Il me serra si fort dans ses bras qu'il m'en fit craquer les côtes et m'annonça :

— C'est à toi de me pardonner, je n'ai pas pu gérer ma colère.

Il m'expliqua qu'en réalité il avait agi de la sorte parce qu'il avait eu peur que son image de grand surfeur local, redoutable et respecté, ne soit ternie. D'autre part, il avoua s'être senti très frustré de voir sa faiblesse mise à jour, au point d'avoir dû être sauvé par quelqu'un d'autre, en l'occurrence par un amateur comme moi, qui serait en outre le témoin et le souvenir permanent de son échec.

Nous avons terminé cette conversation en exprimant notre reconnaissance pour ce qui s'était passé et en nous séparant amicalement.

Ce furent de belles retrouvailles. Et malgré les années, chaque fois que je dispose d'un moment libre, Javi est toujours là pour aller faire du surf avec moi.

Que disent les maîtres ?

Quelle que soit l'action que l'on entreprend, nous ne devons rien attendre en contrepartie : ni reconnaissance, ni gratitude, ni honneurs. Agissons simplement du fond du cœur.

En attendre quelque chose nous frustre et nous déçoit si les résultats ne sont pas à la hauteur de ce que nous espérons. Nous sommes programmés de telle sorte que l'on s'attend à ce que les gens réagissent d'une certaine manière, et si ce n'est pas le cas, nous entrons dans un état de résistance et de souffrance.

Il y a des personnes qui ont une image d'elles-mêmes ou une personnalité si forte que dans une situation qui révèle leur vulnérabilité, elles peuvent réagir violemment quand on leur propose de l'aide, leur système mental de conflit, ou ego, se trouvant alors tout particulièrement perturbé. Le programme de l'ego agit comme un filtre qui déforme la perception des faits, ce qui signifie que même dans une situation où on leur a sauvé la vie, ces personnes peuvent se mettre en colère et commettre une agression.

Que font les maîtres ?

Les actes qu'ils accomplissent sont toujours motivés par l'amour inconditionnel et leur ressenti, sans rien attendre en retour.

Ils expriment en permanence leur gratitude envers la vie et tous les êtres, mais ne s'attendent pas à ce qu'on les remercie ou valorise leurs actions.

Ils comprennent que les personnes ne sont pas vraiment libres quand elles vivent et s'identifient à leurs programmes mentaux et réactionnaires qui les séparent de l'amour. C'est pourquoi ils appliquent la compassion envers ces êtres. Dans le bouddhisme tibétain, le mot « compassion » signifie « aider les autres à cesser de souffrir ». Cela est bien différent de ce qu'en Occident nous appréhendons comme « peine » ou « pitié », concepts qui au contraire renforcent et alimentent notamment le rôle de victime et d'impuissance.

Qu'est-ce que les maîtres ne font pas ?

Ils n'ont pas d'attente.

Ils n'espèrent ni reconnaissance ni gratitude pour leurs actions.

Ils n'ont pas un motif personnel qui les pousse à aider.

Ils n'interprètent pas.

Ils ne jugent pas les comportements réactionnaires de ceux qui vivent dans l'ignorance.

Ils n'agissent pas par intérêt personnel.

Exercice pratique :

À n'importe quel moment de la journée, si les circonstances font qu'une personne a besoin d'aide, entreprenez une action pour elle, et accomplissez-la sans attente, sans chercher à ce qu'elle vous remercie. Observez ensuite la merveilleuse sensation qui vous envahit.

Conte :

Deux moines tibétains se retrouvent au bout de plusieurs années, après avoir séjourné en prison où ils avaient été torturés par leurs geôliers.

– Tu leur as pardonné ? s'enquit le premier moine.

– Jamais je ne leur pardonnerai ! Jamais ! répondit le second.

– Eh bien, dit le premier, dans ce cas je suppose qu'ils te retiennent encore prisonnier, non ?

Proverbe bouddhiste

Chapitre 9 : Le pardon

« Pour tout comprendre, il faut tout pardonner. »

Bouddha

« Si vous ne pardonnez pas par amour, pardonnez au moins par égoïsme, pour votre propre bien-être. »

Dalaï-lama

« Ne vous posez pas en juges d'autrui, et vous ne serez pas vous-mêmes jugés. Gardez-vous de condamner les autres, et, à votre tour, vous ne serez pas condamnés. Pardonnez, et vous serez vous-mêmes pardonnés. »

Luc 6,37

Dans les années 1950, pendant l'invasion chinoise du Tibet, la population de ce pays subit un dur revers : rien qu'à Lhassa, quelque 90 000 personnes sont mortes. Aux dires de mes maîtres, un nombre incalculable d'actes belliqueux, parmi lesquels la destruction de dizaines de temples, auraient entraîné la disparition d'une quantité énorme d'informations spirituelles d'une valeur inestimable, ainsi que de nombreux éléments, sacrés pour cette culture. Tout le monde a entendu parler du drame qu'ont vécu ceux qui ont été obligés de fuir du Tibet, entre autres le Dalaï-lama lui-même qui se réfugia à Dharamsala, dans le nord de l'Inde.

Plusieurs enseignants tibétains que j'ai connus au cours de ma vie m'ont fait part du récit de cette fuite. Toutefois, l'histoire qui m'a vraiment le plus marqué fut celle d'un maître que je nommerai Khempo.

Khempo n'avait que 10 ans lorsqu'une troupe de soldats fit irruption chez lui. De sang-froid, ils assassinèrent sa mère, son père et sa sœur d'une balle dans la tête. Quant à lui, ils l'obligèrent à être témoin de la scène avant de le relâcher. Cette pratique qui se répéta dans beaucoup de familles avait comme but de laisser toute une génération traumatisée. Génération qui allait alors mener une vie sous l'emprise de la panique et de l'angoisse.

Lorsque Khempo, complètement terrorisé, épuisé et accablé, réussit à passer la frontière avec l'aide de son oncle, il se mit à pleurer puis, regardant le seul membre de sa famille encore vivant, il s'exclama :

— Qu'est-ce qu'on va faire maintenant ? Nous avons tout perdu !

— Non, mon neveu, nous sommes encore en vie, lui répondit son oncle.

Ce fut la grande motivation du petit Khempo pour continuer son chemin et remercier chaque nouveau jour.

Au cours de sa vie, Khempo fit un bon nombre de crises de panique et de cauchemars qu'il travailla progressivement grâce à la méditation et à la philosophie bouddhiste tibétaine. À tel point qu'il finit par devenir un expert en matière de transcendance des peurs. Il tira parti de son douloureux passé pour grandir spirituellement et devint un grand lama.

La partie la plus impressionnante de cette histoire arriva lorsque Khempo avait dans les 60 ans. D'après ce que me racontèrent certaines de ses connaissances, et que Khempo me confirmera lui-même plus tard, lors d'un de ses voyages, il rencontra un des soldats chinois qui avait ouvert le feu sur sa famille. J'aimerais préciser ici que ces êtres, en raison de leur évolution intérieure et spirituelle reconnaissent les personnes à travers leur essence ou énergie, et non pas à leur aspect physique. Il s'approcha donc du soldat et lui demanda s'il était bien la personne qui, 50 ans auparavant, avait tué toute une famille de sang-froid, laissant derrière lui un enfant de 10 ans orphelin et désemparé. Le soldat éclata en sanglots. Il n'arrêtait pas de gémir et de sangloter. Khempo le serra dans ses bras et se contenta de lui dire :

— Moi, je t'ai déjà pardonné et je me suis pardonné. Maintenant, c'est à toi de te pardonner.

On raconte que le soldat ne cessait de pleurer comme un enfant inconsolable, ne faisant que répéter :

— Je suis désolé, je suis désolé… Merci, merci…

C'est le plus grand acte de pardon et de compassion que l'auteur de ce livre ait pu entendre.

Ces maîtres-là parviennent à transformer des émotions aussi toxiques que la rancune et la soif de vengeance en compassion. Eux savent que le ressentiment est l'un des plus importants poisons de l'âme.

Au sein du système de pensées de l'ego (chapitre 30), la justice est conçue comme une sorte de vengeance, alors que pour l'Être, la justice c'est l'égalité.

Que disent les maîtres ?

Pardonner nous libère de la souffrance et de la maladie.

Pardonner est l'outil qui permet de gagner en responsabilité et en pouvoir intérieur. C'est aussi la clé pour nous délivrer du rôle de la victime.

Notre état naturel est celui de la paix et de l'amour. À ne pas pardonner, nous allons à l'encontre de notre propre nature, qui est acceptation totale, amour et innocence. Et cela nous fait souffrir; c'est comme si nous nous attaquions à nous-mêmes.

Le pardon nous rend notre innocence. Comme le disent tous les grands maîtres (Jésus, Bouddha…), il nous faut être comme des enfants innocents si nous voulons entrer au royaume des cieux, qui n'est autre que la paix intérieure. L'origine grecque du mot « innocence » veut du reste dire « âme exempte de culpabilité ».

Le pardon authentique est celui qui laisse partir ou qui libère le passé pour nous permettre de nous affranchir de la tyrannie et du contrôle qu'il exerce sur notre vie.

Pardonner ne signifie pas être d'accord avec ce que l'on nous a fait, c'est plutôt nous défaire des émotions toxiques, comme le ressentiment, la rancune ou la haine.

Que font les maîtres ?

Ils cultivent en permanence la compréhension et l'estime.

Ils utilisent le pardon afin de se libérer d'un passé douloureux ou tourmenté.

Ils pardonnent pour lâcher du lest, pour ne pas se charger inutilement de souffrances et de douleurs.

Ils savent que les personnes mauvaises, ou qui entreprennent des actions nuisibles, n'existent pas en tant que telles. Il y a seulement des personnes ignorantes qui vivent soumises au filtre de la mentalité réactionnaire, mais qui, si elles avaient accès à la sagesse et aux moyens appropriés, agiraient d'une tout autre façon.

Ils comprennent que faire du mal aux autres, c'est se nuire à soi-même.

La plupart des enseignants spirituels que je connais n'utilisent même plus le pardon, car ils ont atteint un tel degré de conscience que, peu importe le cas ou la situation, ils ne perçoivent même pas l'offense.

Ils vivent en pleine acceptation, laissant derrière eux le passé qui leur vole le présent.

Ils choisissent d'être heureux au lieu d'avoir raison.

Qu'est-ce que les maîtres ne font pas ?

Ils ne vivent pas en gardant de la rancœur, du ressentiment, de la haine…

Ils ne cherchent pas à se venger.

Ils n'attaquent pas ceux qui apparemment leur veulent du mal.

Ils ne laissent pas les émotions nocives telles que la culpabilité et la haine les rendre malades.

Ils ne jugent pas, sachant qu'eux-mêmes vivront la souffrance de cette condamnation.

Ils ne vivent pas dans la culpabilité, ne cherchent pas de coupables dans le passé, car cela reviendrait à essayer de reconstituer un œuf brouillé. À la place, ils libèrent le passé en affirmant :

— Ce qui est arrivé est arrivé, et il ne pouvait pas en être autrement. Je l'ai fait avec le niveau de conscience et les moyens dont je disposais alors à cette époque de mon passé.

Exercice pratique :

Méditation Metta (Metta en tibétain veut dire « bonté affectueuse »).

En position de méditation, portez votre attention au niveau de votre cœur et, de cet endroit, répétez les affirmations suivantes autant de fois que vous le jugez nécessaire, en ressentant l'émotion derrière ces mots :

« Je demande pardon si j'ai fait du mal à un être vivant,
intentionnellement ou sans le vouloir. »

« J'offre mon pardon à tous les êtres vivants
qui m'ont fait du mal,
intentionnellement ou sans le vouloir. »

« Je me pardonne à moi-même, si je me suis fait du mal,
intentionnellement ou sans le vouloir. »

Pour finir, souhaitez que les bienfaits de cette méditation bénéficient à tous les êtres sans exception.

Conte :

Un jour, Bouddha montra une fleur à ses disciples et les pria de dire quelque chose à son propos. Ils restèrent un moment à la contempler en silence.

L'un d'eux prononça un discours philosophique sur la fleur. Un autre composa un poème. Un autre encore imagina une parabole... Ils essayaient tous de faire mieux les uns que les autres.

Mahakashyapa regarda la fleur, sourit et ne dit rien. Lui seul l'avait vraiment vue.

Chapitre 10 : Tonglen

« La compassion est beaucoup plus noble et grandiose que la pitié. La pitié prend ses racines dans la peur et dans une sensation d'arrogance et de condescendance, voire dans la sensation complaisante de "je me réjouis que ça ne soit pas moi". Stephen Levine dit : lorsque ta peur rencontre la douleur d'autrui, elle devient pitié; lorsque c'est ton amour qui rencontre cette douleur, il devient compassion. S'entraîner à la compassion est alors savoir que tous les êtres sont égaux et que nous souffrons tous pareillement; c'est aussi respecter ceux qui souffrent et savoir que personne n'est différent de l'autre ou supérieur à l'autre. »

Sogyal Rimpoché

« L'origine de toute joie en ce monde est la quête du bonheur d'autrui. L'origine de toute souffrance en ce monde est la quête de son propre bonheur. »

Shantideva

Enfant, je me sentais souvent complètement dérouté : dans mon entourage familial, tout me semblait trop sérieux, trop limité. Je ne comprenais pas comment il pouvait y avoir autant de colère et de peur autour de moi. Je ne savais pas non plus ce que je faisais moi dans cette ambiance de contrariété et de crispation permanente : quelque chose ne fonctionnait pas, quelque chose m'inquiétait…

Je devais avoir 11 ans environ lorsque, au bout de plusieurs jours de querelles avec mes parents et mes sœurs, j'allai me coucher le cœur gros de tristesse. Je me rappelai qu'allongé sur le lit, je ressentis une grande force naître à l'intérieur de mon être. Je regardai une table à repasser en bois qui était à côté de mon lit, pris un feutre et dessinai un cœur dessous. J'inscrivis la date et la phrase suivante : « J'espère attraper toutes les maladies du monde et mourir, moi, à la place des autres. » Après cela, je me sentis tranquille. Je m'endormis avec la merveilleuse sensation de disparaître à l'intérieur de moi-même et je ne pensai plus à cette histoire.

Dix années plus tard, alors que je jouais au football avec mon neveu chez mes parents, le ballon alla se loger juste sous cette fameuse planche. En allant la récupérer, je me retrouvai nez à nez avec cette phrase : « J'espère attraper toutes les maladies du monde et mourir, moi, à la place des autres. » L'émotion me fit monter les larmes aux yeux. À peine quelques mois auparavant, j'avais découvert une pratique qui m'enchantait et qui avait un lien étroit avec la phrase que l'enfant de 11 ans avait écrite sous la planche à repasser. Il s'agissait du Tonglen, la pratique de méditation du « donner et recevoir ».

C'est une pratique qui est née au Tibet il y a 2000 ans. D'après ce que m'ont raconté mes maîtres tibétains, à l'époque, il y eut une épidémie de lèpre très importante qui décimait la population à une vitesse éclair. Personne ne savait comment faire pour l'endiguer, jusqu'au jour où un sage lama offrit cet outil méditatif à tous les lépreux afin qu'ils puissent la pratiquer entre eux. C'est de cette façon qu'ils réussirent à éradiquer complètement l'épidémie.

La première fois que je l'ai utilisée, c'était avec un collègue de l'aéroport dont, sans que l'on sache pourquoi, les mains s'engourdissaient, ce qui l'empêchait d'accomplir son travail. Les médecins ne trouvaient aucune explication à son mal, et lui souffrait énormément. Il fut mis en arrêt de travail, et l'entreprise commençait à le menacer de licenciement. Voyant son état, je pris la décision de pratiquer le Tonglen avec lui. Le plus intéressant dans cette expérience, c'est qu'à peine un jour après, il retrouva l'usage normal de ses mains. Et deux jours plus tard, il reprenait le travail. Depuis lors, je l'emploie très régulièrement et l'enseigne dans mes classes et cours de méditation avec des résultats surprenants.

Il existe plusieurs formes de cette méditation, mais, celle simple et très efficace qu'utilisent mes maîtres et moi-même, est la suivante :

Dans un lieu tranquille et confortable, respirez de manière consciente durant quelques minutes. Joignez les mains en position de *namasté* (mains jointes, paume contre paume, levées au niveau du cœur) et focalisez votre attention et conscience au niveau de votre cœur, là où le thorax se sépare. Depuis cet endroit, connectez-vous à votre essence, votre source intérieure ou avec la région du cœur. Annoncez votre intention et demandez que cette pratique soit au bénéfice de tous les êtres sans exception. Pensez à la personne en question — par exemple en répétant mentalement trois fois son nom. Imaginez-la comme elle est dans son état actuel et, à l'inspiration, sentez un nuage de fumée noire chargé de toutes ses souffrances et mal-être entrer dans votre cœur. Là, ressentez-en la transformation, comme s'il se brûlait, et à l'expiration renvoyez-lui un nuage blanc et pur de vie et d'amour. À la réception de ce nuage blanc, visualisez comment le visage de cette personne commence à s'épanouir. Chaque fois que vous répétez ce processus, les nuages noirs s'éclairciront, passant par différentes nuances, du gris au blanc ou au transparent.

À l'inspiration, vous pouvez également fermer les mains, symbolisant ainsi que vous recevez la souffrance de l'autre personne. À l'expiration, ouvrez-les pour lui envoyer toutes les bénédictions.

Pour terminer, visualisez la personne totalement heureuse. Joignez de nouveau les mains à hauteur de votre cœur et, depuis là, souhaitez que les bienfaits de cette méditation rejaillissent sur tous les êtres sans exception.

Cette méthode est spectaculaire pour aider les autres et nous-mêmes à cesser de souffrir. Elle nous amène à pratiquer la compassion et elle nous sort d'une des principales sources de la souffrance : nous croire le centre du monde, penser que nous vivons isolés et déconnectés du reste. Cette technique est donc fabuleuse pour nous faire sortir de cette mentalité « individuelle », séparée et centrée juste sur elle-même.

C'est pourquoi, cher lecteur, si vous souffrez d'un malaise quelconque, qu'il soit physique, mental ou émotionnel, accomplissez cet exercice avec quelqu'un qui se trouve aussi mal que vous, voire pire. Et vous commencerez à guérir. Il est même possible que vous viviez de grandes et merveilleuses bénédictions dans votre vie.

(À l'écoute du silence intérieur, ressentez cet instant.)

Conte :

– Quelle pénitence dois-je accomplir, vu l'énormité de mes délits ?

– Comprendre l'ignorance qui les a provoqués, répondit le maître avant d'ajouter : c'est ainsi que tu comprendras et pardonneras tant les autres que toi-même, et que tu cesseras de réclamer cette vengeance à laquelle tu fais allusion lorsque tu parles de punition et de pénitence.

Anthony de Mello

Chapitre 11 : Sortir quelqu'un de l'enfer

« Tu leur enseigneras à voler,
mais ils ne voleront pas ton vol.
Tu leur enseigneras à rêver,
mais ils ne rêveront pas ton rêve.
Tu leur enseigneras à vivre,
mais ils ne vivront pas ta vie.
Pourtant...
pour chaque vol,
pour chaque vie,
pour chaque rêve,
une trace du chemin enseigné
restera toujours. »

Mère Teresa de Calcutta

M. Díaz a été pour moi bien plus qu'un grand maître. Je pourrais dire qu'il fut quelque part comme un père qui épaule et sait orienter malgré les adversités. Je l'ai rencontré par hasard, de façon apparemment «fortuite», lors d'un événement social. Parmi tous les participants, c'est moi qui me retrouvai à côté de cet homme qui faisait des suggestions intéressantes quant aux possibilités de dépassement de soi, quant aux croyances limitantes, et aux outils qui permettent l'éveil et l'apport de valeur dans ce monde.

Né à Miami de père canarien et de mère américaine, travaillant tous deux dans le domaine du commerce, il eut l'occasion de voyager dans d'innombrables régions. Depuis son enfance, il était régulièrement en proie à des attaques de panique et souffrait de dépression chronique. Il ne trouvait pas sa place dans le monde. Progressivement, il devint dépendant d'anxiolytiques et de diverses drogues sociales. Il continuait toutefois de chercher un sens à sa vie et allait toujours de l'avant.

À l'âge de 33 ans, M. Díaz traversa une période de désespoir absolu qui l'amena à tenter de se suicider en se coupant les veines. Il avait pris la ferme décision d'en finir avec cette vie dont la signification lui échappait. C'est dans cet état d'esprit qu'il remplit une baignoire d'eau chaude, tenant dans ses mains une lame affilée. Alors qu'il se préparait à accomplir son acte, contre toute attente, il glissa et se heurta violemment la tête. Il demeura allongé sur le sol un instant, et l'idée suivante émergea avec force du plus profond de son être : « Puisque je n'ai pas peur de mourir, pourquoi ne pas utiliser ma vie à chercher des réponses, à grandir mentalement et spirituellement ? Pourquoi gâcher cette existence si je peux la mettre au service de la vérité et aider les autres ? »

Cet événement marqua un tournant décisif dans le parcours de M. Díaz qui, à partir de là, se mit en contact avec divers enseignants de Reiki, moines bouddhistes tibétains, chamanes et autres grands pratiquants de méditation. De cette façon, il est devenu l'un des maîtres occidentaux les plus remarquables que j'aie connus.

Cher lecteur, j'aimerais partager ici l'histoire fascinante qui a permis à M. Díaz d'accéder au statut de maître dans le cheminement spirituel qui était le sien.

Toute personne qui suit cette philosophie ou cette voie, qui a reçu diverses appellations et que j'utilise dans mes cours et séminaires (je la nommerai ici simplement système énergétique tibétain), se doit de réussir une dernière épreuve avant de devenir maître. Pour comprendre en quoi elle consiste, il suffit de lire son libellé : « Sortir quelqu'un de l'enfer. »

M. Díaz savait qu'un jour ou l'autre il devrait subir cette épreuve. Néanmoins, il n'en connaissait ni la date, ni le lieu, ni sous quelle forme elle se présenterait.

C'est en 1994 que surgit l'occasion. M. Díaz traversait en voiture un quartier des plus malfamés d'une île voisine quand le moteur de son véhicule décida que ce jour ordinaire était le moment parfait pour tomber en panne, sans préavis, ici même. Et pourquoi pas ?

Il descendit de sa voiture et s'aventura dans quelques rues en quête de la station d'essence la plus proche. Il marchait tranquillement, en étant conscient et présent. Il était environ 21 h 30 lorsqu'un homme, surgi du néant, le poussa violemment contre le mur. Pointant vers son cou une seringue pleine de sang, il le menaça en hurlant :

— Donne-moi tout ce que tu as sinon je te l'injecte !

— Quel bel acte d'amour ! répliqua M. Díaz en lui souriant affectueusement.

— T'as pas compris que j'ai le sida ?! Donne-moi tout ton fric ou je te l'injecte ! hurla l'agresseur, complètement dérouté.

— J'ai bien entendu, mais vouloir partager votre sang avec moi me semble être un acte d'amour très noble, insista encore M. Díaz.

— Non, mais t'as pas compris qu'il est contaminé ? lui cria le toxicomane sur un ton empreint à la fois d'impatience et de surprise.

— Vous croyez qu'il est infecté, moi non. Pour ma part, votre sang est parfait.

L'agresseur commençait à être sur les nerfs.

— Attends un peu, espèce de hippie de merde, tu me crois pas ?! Donne-moi tout, sinon je te jure que je te contamine !

— Bon, puisque c'est l'argent que vous voulez, prenez, répondit patiemment M. Díaz en sortant son portefeuille et en le lui remettant tranquillement. Il y a près de 20 000 pesetas (environ 120 euros). La seule chose que je vous demande en échange, c'est que vous m'emmeniez manger quelque part. C'est moi qui paye.

— Non, mais, t'es qui ? La police ou quoi ? questionna l'autre totalement perplexe et déconcerté.

— Non. Simplement j'aimerais parler un moment. L'argent est à vous. Laissez-moi juste ma carte d'identité et la photo de mon neveu. Le reste vous appartient.

L'agresseur n'eut pas d'autre choix que d'accepter la curieuse invitation de cette victime pas comme les autres. C'est avec un sentiment mêlé de curiosité et de crainte (comme il l'avouera lui-même par la suite) qu'il entra dans une cafétéria en compagnie de celui qui serait à compter de ce jour considéré comme un maître.

Ils étaient là, ensemble, l'agresseur ne sachant que faire du portefeuille et regardant stupéfait comment M. Díaz mangeait paisiblement son sandwich, un sourire aux lèvres. Ils se mirent à parler. M. Díaz le pria de lui raconter un peu sa vie, son enfance, et comment il avait fini dans les rues.

Depuis son plus jeune âge, il avait reçu d'innombrables et brutales raclées de la part de ses parents (lui, alcoolique et elle, sous tranquillisants) qui lui répétaient sans arrêt qu'il ne servait à rien, qu'il n'aurait pas dû naître. Adolescent, il chercha refuge dans les drogues, celles-ci semblant atténuer pour quelques instants sa réalité, la transformant en vague souvenir d'un cauchemar lointain. Pourtant, lorsque les effets des substances se dissipaient, le retour à la réalité était plus vif que jamais, tourmentant cruellement son âme et secouant brutalement son corps. Ces mêmes drogues, qui l'éloignaient d'une réalité de maltraitance et de haine, le mettaient dans une situation sociale de plus en plus précaire, l'obligeant à voler, menacer, extorquer et agresser pour se procurer d'autres doses d'amnésie éphémère et fictive. Sa vie devint une lutte pour la survie, une lutte constante où la seule fuite était par voie intraveineuse. Les personnes de son entourage étaient celles que l'on a tendance à répertorier comme « à problèmes » : il fréquenta de nombreuses toxicomanes, presque toutes prostituées. Une d'entre elles lui transmit le virus du sida. Depuis, il vivait dans la rage, croyant qu'il n'hésiterait pas une seconde s'il devait injecter son sang à un autre — ce qui n'était toutefois pas encore arrivé étant donné que, jusqu'à cette nuit surréaliste, tous lui avaient remis l'argent avant de s'enfuir sans demander leur reste.

M. Díaz écouta son récit avec attention. Une fois le récit achevé, il lui demanda si cette façon de vivre l'aidait à surmonter sa rage, sa haine et son malaise. Paco (nous l'appellerons ainsi) répliqua que c'était la seule qu'il connaissait; il ne voyait pas d'autre issue pour se libérer de toute cette souffrance qui l'accablait.

M. Díaz lui annonça alors une grande nouvelle : avoir ressenti autant de souffrance pouvait faire de lui un grand maître qui pourrait aider d'autres jeunes vivant le même enfer ou étant sur le point de le vivre. Il lui apprit qu'au lieu d'engendrer toute cette rage et toute cette colère, il est possible d'accroître la paix et la conscience dans le monde. Pour cela, il est nécessaire de « lutter vers l'intérieur », c'est-à-dire plutôt que de se battre à l'extérieur, il faut se concentrer sur son propre changement à travers l'« autocompassion ». Ce qui ne signifie en aucun cas s'apitoyer sur soi-même et revêtir le statut de victime de la société et des circonstances.

À ce point de la soirée, Paco se mit à pleurer. Il était angoissé; il avait le cœur fendu. En plus, il n'était même pas capable de se reposer s'il n'avait pas pris de drogue! M. Díaz lui posa la main sur la nuque, le réconforta un moment et déclara :

— Mon ami, moi aussi je suis passé par cet «enfer», et il m'a fait comprendre où se trouvait le «ciel». Rejoins-moi. Tu vas découvrir l'immense potentiel qui est en toi et ce que tu es réellement.

Paco, déconcerté, regardait fixement M. Díaz et, face à ce regard plein de compassion et d'amour, il finit par accepter.

Aujourd'hui, je peux affirmer que de l'homme tourmenté de cette époque, il ne reste rien : la transformation a été spectaculaire. Il commença à pratiquer la méditation et s'initia au système énergétique tibétain que j'enseigne dans mes cours. Il travailla tout d'abord comme aide-vétérinaire pour ensuite suivre une formation d'infirmier auxiliaire spécialisé en gériatrie. Des analyses ultérieures révéleront que son sang et que son organisme s'étaient épurés de cette dysharmonie appelée sida. Grâce à son expérience, Paco a été une grande aide pour beaucoup de personnes qui, comme lui autrefois, se sont retrouvées dans une situation de désespoir telle qu'ils n'en voyaient pas la sortie.

Il s'était écoulé plusieurs années depuis cette histoire, lorsqu'un jour où je me trouvais chez M. Díaz, je vis arriver un monsieur d'une cinquantaine d'années, les mains couvertes de tatouages et qui souriait en permanence.

— Tu dois être Manchado, s'exclama-t-il.

— Et vous le fameux Paco, répondis-je.

— C'est bien ça, dit-il en riant. Je vois que M. Díaz t'a déjà parlé de moi.

Et ce fut pour moi un cadeau merveilleux et incroyable d'entendre la version de l'histoire racontée par celui qui l'avait vécue. Un dernier détail sympathique pour terminer mon récit : Paco m'avoua qu'en voyant M. Díaz et en écoutant ses réponses le jour de l'agression, il en était arrivé à craindre pour sa propre vie, pensant qu'il était tombé sur un psychopathe. Pourtant, il avait décidé d'aller manger avec ce «cinglé sans peur», et finalement ce repas avait changé sa vie.

Les enseignements que l'on pourrait tirer de cette histoire sont nombreux. Mais je n'en garderai qu'un : celui de la grandeur qu'implique le fait de sortir quelqu'un de l'enfer quand on se limite à l'écouter sans préjugés, à lui offrir des moyens d'action, à appliquer la compassion au lieu de le condamner et de le mettre à l'écart.

(À l'écoute du silence intérieur, ressentez cet instant.)

Conte :

– Où dois-je chercher l'illumination ?

– Ici.

– Et quand aura-t-elle lieu ?

– Elle est train de se produire en ce moment même.

– Mais alors, pourquoi est-ce que je ne la ressens pas ?

– Parce que tu ne regardes pas.

– Et à quoi dois-je prêter attention ?

– À rien. Regarde, simplement.

– Regarder, mais quoi ?

– Toute chose sur laquelle se pose ton regard.

– Et, je dois observer d'une façon particulière ?

– Non, il suffit que tu regardes normalement.

– Parce que je ne regarde pas normalement ?

– Non.

– Diable, et pourquoi donc ?

– Parce que pour voir, il faut que tu sois ici ; or tu es presque toujours ailleurs.

Anthony de Mello

Chapitre 12 : Les « étranges » balades avec M. Díaz

« La naissance de l'homme est la naissance de sa douleur.
Plus il vit longtemps et plus il devient stupide,
car son angoisse d'éviter une mort inéluctable s'intensifie
sans relâche. Quelle amertume ! Il vit pour ce qui est
toujours hors de sa portée ! Sa soif de survie dans
le futur l'empêche de vivre dans le présent ! »

Chuang Tsu

En guise d'enseignements, mon maître M. Díaz et moi sortions fréquemment nous balader. Nous allions dans des endroits variés et toujours intéressants. Un jour, il m'emmena manger dans une cantine de la ville de Teguise à Lanzarote où étaient exposées quelques vieilles photos en noir et blanc. Elles dataient peut-être d'une centaine d'années et montraient des gens parés de leurs costumes d'époque. Certains souriaient, d'autres avaient l'air sérieux.

M. Díaz me dit :

— Observe toutes ces photos, regarde-les attentivement et ressens ce qu'elles te transmettent.

Ce que je fis. Certaines exprimaient la joie; d'autres, la tristesse.

M. Díaz me sourit et poursuivit :

— Mon cher Manchado, tu as ici sous les yeux des images de personnes qui vivaient habitées par leurs tourments, des personnes qui avaient leurs aspirations… Plus de 100 ans se sont écoulés, et la question est : où sont passées toutes ces inquiétudes, angoisses, peurs et difficultés ? C'est l'impermanence qui les a emportées, cher ami ! Prends conscience d'une chose : tout change en permanence; alors ne perds pas ton temps à croire toute la machination de l'ego (conflits émotionnels, personnels, mentaux, conflits dans les relations…). Va au-delà de ça; choisis toujours de vivre en paix (puisque ta nature c'est la paix, l'amour, la pleine acceptation…) en comprenant bien que tout change perpétuellement. Assure-toi que ton sens de l'acceptation, du pardon, du non-jugement… se fasse chaque jour plus intense. Ressens-le simplement. Observe tout consciemment, prends toujours la décision de poursuivre la quête de ta propre nature et de te reconnecter encore plus profondément à la vie, à ton essence. Comme beaucoup de mes maîtres disent : « Quand la mort viendra pour t'emporter, qu'elle te trouve plein de vie. »

M. Díaz faisait en l'occurrence référence à l'un des préceptes de la philosophie bouddhiste sur la précieuse existence humaine : elle est difficile à acquérir et facile à perdre. C'est pourquoi nous devons en faire bon usage en développant au maximum notre potentiel afin d'éveiller notre nature de Bouddha (qui équivaut à l'éveil de la conscience) et de restituer notre esprit à l'amour.

Au cours d'une autre sortie, j'ai passé quelques nuits à méditer dans un cimetière en sa compagnie. Mis à part le caractère étrange et incommode que peut revêtir cette expérience aux yeux du commun des mortels, l'intention était notamment de comprendre que l'existence est courte et limitée. Que le but est de suivre notre voie ou la fonction, qui est en réalité la nôtre en ce monde, au lieu d'ajourner notre vie et notre bonheur. Nous méditions sur l'impermanence, sur la gratitude d'être en bonne santé et de jouir de cette précieuse existence humaine. Nous portions aussi un regard neutre sur la mort, sachant qu'il s'agit d'un processus naturel qu'il nous faut accepter, toute résistance n'ayant aucun sens. En même temps, nous rompions avec les tabous, croyances ou programmes de peur des cimetières et avec les superstitions…

À travers cette expérience peu banale, M. Díaz touchait à un autre principe fondamental, celui de l'impermanence et de la mort. Tout change, rien n'est constant; notre vie est fragile comme une bulle, et l'heure de la mort est incertaine… Puisque notre durée de vie ne nous est pas connue, nous ne pouvons pas perdre notre temps en nous accrochant à ce que de toute évidence nous allons perdre. Nombre d'enseignants spirituels utilisent cette pratique pour arriver à une telle compréhension. Un de mes maîtres tibétains, Kalu T., a par exemple vécu deux années dans un cimetière afin d'intégrer le concept de mort et d'impermanence.

M. Díaz m'emmenait également dans des hôpitaux pour me mettre en contact avec des personnes présentant des défis physiques. Avant d'entrer dans les chambres, il me disait toujours :

— Ne les vois pas comme des malades, sinon toi aussi tu le deviendras et tu ne leur rendras guère service. Accepte leur état et ne résiste pas. Ces personnes qui se retrouvent dans une situation qualifiée de maladie pâtissent d'une grande absence d'amour envers elles-mêmes et le reste du monde. C'est pour cela que la vie leur fait cadeau d'une dysharmonie ou d'un défi de santé, afin qu'elles puissent se reconnecter à cet amour qui stagne au fond d'elles-mêmes, recouvert et caché derrière beaucoup de peurs, culpabilités, colères, rancœurs et autres émotions toxiques de dévalorisation. Ces gens-là, tu ne pourras pas les aider si tu les considères comme des malades. Observe-les avec ta pleine acceptation, au-delà de l'idée ou des idées que tu as sur les symptômes dont ils souffrent.

C'est donc dans cet état d'esprit que je pénétrais dans l'hôpital. En toute honnêteté, au cours de ces visites, lors des premières rencontres, j'avais beaucoup de mal à les voir sans la maladie. Jusqu'au jour où j'y suis parvenu… C'était merveilleux de pouvoir parler avec eux sans ressentir de souffrance ou de rejet face à la maladie ! J'étais capable de percevoir l'amour profond que la Vie et l'Univers ressentaient pour ces êtres — ces êtres qui avaient reçu cette expérience à la seule fin de les recentrer davantage sur la vie, l'amour et eux-mêmes. Je les voyais avec une compassion absolue. Ce n'était pas de la peine; il s'agissait de compassion, qui en tibétain veut dire « aider les autres à cesser de souffrir ». Je parlais avec eux, exempt de peur, et sans juger leur état. Je leur demandais par exemple :

— Qu'est-ce qui te ferait vraiment plaisir ?

Ils répondaient des choses comme : « Revenir en arrière et recommencer à zéro », « Ne pas m'être abîmé la santé à m'énerver contre le monde entier », « Ne pas avoir gaspillé ma vie à travailler dans quelque chose que je détestais »…

D'autres personnes, dont certaines à mobilité réduite et clouées sur un fauteuil roulant, avouaient qu'elles donneraient leur vie et tout ce qu'elles possèdent pour pouvoir marcher quelques heures au bord de la mer ou à la campagne.

La maladie et la mort cessent de nous affecter à partir du moment où nous les regardons depuis l'acceptation et non pas depuis la résignation ou la résistance. En d'autres termes, la maladie, selon mes maîtres et ma propre expérience, est un cadeau de la vie afin que l'on puisse se reconnecter à elle. Elle sert à épurer notre rage, nos ressentiments, notre sensation d'impuissance, nos résistances à l'amour, notre haine, nos jugements, notre culpabilité… Sa fonction est tout simplement de rendre à sa propre vie l'amour, l'acceptation, la compréhension, la compassion, la liberté, le partage… Une fois que l'on comprend tout cela, de nombreuses peurs disparaissent, telle l'anxiété face à la maladie ou à la mort.

Comme le grand psychologue Carl G. Jung le disait : « La maladie est l'effort que fait la nature pour guérir l'homme. »

J'aimerais ajouter ici un autre concept que, selon tous mes maîtres tibétains, nous éprouvons si nous identifions la vie au monde de la forme, à l'ego et à son système de pensée, à savoir la souffrance existentielle. L'existence humaine est perçue comme souffrance. Nous souffrons en naissant, en vieillissant, en tombant malade et en mourant. Ceux qui manquent de quelque chose souffrent pour l'obtenir; ceux qui ont peu souffrent parce qu'ils veulent davantage; ceux qui possèdent suffisamment souffrent pour le conserver... Et, en fin de compte, nous perdons tous ce que nous avons. C'est pour cela que nous devons essayer de transcender cette existence.

Je voudrais partager ici, pour conclure, un texte bouddhiste empli de sagesse sur l'impermanence ou *Anitya* :

« Ce qui est né mourra,
ce qui a été recueilli se dispersera,
ce qui a été construit s'effondrera,
et ce qui a été en hauteur descendra. »

(À l'écoute du silence intérieur, ressentez cet instant.)

Conte :

Une fillette de six ans travaillait de façon concentrée sur un dessin. La maîtresse se dirigea vers elle et lui demanda :

– Qu'est-ce que tu dessines ?

– Je fais un dessin de Dieu, lui répondit celle-ci.

– Mais personne ne sait comment est Dieu !

– Vous le saurez dans une minute quand j'aurai terminé mon dessin, répliqua l'enfant.

Ken Robinson, de son livre *L'Élément*

Chapitre 13 : Le GPS intérieur

« Tous les êtres humains naissent avec une sagesse innée pour reconnaître les émotions négatives. »

Tulku Lobsang Rimpoché

M. Díaz rappelait toujours au petit Victor, son neveu âgé d'à peine 5 ans, l'importance d'être à l'écoute de ce que l'on ressent : il travaillait beaucoup avec lui pour qu'il apprenne à écouter et identifier ses émotions, et tout particulièrement à suivre son intuition.

Un jour, une maîtresse qui surveillait la cour de récréation, surprit une conversation étonnante entre Victor et un autre enfant de deux ans son aîné. Dans ladite conversation, ce dernier lui proposait de casser une vitre pour s'infiltrer dans une salle située à l'arrière de l'école où étaient entreposés quelques jouets. Après avoir écouté la proposition, Victor ferma les yeux un instant, puis, en les rouvrant, annonça :

— Non merci. Mon GPS intérieur me dit que ce n'est pas correct.

L'autre enfant persistait en disant :

— Qu'est-ce que tu racontes avec ton histoire de GPS intérieur ?

Ils devaient profiter de ce moment où, d'après lui, personne ne les voyait ! Victor réfléchit de nouveau et, sous le regard perplexe de la maîtresse, il répliqua :

— Tu parles ! Maintenant encore moins que jamais !

— T'es qu'une « fille » ! Allez, sois pas un lâche, poursuivit l'autre, cette fois d'un ton presque menaçant.

— Là, mon GPS intérieur me dit carrément qu'il n'en est pas question ! s'empressa-t-il de répondre. Éloigne-toi de moi; en plus, tu es un très mauvais camarade.

L'enseignante fut tellement impressionnée par la manière dont un si jeune enfant avait su régler cette situation qu'elle voulut en savoir davantage au sujet du GPS intérieur.

Elle se mit en contact avec la famille de l'enfant qui la dirigea alors vers son oncle, M. Díaz. Celui-ci lui expliqua l'importance de savoir écouter et gérer ses émotions, ajoutant qu'il était possible de transmettre ce genre de connaissances aux enfants à travers l'image du GPS intérieur.

Suite à cet événement, la maîtresse commença à enseigner dans sa classe cette façon de s'aider en suivant son intuition. Après avoir travaillé de la sorte pendant un certain temps, elle constata de nombreux changements positifs. Mieux encore, grâce à cette méthode, beaucoup d'enfants, diagnostiqués hyperactifs et présentant un déficit d'attention, commencèrent à faire des progrès dans leur développement personnel. C'est beau de voir à quel point ce type d'enseignement a pu rejaillir sur tous les êtres sans exception, et comment un enfant peut être un exemple pour d'autres personnes de son entourage.

Que disent les maîtres ?

Au fond de nous-mêmes se trouve un cadeau que nous a donné l'Univers pour être connectés à la vie : notre capacité à ressentir. Elle agit comme un indicateur (ou GPS intérieur) qui nous révèle où nous nous trouvons et la distance qui nous sépare de notre chemin, qui n'est autre que celui de la paix et de l'amour.

Il existe deux cas de figure au sujet du ressenti : l'un nous indique que nous sommes connectés à la paix (Amour) et l'autre que nous sommes dans le conflit (peur).

Si ce que nous éprouvons, ce sont des sensations de contractions, alors nous sommes dans un mode de sentiment conflictuel; néanmoins, si c'est l'expansion que nous vivons, alors nous sommes alignés sur le mode de la paix… et là, nous savons que nous faisons bonne route!

Ce que nous ressentons du fond de notre être est l'indicateur le plus fiable qui nous renseigne sur le genre de perception que nous utilisons à chaque instant : elle peut être erronée (comme celle des jugements, le rejet, etc.) ou compatissante (la perception d'innocence, celle de l'estime).

Chaque fois que nous fonctionnons avec le mental, nous nous coupons de notre ressenti — nous pouvons même en arriver à le juger. En conséquence, nous nous déconnectons de la principale fonction qui nous rend vivants : expérimenter le monde à travers notre sensibilité intérieure.

Le mantra des grands maîtres est celui-ci : « Dans ce moment présent, je me permets de ressentir. »

Que font les maîtres?

Ils acceptent totalement ce qu'ils éprouvent, permettant à leur ressenti d'être comme il est.

Ils s'ouvrent toujours à leur ressenti sans l'interpréter mentalement.

Ils se laissent guider par ce GPS intérieur naturel.

Ils acceptent chaque émotion comme un grand messager qui leur indique où ils se situent ou bien quel genre de perception du monde ils sont en train d'utiliser.

Ils se libèrent du mental pour entrer dans le champ du cœur qui établit la connexion avec l'espace du ressenti.

Ils laissent la vie s'exprimer à travers leur ressenti.

Qu'est-ce les maîtres ne font pas?

Ils n'analysent pas ce qu'ils ressentent et ne le remettent pas en question. Ils ne le jugent pas non plus.

Ils n'agissent pas depuis le mental et ne se laissent pas emporter par le programme mental du conflit.

Ils n'exercent pas un contrôle sur ce qu'ils ressentent.

Ils n'opposent pas de résistance et ne suppriment pas leurs émotions.

Ils ne répriment pas ou n'inhibent pas ce qu'ils ressentent aux moyens de cachets ou de drogues.

Exercice pratique :

Dans un endroit calme, observez quelle sorte de ressenti s'active en vous. Acceptez-le et comprenez qu'il vous parle des aspects de votre vie qui vous connectent à l'amour ou vous en déconnectent. Si vous percevez une émotion intense, demandez-vous du fond du cœur : « Qu'est-ce que la vie désire me transmettre à travers ce sentiment? »

(À l'écoute du silence intérieur, attendez que la réponse émerge spontanément de votre ressenti.)

Poème :

Vos enfants ne sont pas vos enfants.
Ils sont les fils et les filles de l'appel de la Vie à elle-même.

Ils viennent à travers vous mais non de vous.
Et bien qu'ils soient avec vous, ils ne vous appartiennent pas.

Vous pouvez leur donner votre amour mais non point vos pensées,
Car ils ont leurs propres pensées.

Vous pouvez accueillir leurs corps mais pas leurs âmes,
Car leurs âmes habitent la maison de demain,
que vous ne pouvez visiter, pas même dans vos rêves.

Vous pouvez vous efforcer d'être comme eux,
mais ne tentez pas de les faire comme vous.
Car la vie ne va pas en arrière, ni ne s'attarde avec hier.

Vous êtes les arcs par qui vos enfants,
comme des flèches vivantes, sont projetées.
L'Archer voit le but sur le chemin de l'Infini,
et Il vous tend de Sa puissance

pour que Ses flèches puissent voler vite et loin.
Que votre tension par la main de l'Archer soit pour la joie;
Car de même qu'Il aime la flèche qui vole,
Il aime l'arc qui est stable.

Khalil Gibran, extrait du recueil *Le Prophète*

Chapitre 14 : Ne déconnectons pas les enfants

« Chacun de nous est un génie; mais si vous jugez un poisson à sa capacité à grimper aux arbres, il passera sa vie entière à croire qu'il est stupide. »

Albert Einstein

« La façon dont nous étions traités quand nous étions enfants est la façon dont nous nous traitons nous-mêmes le reste de notre vie. »

Alice Miller

« Avant de vouloir changer un enfant, nous devrions être prêts à changer nous-mêmes. »

Carl G. Jung

Alberto était un enfant très sensible et intuitif. Il vivait à la campagne, dans un endroit sans pareil, où coulait un petit ruisseau, entouré de montagnes et d'arbres.

Âgé tout juste de 5 ans, il savait jouir de cette nature qu'il voyait comme un grand cadeau et sortait dès que ses parents lui donnaient la permission de le faire. Même tout petit, cela l'enchantait d'aller respirer l'air pur de la campagne qu'il adorait. Il éprouvait un plaisir profond à être dans la nature. Il passait des heures intenses (qui n'étaient pas des heures perdues) à jouer avec des papillons et à grimper dans les arbres, tout en écoutant le chant des oiseaux, le bruit de l'eau…

La sensibilité d'Alberto était considérable. Il se rappelle que, tout jeune, les arbres lui parlaient, et il s'en émerveillait. Un jour, il était tellement content de ce que les arbres lui avaient raconté qu'il en fit part à ses parents. Mais, visiblement, ces derniers ne semblaient pas éprouver la même joie et le même engouement que le petit Alberto. Au début, ils imputèrent ceci à la vive imagination de leur fils. Toutefois, devant son insistance, ils réagirent plus brusquement : ils l'avertirent qu'il ne devait pas raconter ce genre de stupidités, sinon les gens allaient le prendre pour un fou.

Lui ne comprenait pas bien le sens de tous ces mots, durs et péjoratifs : bêtise, fou, absurde… Alors que le message des arbres était si fabuleux ! C'est ce qu'il voulait encore faire savoir à ses parents qui, cette fois, rentrèrent dans une grande colère. La peur que les voisins puissent penser qu'ils avaient un fils « bizarre », un fils qui parlait tout seul, les amena à lui donner la première correction de sa vie. Une correction qui fut suivie de beaucoup d'autres. Jusqu'à ce que l'enfant, face au comportement de ses parents, finisse par « interpréter » qu'il devait arrêter d'agir ainsi. Il devait cesser d'écouter la nature. Pour quelles raisons ? Il ne savait pas très bien… Mais il ne pouvait pas continuer à entendre ses parents prononcer ces mots — mots aussi durs que les coups.

Le désarroi qu'il ressentit dans un premier temps fit place à la culpabilité, la crainte, voire la rage de ne pouvoir correspondre aux schémas habituels, de ne pas être celui que ses parents auraient souhaité qu'il soit. Il passa ainsi près de 50 années de sa vie à rejeter ce don que la vie lui avait octroyé. Il endura une vie déconnectée, faite de mensonges, de fausseté. Il en était réduit à faire semblant d'être quelqu'un qu'il n'était pas, de jouer un rôle qui plaisait à sa famille, à ses amis, à son entourage, à la société...

Mais tout a une limite. Fatigué de souffrir à chercher en permanence l'approbation, un jour il décida tout simplement de ne plus résister. Il fit tomber toutes les barrières que les autres lui avaient imposées depuis son enfance pour rétablir la connexion avec la nature et son caractère d'innocence. Il accepta ses « dons », cette grande sensibilité que seuls quelques êtres exceptionnels peuvent comprendre ou au moins respecter. Il s'en alla vivre parmi les arbres, répondant de la sorte à l'appel de sa propre nature.

Aujourd'hui, je sais seulement de lui qu'il est heureux. Peu importe le temps qui s'est écoulé. Il a retrouvé l'enfant en lui.

Que disent les maîtres ?

Lorsqu'ils naissent, les enfants sont totalement connectés à la vie et à la Source. Ils regorgent de joie et ont une sagesse innée. Ils jouissent d'un grand enthousiasme et d'une spontanéité qu'ils sont volontiers prêts à partager : ils vivent dans un état proche de l'extase. Ils viennent au monde en sachant déjà respirer correctement et dans les bonnes positions. Et lorsqu'ils se cognent quelque part, ils posent leurs mains sur la zone meurtrie comme s'ils utilisaient la méthode du Reiki ou un autre modèle énergétique.

L'écrivain Gerald Jampolsky raconte une histoire vraie dans laquelle une enfant de trois ans insiste auprès de ses parents pour être seule un moment avec son frère qui vient de naître. Les parents, certes un peu surpris par cette demande, acceptèrent tout en restant suffisamment près pour entendre, abasourdis, leur fille dire :

— Bébé, parle-moi de Dieu, parce que moi, je commence à oublier…

Les enfants sont ici pour vivre avec intensité dans le présent : ils jouent, s'amusent, explorent… Leur plus grand trésor est leur innocence.

Comme le maître M. Díaz le fait remarquer : « Pour les enfants, c'est très clair qu'ils viennent ici en "touriste", passer du bon temps; ce sont nous les adultes qui les désorientons. »

Certains de mes maîtres affirmaient qu'un adulte est un enfant qui a oublié comment sourire.

Le fait d'être innocent (sans croyances préétablies) permet aux enfants de voir, d'entendre, de sentir et de percevoir ce que les adultes ne peuvent pas.

Que font les maîtres ?

Ils veillent à rester patients, compréhensifs et connectés à leurs enfants.

Ils les éduquent dans l'amour, la confiance et le respect.

Ils font en sorte que l'enfant puisse naturellement suivre le flux de la vie et ils lui apprennent à ressentir ses émotions sans les juger.

Ils les laissent développer leurs talents naturels, leurs facultés créatives et artistiques.

Ils les écoutent et sont présents, tout en leur répondant avec patience et sérénité.

Ils les encouragent à vivre librement, sans peur, sans contrainte, sans condition.

Ils consolident leur confiance en soi et leur pouvoir intérieur en faisant germer en eux l'idée que tout est possible dans la vie, si on le veut vraiment.

Ils les incitent à comprendre que nous sommes en connexion les uns avec les autres et que nous faisons un avec chaque chose.

Ils nourrissent leurs esprits en leur donnant attention et approbation.

Ils portent chaque jour un regard neuf sur leurs enfants, sans les alourdir du poids du passé.

Qu'est-ce que les maîtres ne font pas ?

En aucun cas ils ne les déconnectent de leur sagesse, innocence et sensibilité innées.

Ils ne les forcent pas à vivre dans une prétendue « normalité », en refusant leur sensibilité ou leurs « dons ».

Ils ne les éduquent pas dans la compétitivité, la colère, la peur et la dévalorisation.

Ils ne leur enseignent pas la séparation ou « l'indiviDUALisme ».

Ils ne leur disent pas de choses négatives.

Ils ne les dévalorisent pas.

Ils ne les réprimandent pas parce qu'ils suivent leurs sentiments profonds.

Ils ne se mettent pas en colère contre eux à cause de leur imagination ou de leurs jeux.

Ils ne leur parlent pas comme s'ils étaient stupides, mais en les considérant pour ce qu'ils sont : de grands sages en puissance.

Ils ne les frappent pas, ils ne les insultent pas.

Dans un de mes ateliers sur le bonheur, pour avoir une idée de l'état des participants, j'ai lancé la question suivante dans l'assistance :

— Voyons, qui d'entre vous se considère comme un être extraordinaire qui mérite ce qu'il y a de mieux?

Comme personne ne répondait, j'insistai en affichant un grand sourire :

— Allez, ne soyez pas timides! Je répète la question : «Qui d'entre vous ici pense être quelqu'un de merveilleux qui mérite ce qu'il y a de mieux?»

À ce moment-là, il y en a toujours un ou deux qui font mine de lever le bras, mais, à se voir observés par les autres, hésitent et transforment ce geste presque aussitôt, faisant maladroitement croire qu'ils veulent s'étirer, se gratter la tête ou s'arranger les cheveux.

C'est alors que je joue l'étonné et leur dis :

— Eh bien quoi! Qu'est-ce qui vous arrive? Pas plus tard qu'hier, j'ai posé la même question dans une classe de primaire, et tous les élèves se sont levés en criant et en sautant de joie!

Mes maîtres disaient parfois qu'un adulte est un enfant qui a oublié comment sourire. Certains le qualifiaient également d'enfant «adultéré». D'autres, plus crûment, voyaient dans l'adulte un enfant «abîmé», voire un jouet cassé.

Cher «enfant» qui me lit aujourd'hui, j'ai ici une bonne nouvelle : on peut se souvenir de ce qu'on a oublié, et réparer ce qui a été abîmé ou cassé. Retrouvez ce sourire, cet enfant intérieur qui ne demande qu'à être secouru. Car c'est ainsi que l'on entre au «royaume des cieux», la véritable félicité non conditionnée.

Avant de terminer ce chapitre, et pour illustrer à quel point les plus petits sont connectés, je vais brièvement relater l'histoire de cette femme qui est venue me voir, très inquiète parce que son fils parlait apparemment tout seul.

Le jour de la consultation, je me retrouvai en face d'un jeune enfant d'environ 5 ans, qui avait un visage angélique et de grands yeux brillants et sereins. Je m'informai auprès de la mère sur les raisons de sa venue. Celle-ci m'expliqua avec angoisse que son fils parlait très souvent avec un ami invisible.

Je m'adressai à l'enfant et lui posai la question :

— Eh bien… c'est qui ton ami invisible ?

— Dieu, répondit-il à la surprise de la mère qui n'avait jamais pris la peine de le lui demander.

Je souris et poursuivis :

— Et qu'est-ce que Dieu te dit ?

— Que tout va bien et que je n'ai pas à me faire du souci.

Lorsque je lui demandai comment Il était, il m'apprit que Dieu n'avait pas de forme. Je voulus savoir également où Il se trouvait en ce moment, et l'enfant me répondit le plus naturellement possible :

— Ici ! Il est partout !

Exercice pratique :

En position de méditation, prenez au moins trois respirations profondes tout en affirmant : « Je me libère de toutes les perceptions erronées qui me séparent de la vie. Je ne suis pas ces projections; elles ne sont pas réelles. »

Focalisez votre attention au niveau du cœur, là où la poitrine se sépare, et prenez conscience de cet endroit pendant quelques minutes. Ensuite, faites les affirmations suivantes :

À l'inspiration : « Je me reconnecte à l'innocence et à la fraîcheur qui sont en moi. »

À l'expiration : « Je vois tout avec la joie et l'enthousiasme d'un enfant. »

Pour finir, ressentez la gratitude pour ce nouveau jour. Et souhaitez que les bienfaits de cette méditation bénéficient également à tous les êtres sans exception.

Poème :

On nous fait croire qu'on ne connaît « le grand amour »
qu'une seule fois dans sa vie, et généralement avant
d'avoir 30 ans. On nous raconte que l'amour arrive
toujours quand on s'y attend le moins.

On nous fait croire que chacun de nous est la moitié d'un tout,
et que la vie n'a de sens que si on trouve l'autre moitié
de notre tout. On ne nous dit pas que l'on naît tous entiers,
et que personne ne mérite de porter sur ses épaules
la responsabilité de combler nos manques.

On nous persuade que le « deux en un », cette expression que l'on emploie pour parler de deux personnes qui ont la même façon de penser et d'agir, est celle qui fonctionne le mieux.

On ne nous dit pas que ce même concept pourrait aussi être appelé « annulation », et qu'on ne peut espérer entretenir une relation saine avec l'autre que si l'on se sent comme un individu qui a sa propre personnalité.

On nous fait croire que les gens beaux et minces ont plus de chances d'être aimés. On nous fait croire qu'il n'y a qu'un seul moyen d'être heureux, et que tous ceux qui sortent du moule sont condamnés à la marginalité.

On ne nous dit pas que ces façons de voir la vie sont fausses, qu'elles frustrent les gens, qu'elles sont aliénantes et qu'il y a bien d'autres alternatives pouvant mener au bonheur.

Personne ne vous dira tout ça; vous aurez tous à le découvrir par vous-même. Il n'y a que si vous vous aimez vous-même que vous pourrez être heureux et aimer l'autre.

On vit dans un monde où on se cache pour faire l'amour... alors que la violence se pratique en plein jour, aux yeux de tous.

John Lennon

Chapitre 15 : Amour : Relations non conscientes

« Il faut aimer de telle sorte que la personne aimée se sente libre. »

Thich Nahat Han

« Souvenez-vous que la meilleure relation est celle dans laquelle votre amour pour l'autre dépasse vos propres besoins. »

Dalaï-lama

« Ta paix intérieure me fait sortir de mes gonds ! »

Mon ex-petite amie

C'est en 1998 que j'ai connu Juan qui allait devenir peu de temps après un grand ami.

Jeune commercial, il travaillait pour une entreprise espagnole connue et il était venu en vacances avec quelques collègues afin d'essayer d'oublier un peu la vie stressante et mouvementée de la ville. Depuis un bon moment déjà, il réfléchissait à la perspective de partir pour changer d'air. Lorsqu'il connut la petite île de la Graciosa, ce fut pour lui plus évident que jamais. Tant et si bien, qu'à son retour chez lui, il remit une lettre de démission à son chef, prit congé de sa famille et de ses amis, fit ses bagages et vint s'installer dans un coin retiré de l'île.

Dès lors, il commença à mener la vie dont il avait toujours rêvé, se vouant corps et âme aux activités qui l'enthousiasmaient : sport, yoga, surf... Il remarquait qu'au fil des jours il se sentait toujours plus connecté avec lui-même. Il y a fort longtemps qu'il n'avait pas été aussi heureux : il savait qu'il se trouvait au bon endroit, appréciant à sa juste valeur toutes les merveilles qui l'entouraient. Il avait l'impression d'être vivant et que, pour la première fois de sa vie, il était conscient de sa respiration et du battement de son cœur. Son monde des sensations s'enrichissait, et son inspiration fut telle qu'il entreprit la rédaction d'un livre traitant de la méditation et de sa relation avec la nature.

Par un bel après-midi, alors qu'il se trouvait sur la plage avec sa planche de surf, il vit passer deux filles qui se promenaient par là. L'une d'entre elles attira immédiatement son attention : elle était superbe — une « déesse », pensa-t-il sur le coup. Son visage, son corps, sa démarche, sa longue chevelure sur les épaules, la façon sensuelle dont elle écartait la mèche de cheveux qui lui recouvrait les lèvres... ! Tout en elle était parfait ! Quand il comprit qu'elles s'approchaient de lui pour lui demander du feu, sa respiration se fit courte. Chacun alluma une cigarette, et ils commencèrent à discuter un moment. Cette brève conversation lui remit les pieds sur terre : derrière cette apparence de femme fatale se cachait une petite fille avec beaucoup de problèmes intérieurs à résoudre. Il valait mieux la laisser partir... Ils étaient tous les deux sur une autre longueur d'onde. Néanmoins, une partie de lui-même n'arrivait pas à oublier ses beaux yeux...

Le lendemain, les deux filles réapparurent en suscitant toujours le même intérêt chez mon ami. Cette même nuit, ils entamèrent une relation amoureuse folle et passionnée qui fera que Juan, selon ses propres mots, allait s'éloigner de ses rêves à pas de géant.

Peu de temps après, ils emménagèrent ensemble dans un appartement spacieux, ce qui eut comme conséquence de réduire leurs finances. Ils résolurent le problème en déménageant sur une île plus grande où Juan avait plus de chance de trouver un emploi. Il va sans dire que le temps du surf ou du yoga était révolu, et que son livre se retrouva au fond d'un tiroir.

La jeune femme avait un train de vie, que lui, en amoureux, essaya de suivre un temps : vêtements, fêtes, sorties nocturnes, dîners... Pourtant, cela ne suffisait jamais. En son for intérieur, il commençait à ressentir un malaise indescriptible. Il essayait de dissimuler son inquiétude derrière l'amour qu'il vivait — amour censé justifier tous ces sacrifices.

Quand elle tomba enceinte, Juan dut travailler davantage. Il était fatigué. Et, du plus profond de son être, son rêve refaisait surface, lui répétant que cette vie-là n'était pas celle qui lui correspondait. Cette sensation persévérait et se faisait chaque jour plus intense. Afin de la faire taire, et pour endurer ses longues journées de travail, il se mit à prendre des drogues. La naissance de sa fille fut pour lui naturellement une grande joie, mais aussi une nouvelle responsabilité. Responsabilité que, selon lui, la mère n'arrivait pas à assumer, montrant plutôt peu d'intérêt pour le bébé. Cette situation alourdissait encore un peu plus le fardeau que Juan portait sur ses épaules.

Qu'ils étaient loin les beaux jours de surf sur la plage de la Graciosa ! D'une certaine façon, les moments passés à rire et à jouer avec sa fille étaient devenus une échappatoire qui l'aidait à oublier une relation de couple chaque jour plus désastreuse.

Malgré les efforts démesurés que Juan accomplissait, sa petite amie se montrait agressive et très distante avec lui. Elle était toujours absente et, au cours des rares moments qu'ils passaient ensemble chez eux, il avait la sensation de la gêner. Leur relation devenait chaque fois plus froide, et il n'y avait plus de contact entre eux. Juan dut aller consulter des psychologues, et même prendre des médicaments. Quelque temps plus tard, il s'aperçut que son amie lui était régulièrement infidèle. Finalement, un jour, il arriva au bout de ses forces : gravement déprimé et incapable de se lever du lit, il dut être transporté d'urgence à l'hôpital.

À sa sortie, il choisit d'aller passer une semaine sur l'île de la Graciosa avec sa planche de surf comme unique compagnie. C'est là qu'il redécouvrit, après des années, cette fameuse sensation d'expansion et sentit naître un immense sourire en lui. Une phrase qui émergea des profondeurs de sa conscience le fit se réveiller sur-le-champ : « Si c'est du malaise que tu ressens, alors ce n'est pas de l'amour que tu reçois. Ouvre les yeux ! »

Tout à coup, il se reconnecta à ce qu'il était réellement et il se rendit compte que jusqu'alors il avait en fait vécu une « non-vie ». Il décida de retourner brièvement à Grande Canarie, où il serra sa compagne dans ses bras et la remercia pour tout ce qu'il avait appris durant ces années avec elle. Il fit ses adieux à sa fille et, emportant sa planche avec lui, il se mit à voyager : Sri Lanka, Bali, Australie, Philippines, Mexique…

Néanmoins, il est toujours resté proche du grand amour de sa vie : sa fille, Eliana. Dès qu'elle fut en âge de comprendre, Juan lui raconta toute son histoire. La dernière fois que je les ai vus ensemble, Eliana, âgée alors de 10 ans, me raconta fièrement que son père était son héros préféré.

Que disent les maîtres ?

C'est de chercher à l'extérieur ce que nous n'avons pas trouvé à l'intérieur de nous-mêmes qui est à l'origine de la souffrance dans les relations. Nous recherchons dehors ce que nous nous refusons. Comme nous avons le sentiment d'être séparés de nous-mêmes et que nous ne nous aimons pas, nous orientons notre quête d'amour vers l'extérieur, quel qu'en soit le prix. À agir de la sorte, nous sacrifions notre liberté. Jésus, en tant que maître spirituel, disait : « Tu aimeras ton prochain comme toi-même. » Cette affirmation souligne la priorité de s'aimer d'abord soi-même, avant d'aimer l'autre pareillement. Jamais l'inverse ! Pourtant, la peur intrinsèque d'affronter la solitude nous pousse à chercher quelqu'un qui soit toujours à nos côtés. Si bien que nous finissons par confondre l'amour avec le besoin, ce dernier donnant naissance à des phénomènes d'attachements et de dépendances.

L'attachement naît lorsque l'on exagère les caractéristiques d'une personne ou d'un objet. Cette exagération déforme notre perception au point que nous leur attribuons des qualités qu'ils n'ont pas. Dès lors, nous nous accrochons à l'idée que nous avons créée de toutes pièces, et pensons que sans une certaine personne, par exemple, nous ne serons pas heureux. La dépendance issue de cette folie nous amène à renoncer à notre nature, à nos valeurs, voire à notre propre cheminement intérieur. Tout cela afin de plaire à cette personne et dans l'idée qu'elle ne nous abandonne jamais parce qu'on est persuadé qu'elle est, ou sera, la source de notre bonheur. D'où certaines expressions comme : « Si tu m'abandonnes, je vais mourir » ou bien encore « Sans toi, ma vie n'a pas de sens ». Dans bien des cas, ces personnes-là finissent par se retrouver seules ou sont rejetées par l'être aimé qui n'arrive plus à supporter la pression de devoir être la source de bonheur de l'autre.

Dans la perspective de l'amour conditionné, soumis au dispositif de filtrage d'une mentalité conflictuelle, la relation se transforme en une lutte de pouvoir, ne reflétant ni plus ni moins que nos peurs et notre état mental.

Contrairement à ce que l'on croit habituellement, les relations ne procurent pas du bonheur : en réalité, elles ne font que renforcer un bonheur déjà existant et agissent comme un miroir qui nous renvoie une image de nous-mêmes.

La clé de voûte d'une relation saine est le détachement. Cela ne veut pas dire vivre la relation avec froideur ou distance, mais plutôt la vivre dans un état d'esprit de sérénité, de joie, exempt de préoccupation, en étant présent, sans considérer la personne comme notre possession, en voyant tout avec clarté, sans dépendance, avec compréhension, voire sans peurs. Le maître de yoga et écrivain espagnol Ramiro Calle donne une belle définition du détachement :

« *Le détachement, ce n'est pas nier le désir, mais plutôt ne pas y être attaché. C'est pouvoir être heureux même si le désir convoité n'est pas atteint. Le détachement induit l'acceptation – ce qui ne veut pas dire résignation, mais patience en action. C'est comprendre que l'on ne peut pas tout changer, mais que nous pouvons toujours nous changer nous-mêmes. À l'attachement correspond la nécessité, et celle-ci t'éloigne toujours de ce que tu désires.* »

L'objectif suprême d'une relation est d'évoluer et de grandir ensemble, de partager la joie, et de nous aider à retrouver la trace de notre propre nature qui est Amour. La douleur et la souffrance nous indiquent par contre clairement que ce n'est pas une relation amoureuse que nous sommes en train de vivre, mais davantage l'idée déformée et conditionnée que nous nous en faisons. Autrement dit : un reflet de nos peurs et de notre pauvreté émotionnelle.

Que font les maîtres ?

Ils vivent leurs relations de façon inconditionnelle.

Ils comprennent que dans un monde où tout est relatif, les relations ne sont qu'un merveilleux miroir qui nous révèle qui nous sommes.

Ils comprennent qu'une relation sert à renforcer notre véritable nature : l'Amour.

Ils prennent conscience de l'importance d'être en connexion spirituelle, mentale et physique avec quelqu'un pour atteindre la complète harmonie.

Ils préservent leur liberté en vivant une relation non conditionnée, puisque celle-ci est la nature de l'amour.

Ils grandissent ensemble (couple, enfants…).

Ils partagent la joie.

Ils ne créent pas d'illusions, mais ils font preuve d'enthousiasme dans leurs relations.

Qu'est-ce que les maîtres ne font pas ?

Ils ne s'adonnent pas à une relation qui va à l'encontre de leur nature ou de leur chemin.

Ils ne sacrifient pas leur vie ou leurs valeurs pour une relation, tout comme ils n'acceptent pas qu'elle soit soumise à des conditions.

Ils ne sacrifient pas leur liberté (l'Amour est liberté).

Ils ne se soumettent pas à une relation où la compréhension et l'harmonie sont absentes, juste par peur du « qu'en-dira-t-on », de la solitude…

Ils ne vivent pas une relation dans l'attachement et la dépendance.

Ils ne renoncent pas à leur fonction dans cette vie à cause d'une relation.

Ils ne dévalorisent ni leur propre personne ni leur partenaire.

Ils ne sont pas constamment dépendants de l'autre personne.

Ils ne se renient pas pour devenir l'idéal de l'autre personne. De même qu'ils ne la forcent pas à être ou à se comporter comme ils voudraient.

Exercice pratique :

Asseyez-vous dans un endroit tranquille où vous êtes à l'aise.

En inspirant, ressentez ou visualisez une espèce de nuage blanc ou doré qui pénètre en vous par le nez et vous remplit de vie et de liberté. En expirant, un nuage noir se dégage, emportant avec lui toute espèce de dépendances ou de besoins qui vous rattachent à une personne, un objet, une situation, un lieu, etc.

Répétez cet exercice sept fois. À chaque expiration, mettez-y toute votre intention et sentez que le nuage qui sort de votre corps s'éclaircit toujours plus jusqu'à devenir complètement blanc ou transparent.

Restez quelques minutes à méditer, à l'écoute de ce que vous ressentez.

Pour conclure, souhaitez que les bienfaits de cette méditation rejaillissent également sur tous les êtres sans exception.

Conte :

Un homme trouva un œuf d'aigle. Il l'emporta avec lui et l'introduisit dans le nid d'une poule de ferme. L'aiglon fut couvé et grandit avec les poussins. Toute sa vie durant, l'aigle fit la même chose que les poussins, pensant être un des leurs. Il grattait la terre afin d'y trouver des vers et des insectes. Il gloussait et caquetait. Il battait même des ailes et volait sur quelques mètres. Car n'est-ce pas ainsi que volent les poules ?

Les années passèrent, et l'aigle devint vieux. Un jour, il aperçut, haut dans le ciel limpide, un magnifique oiseau. Avec une grâce majestueuse, ce dernier se laissait porter par les courants, agitant à peine ses puissantes ailes dorées.

Le vieil aigle le regardait, émerveillé. « Quel est cet oiseau » ? demanda-t-il à une poule qui se trouvait à ses côtés. « C'est l'aigle, le roi des oiseaux, lui répondit-elle. Il appartient au ciel. Nous, nous appartenons à la terre – nous sommes des poulets. »

C'est ainsi que l'aigle, dans la certitude qu'il avait d'appartenir à la basse-cour, vécut et mourut en poulet.

Anthony de Mello

Chapitre 16 : La souris et les peurs acquises

« L'amour, nous l'avons tous en nous dès la naissance. La peur nous l'apprenons. Le voyage spirituel consiste à désapprendre la peur et les préjugés, et à apprendre à accepter le retour de l'amour dans nos cœurs. L'amour est l'essence de la réalité et notre mission sur terre. En être pleinement conscient, faire l'expérience de l'amour en nous et avec les autres est le sens de la vie. Ce sens ne se trouve pas dans les choses, ce sens se trouve en nous. »

Marianne Williamson

Pour amorcer ce chapitre, c'est mon amie et élève Sonia Rivas qui va raconter sa propre histoire.

J'étais très jeune – je ne devais pas avoir plus de 3 ans. Je le sais parce que ma grand-mère mourut à cette époque. Je me souviens très bien de ce jour. D'autant plus que ma mère me le rappelle volontiers lors des réunions familiales. J'étais allée avec mes parents et mes grands-parents maternels visiter une parcelle de vignes, propriété de mes parents. Au milieu de celle-ci se trouvait une petite maison de campagne. Comme j'étais très petite et que ma famille était occupée à l'extérieur, ils m'avaient laissée jouer dans la maison. Je m'amusais quand soudain j'aperçus une souris qui longeait le long du mur de la maison, près de la cheminée. Je n'y accordai pas d'importance et continuai à jouer.

Au bout d'un moment, je sortis sous le porche pour rejoindre ma famille. Lorsque ma mère nous dit que nous allions passer à l'intérieur, je l'avertis qu'il y avait des souris. Ma mère et ma grand-mère m'ignorèrent. Comment une enfant si jeune pouvait bien savoir ce qu'est une souris ? devaient-elles se dire. L'ironie de l'histoire c'est que, une fois à l'intérieur, ma mère l'aperçut et grimpa sur une chaise en hurlant. Je la regardais et, ne sachant comment réagir, je choisis de l'imiter. De sorte que nous nous sommes retrouvées toutes les deux à pousser des cris comme des folles, en nous agitant dans tous les sens, l'une sur la chaise et l'autre sur le canapé. Logiquement, la pauvre souris s'enfuit. Au bout d'un moment, après que nous eûmes retrouvé notre calme, ma mère me regarda fixement et me demanda pourquoi diable la première fois je n'avais pas bougé et que, la seconde, je n'arrêtais pas de crier. Je lui répondis alors que je ne savais pas qu'il fallait avoir peur des souris.

Conte :

On raconte qu'un jeune garçon s'en alla trouver un grand maître et lui dit :

– Maître, je suis venu parce que je sens que je vaux si peu que je n'ai de force pour rien. On me dit que je suis inutile, que je ne fais rien de bien, que je suis maladroit et plutôt stupide. Comment puis-je faire pour m'améliorer ? Que puis-je faire pour être estimé davantage ?

Le maître, sans le regarder, lui répondit :

– Je suis désolé, mon garçon, je ne peux pas t'aider ; je dois d'abord régler mes propres affaires. Peut-être plus tard… Puis, après une pause, il ajouta : mais, si toi, tu veux bien m'aider, je pourrai résoudre plus rapidement mon problème, et alors ensuite je pourrai peut-être t'aider à mon tour.

– Oui, avec plaisir, Maître, bredouilla le jeune, tout en se sentant une fois de plus dévalorisé et ses besoins, relégués au second plan.

– Parfait, acquiesça-t-il.

Il retira une bague qu'il portait à l'auriculaire de la main gauche et, en la remettant au garçon, annonça :

– Prends le cheval qui est là dehors et va jusqu'au marché. Je dois vendre cette bague pour payer une dette. Il faut que tu en obtiennes la meilleure somme possible; ne la vends pas pour moins d'une pièce d'or. Pars sur-le-champ et reviens avec l'argent le plus vite que tu peux.

Le jeune prit la bague et se mit en route.

Une fois sur place, il commença à la montrer à des marchands qui la regardèrent avec intérêt jusqu'à ce que le garçon annonce le prix qu'il en voulait.

Lorsqu'il évoquait la pièce d'or, certains riaient, d'autres tournaient la tête. Juste un vieillard prit la peine de lui expliquer qu'une pièce d'or représentait une grande valeur pour une telle bague. Une personne désireuse de l'aider lui offrit une pièce d'argent et un pot en cuivre. Néanmoins, le garçon qui avait reçu l'instruction de ne pas accepter moins d'une pièce d'or, refusa l'offre.

Après avoir montré le bijou à près d'une centaine de personnes rencontrées sur le marché, abattu par son échec, il prit son cheval et rentra.

Comme il aurait aimé avoir lui-même cette pièce d'or ! Il aurait pu la remettre à son maître, le libérant ainsi de ses préoccupations, et recevoir alors son aide et ses conseils.

Il entra dans la pièce et dit :

– Maître, je suis désolé, je n'ai pas pu obtenir ce que tu m'as demandé. On pourrait peut-être en tirer deux ou trois pièces d'argent, mais je ne crois pas que je puisse tromper qui que ce soit sur la véritable valeur de la bague.

– C'est important ce que tu viens de dire, jeune ami, s'exclama le maître avec un grand sourire. Il nous faut tout d'abord connaître ce qu'elle vaut. Retournes-y et va consulter le bijoutier. Qui d'autre que lui pourrait mieux le savoir ? Dis-lui que tu souhaites vendre la bague et demande-lui combien il t'en donnerait. Toutefois, ne la lui vends pas, peu importe ce qu'il t'en offre. Reviens avec l'anneau.

Le jeune repartit.

Le bijoutier examina la bague à la lumière d'une lampe à huile, puis, avec sa loupe, il la pesa et finit par dire :

– Garçon, dis au maître que s'il veut la vendre maintenant, je ne peux pas lui donner plus de 58 pièces d'or.

– Vous avez bien dit 58 pièces d'or ! s'écria-t-il.

– Oui, répliqua le bijoutier. Je pense qu'avec le temps on pourrait en obtenir près de 70 pièces, mais je ne sais pas… Si la vente est urgente…

Le jeune garçon, très ému, courut annoncer la nouvelle à son maître.

– Assieds-toi, lui dit celui-ci après avoir entendu son récit. Toi, tu es comme cette bague : un bijou de valeur, et unique. C'est pourquoi seul un expert peut vraiment t'apprécier. Pourquoi chercher le prix de ta valeur auprès du premier venu ?

Ayant dit cela, il remit la bague à l'auriculaire de sa main gauche.

Chapitre 17 : Être soi-même et n'imiter personne

« Des vies entières d'ignorance nous ont conduits à identifier la totalité de notre être à l'ego. Le plus grand triomphe de celui-ci est de nous avoir leurrés en nous convainquant que ses intérêts étaient les nôtres et en nous faisant même croire que notre survie allait de pair avec la sienne. L'ironie est cruelle, quand on considère que l'ego et son avidité sont à l'origine de toute notre souffrance ! L'ego est pourtant si convaincant, il nous a dupés depuis si longtemps, que la pensée qu'un jour nous pourrions vivre sans lui nous terrifie. Être sans ego, nous susurre l'ego, serait perdre le charme merveilleux de notre condition humaine pour n'être réduits qu'à de tristes robots, à des zombies. »

Sogyal Rimpoché

« À la naissance nous sommes tous des originaux, à notre mort des copies. »

Carl G. Jung

Un jour, je jouais au football sur la plage avec mon neveu David, âgé alors de 6 ou 7 ans. J'étais le gardien, et lui tirait au but. Chaque fois qu'il bottait, il s'encourageait en prenant le nom d'un footballeur réputé à cette époque. Tandis qu'il s'apprêtait à tirer, il retransmettait lui-même l'événement en proclamant :

— Et maintenant, Ronaldinho s'approche du but et tire ! Beckham se rapproche du ballon et… Zidane va marquer un but !

C'est avec beaucoup d'énergie qu'il donnait un coup de pied dans le ballon et que moi, avec la même détermination, j'essayais de l'arrêter. Le pauvre commençait à désespérer lorsque je lui fis la proposition suivante :

— Eh ! Pourquoi ce n'est pas David qui vient marquer le but ?

— Quel David ? demanda-t-il surpris.

— Toi, comment tu t'appelles ?

— David…

— Bien alors, toi ! Qui d'autre sinon ?

— Ah ! Et dans quelle équipe je joue ?

— Où est-ce qu'on est ? À Arrecife, non ? Alors, joue pour cette équipe, me vint-il à l'esprit de répondre.

Son regard changea immédiatement.

Il prépara le ballon et tira. Je vis alors que cette fois le tir était complètement différent. Je le laissai marquer, en faisant un peu de théâtre pour donner le change. Il sauta de joie, en riant à gorge déployée, et s'écria :

— Oui ! J'y suis arrivé !

Les tirs qui suivirent étaient beaucoup plus sûrs. À tel point que je n'étais plus obligé de faire semblant... j'avais vraiment du mal à les arrêter !

Quelque temps après cette histoire, nous fîmes un match avec des enfants qui en général le battaient à plate couture. Mais cette fois-ci, mon neveu débordait d'énergie. Les enfants portaient les T-shirts d'équipes de football importantes et s'identifiaient avec les joueurs à la mode...

— Je suis Beckham, disait l'un.

— Et moi, Ronaldinho, s'exclamait un autre.

— Et toi, qui es-tu ? l'interrogèrent-ils.

— David ! répondit-il.

Mon neveu courait plus vite que jamais. Les autres n'y comprenaient plus rien, mais voyaient bien que quelque chose avait changé. Le changement, c'était que le David qui jouait ce jour-là était authentique. Il gagna la partie, mais, plus important encore, mon neveu s'était connecté à un aspect en lui qui allait au-delà de son prénom : sa propre grandeur intérieure.

Que disent les maîtres ?

Il est indispensable de nous aligner sur notre propre nature et de nous permettre d'être nous-mêmes, sans épouser une image, un modèle de conduite ou un automatisme au risque d'imiter ou de vivre les programmes d'un autre — que ce soit un membre de la famille, une personnalité ou un leader que nous admirons. Autrement, nous emprisonnons notre liberté. Or, ce dont nous avons vraiment besoin, c'est de nous détacher de tout ce qui nous sépare de notre véritable nature, et non de créer davantage de séparation.

Il est également primordial de ne pas suivre l'idée que les autres se font du succès, mais plutôt de poursuivre nos propres rêves ou notre projet dans la vie.

C'est lorsque l'on se connecte à sa grandeur intérieure que l'on vit une vie pleine et authentique.

Enfants, on s'est parfois entendus dire : « Va dans le monde et deviens quelqu'un. » Par ce biais, nous nous déconnectons de nous-mêmes et devenons quelque chose qui n'a rien à voir avec ce que l'on est.

Nous nous fabriquons un « personnage » sur mesure et cherchons à plaire aux autres par nécessité d'être quelqu'un de spécial. Cette attitude prend sa source dans le programme basé sur le conflit qui est en carence d'amour. Nous ne vivons que l'idée que nous nous faisons de nous-mêmes, pas ce que nous sommes en réalité. Et cette réalité sera toujours supérieure à n'importe quelle idée limitée.

Être nous-mêmes nous ouvre la voie vers notre grandeur et notre maître intérieur. C'est de cette façon que nous cessons alors de demander l'aumône à la vie et de feindre de vivre derrière des masques, qui nous font souffrir et nous déconnectent de notre pouvoir intérieur.

Le mot « libération » nous dit d'être « libres de l'action », de nous libérer d'actions (celles d'essayer d'imiter, de plaire, de convaincre, d'influencer, de lutter…) en vue de tout simplement nous affranchir de ce qui est erroné, de ce qui nous éloigne de notre liberté.

Comme l'affirmait le grand Dampa Sangye :

> « Depuis l'état de spontanéité naturelle,
>
> exerce-toi à l'affranchissement de toute limitation. »

Que font les maîtres ?

Ils se permettent d'« être ». Ils sont authentiques.

Ils se libèrent de l'artificiel, de tout ce qui n'a rien à voir avec leur propre nature.

Ils se connectent à leur propre essence.

Ils sont simplement eux-mêmes dans toute situation. Ils sont naturels et spontanés.

Ils vivent en tenant compte de ce qu'ils ressentent.

Qu'est-ce que les maîtres ne font pas ?

Ils n'imitent aucun gourou, maître...

Ils n'essaient pas de plaire ou d'être aimés.

Ils ne cherchent pas à être admirés ou reconnus; ils sont en quête de leur propre bonheur.

Ils ne jouent pas un rôle (manière artificielle ou bigote).

Ils ne cherchent pas un refuge ou une identité dans une image.

Ils n'ont pas d'exigences envers le moment présent ni ne lui imposent leurs besoins ou leurs attentes.

Ils ne fabriquent pas et n'incarnent pas un personnage ou une idée.

Exercice pratique :

En position de méditation, connectez-vous à votre cœur.

Prenez quelques secondes pour ressentir, tout simplement. Vous pouvez répéter mentalement les affirmations suivantes :

« Ici et maintenant, je décide de me connecter en profondeur à mon essence et à mon Être intérieur.

Je décide juste de prendre conscience de ce que je ressens;

je laisse de côté les interprétations, les opinions, les pensées... Je relâche tout.

Je choisis la paix et je m'affranchis de tout type d'action.

Car la paix est mon état naturel. »

Demeurez à l'écoute du silence intérieur, sans interpréter, simplement en vous autorisant à sentir les choses comme elles sont.

Ensuite, répétez cette affirmation :

« Je suis de retour; je suis chez moi. »

Pour finir, souhaitez que cette pratique bénéficie à tous les êtres sans exception.

Conte :

On raconte qu'un sage invita un de ses disciples à aller marcher dans la forêt. Tandis que le maître se promenait tranquillement tout en sifflotant et en observant les arbres et les oiseaux qu'il rencontrait en chemin, le disciple semblait nerveux et inquiet. Il n'avait pas la moindre idée de l'endroit où ils se dirigeaient. Las d'attendre, il finit par rompre le silence et demanda :

– Où allons-nous donc ?

Le maître, en lui souriant aimablement, lui répondit :

– Nous y sommes déjà.

Chapitre 18 : L'impatience, mère de la démence

« La patience, ce n'est pas le fait d'accumuler et de supporter jusqu'à ne plus en pouvoir et exploser. La patience, c'est l'art de m'affranchir des charges émotionnelles inutiles pour conserver mon état de paix. »

Guido Rosas

Dans un monde où nous voulons que tout aille vite, et par conséquent où nous détestons profondément attendre — puisque d'après nos programmes mentaux basés sur le conflit, il n'y a pas de temps à perdre —, l'impatience devient une des plus grandes causes de souffrance. Elle conduit au stress, à la nervosité, aux problèmes dans les relations, etc. Nous connaissons tous l'expression idiomatique « Patience, mère de toutes les vertus »… Cela fait peut-être allusion à l'art d'être en paix avec soi-même ou de se sentir réellement vivant et en harmonie avec le monde. C'est si vrai que j'ai vu de mes propres yeux comment l'impatience rendait malades de nombreuses personnes.

Tous les maîtres que j'ai connus s'accordent à dire qu'il est primordial de développer la patience. Mais, qu'est-elle au juste ? Elle se définit par un état d'acceptation, de non-résistance; c'est savoir qu'il y a un chemin à parcourir et qu'avant de pouvoir récolter les fruits, il faut passer par un processus de maturation. Lorsque nous plantons un arbre ou une fleur, nous ne le (ou la) déterrons pas toutes les cinq minutes pour vérifier son état... On en apprécie simplement le développement. Peut-être connaissez-vous le phénomène du bambou? Il arrive qu'il mette jusqu'à sept années à sortir de terre. Pourtant, une fois qu'il a commencé à pousser, il peut atteindre jusqu'à 30 mètres de hauteur.

Mes maîtres m'ont tous recommandé de mettre à profit le quotidien pour grandir spirituellement et développer certaines vertus, l'une d'elles étant la patience. Ils voyaient la vie comme un grand gymnaste spirituel ou psychologique. Une des pratiques, que des lamas me suggérèrent dans le but de travailler ladite vertu, consistait à me rendre dans des lieux où il est habituel de faire la queue, telles les banques ou les postes. Sur place, je devais observer à la fois ma propre mentalité réactionnaire et les attitudes des autres. Ensuite, il fallait que je me place dans la queue et juste au moment où cela devait être mon tour, retourner faire la file.

C'est ce que je fis. Je dois avouer que l'expérience fut très enrichissante. Je pris conscience que nous arrivons tous à un endroit avec l'intention de passer le plus rapidement possible, voire qu'il nous arrive de porter un regard méprisant sur les autres, sans même nous en rendre compte. Si la file est importante, on est sur la défensive, et on voit les autres comme un obstacle qui nous empêche d'atteindre notre objectif : que ce soit notre tour, ne pas perdre de temps, être les premiers...

En d'autres termes, nous fonctionnons selon le modèle du «moi, je» : «Moi, je veux que ce soit mon tour maintenant», «moi, je veux passer», «moi, je n'ai pas de temps à perdre», «moi, je ne veux pas me faire dépasser dans la queue», «moi, je...; moi, je...». On peut même en arriver à maudire les autres, étant donné que notre mentalité individUAListe s´estime supérieure au reste. Et qu'elle veut logiquement passer avant tout le monde.

Donc un beau jour, j'entrai dans une banque, bien décidé à expérimenter cet exercice. À cette époque, on ne prenait pas de numéro; je me plaçai directement dans la file d'attente et je commençai à m'observer. Je remarquai une certaine résistance, mais je ne m'identifiai pas à elle, la laissant s'estomper toute seule. Quand ce fut presque mon tour, je retournai en fin de queue. Quand j'ai laissé passer la vingtaine de personnes qui attendaient derrière moi, mon programme mental se rebella : au début, je ressentais de la colère, voire de la fureur…

Je recommençai par conséquent la même procédure. Cette fois-ci, c'est une sensation de paix qui m'envahit : j'étais sorti du conflit de la lutte et de la résistance. Chaque fois que je me remettais dans la queue, je ressentais encore davantage cette tranquillité.

À titre anecdotique, la troisième fois que je me remis à la fin de la longue queue, quelqu'un me demanda si c'était la personne du guichet que je n'aimais pas. Je lui dis que non — je n'avais même pas eu le plaisir de la connaître!

— Alors, quoi, qu'est-ce qui se passe? Tu es timide?

— Oui, peut-être, répondis-je en souriant intérieurement.

On a ri tous les deux un bon moment, puis je finis par lui raconter la raison de mon attitude. La personne surprise s'exclama alors :

— Mon Dieu! Quelle patience incroyable!… Et quel temps il faut avoir pour faire des choses pareilles!

Que disent les maîtres?

Fondamentalement, ils savent que la patience est l'antidote de la colère, qui est sans doute l'un des poisons les plus nuisibles de l'esprit.

La patience nous indique que nous sommes reliés au moment présent et à l'amour.

Elle signifie vivre dans l'acceptation, c'est-à-dire assumer la situation où nous nous trouvons.

Derrière l'impatience se cache la peur, la colère, le refus, la frustration, l'orgueil…

Voici une maxime qu'ils emploient souvent et qui a trait à la patience et à la paix intérieure : « Ce à quoi tu résistes persiste; ce dont tu te plains demeure; ce que tu aimes guérit. »

Ressentir de la patience est la preuve que nous avons foi et confiance en la vie; le contraire est l'impatience.

C'est un état de flux et de respect des processus naturels.

La patience est amour.

La patience est paix.

La patience signifie faire confiance à la vie et se laisser guider par elle.

Que font les maîtres ?

Ils acceptent la situation — ils l'assument.

Ils permettent que chaque situation soit comme elle est.

En pratiquant l'auto-observation, ils contrôlent affectueusement leur état de patience.

Ils vivent dans l'acceptation totale de ce qui est.

Ils cultivent le respect.

Ils suivent le courant de la vie.

Ils lâchent prise et « consentent » à s'adonner au flux de la vie.

Ils s'en remettent à l'univers et savent que ce qui doit arriver arrivera. La vie prend le temps qu'il faut pour faire mûrir ce qui doit mûrir.

Ils respectent le processus naturel des événements.

Qu'est-ce que les maîtres ne font pas ?

Ils n'opposent pas de résistance.

Ils n'exercent pas de contrôle.

Ils ne se plaignent pas.

Ils ne se laissent pas emporter par la colère.

Ils n'essaient pas d'accélérer ni de forcer le cours des choses.

Ils ne vivent pas dans la méfiance.

Ils n'imposent pas leur volonté ou leurs besoins.

Exercice pratique :

Réalisez l'expérience exposée antérieurement. Allez dans une banque, un magasin, une agence…

Observez-vous et libérez-vous.

Quand vous avez terminé, souhaitez que les bienfaits de cette pratique bénéficient à tous les êtres sans exception.

Conte :

On raconte qu'un jour, deux moines bouddhistes débattaient au beau milieu d'un chemin. Comme ils n'arrivaient pas à se mettre d'accord, ils décidèrent de se rendre au monastère pour parler avec leur maître, un lama réputé et apprécié pour sa sagesse. Ils se dirigèrent vers la chambre du sage qui était alors en train de méditer; ils se résolurent à s'asseoir et à attendre qu'il ait terminé.

Une heure plus tard, la porte s'ouvrit. Les deux moines se levèrent et prièrent le maître de faire office de juge pour déterminer, après avoir écouté leurs récits, qui avait raison. Le maître sourit et les invita à prendre une tasse de thé. Après un moment de silence, la tasse encore entre les mains, le sage les invita à conter leur différend.

C'est moi qui parlerai le premier, s'exclama un des moines, ensuite mon compagnon, et vous nous direz finalement qui a raison.

Le maître acquiesça en signe d'approbation, et le premier commença son histoire :

– Ce matin, je me suis levé de bonne heure pour me rendre au village chercher des médicaments. Je me suis arrêté un moment pour faire une pause sous un arbre. En m'essuyant la sueur du front, j'ai levé la tête et j'ai aperçu un papillon pris dans une toile d'araignée. J'ai alors pris la décision de le libérer. Comme je n'arrivais pas à l'atteindre, je suis monté sur l'une des cruches qui se trouvaient par terre. Malheureusement, au moment où le papillon réussit à s'envoler, j'ai glissé, et les cruches se sont rompues. Soudain, j'entendis la voix de mon ami, le moine de l'eau, qui m'a reproché mon action. Moi, j'ai simplement libéré un papillon d'une toile d'araignée. Je crois que je n'ai rien fait de mal. Voilà, j'ai fini.

– Bien, maintenant, c'est ton tour, dit le maître en s'adressant au second moine.

– Moi aussi, je suis sorti tôt ce matin pour aller chercher de l'eau dans le puits juste à côté de cet arbre. Le puits était très profond et, après avoir rempli deux cruches, j'ai fait une pause et je me suis assoupi sous l'arbre. Un vacarme me réveilla en sursaut : c'était le bruit de mes cruches en mille morceaux ! Alors que j'ai eu tant de mal à les remplir ! Maintenant, j'en suis quitte pour retourner au monastère chercher deux nouvelles cruches, les remplir de nouveau et les apporter au moine de la cuisine. L'eau que j'apporte au monastère est plus importante qu'un simple papillon. Voilà, j'ai tout dit.

Au bout d'un long silence, le maître prit la parole.

– Je ne suis pas d'accord avec toi, dit-il en s'adressant au deuxième moine. L'eau n'est pas plus précieuse qu'un papillon : tout dans la vie, que ce soit un animal, une plante, un homme ou une pierre, a sa fonction dans l'Univers. Je ne suis pas non plus d'accord avec le fait d'avoir libéré le papillon, car tous les êtres que je viens de nommer ont un destin synchronique, dit cycle de vie. Par conséquent, en le délivrant, tu as rompu ce cycle, dit-il en se tournant vers le premier moine. Mais maintenant, c'est à mon tour de vous raconter quelque chose qui vous intéressera certainement : j'ai parlé auparavant avec le moine de la cuisine. Il m'a raconté que le moine chargé de rapporter l'eau n'était pas encore venu et qu'il en était très heureux. Je lui demandai pourquoi. Il m'expliqua alors que quelqu'un avait empoisonné l'eau du puits et que si le moine l'avait livrée comme d'habitude, nous serions tous morts. Il ajouta que le moine qui devait apporter ses médicaments n'était pas venu non plus. Néanmoins, cela ne pouvait pas tomber mieux, car le pharmacien les avait préparés avec l'eau du puits contaminé, et si les médicaments étaient arrivés à temps, il serait maintenant mort.

» C'est pourquoi je vous dirai qu'aucun de vous deux n'a raison. En effet, le premier moine, en cassant les cruches, a épargné de nombreuses vies, et le second, en se disputant avec l'autre, a évité le décès du moine de la cuisine. Tout dans la vie a une signification, que ce soit en bien ou en mal.

Sur ce, les deux moines se demandèrent mutuellement pardon et se réjouirent de ce qui était survenu, car, malgré tous les événements, et sans le vouloir, leurs actes avaient fait de cette journée un jour de bonheur.

Álvaro Gutiérrez Castillo

Chapitre 19 : Très souvent, le « pire » est le « meilleur », et un accident, une bénédiction

« Rappelez-vous que ne pas obtenir ce que vous voulez est parfois un merveilleux coup de chance. »

Dalaï-lama

Permettez-moi de vous raconter deux expériences personnelles qui montrent clairement ce que je veux dire quand j'affirme que ce qui nous arrive (aussi mauvais que cela puisse nous paraître de prime abord, selon une perception ordinaire) est en fait ce qui pouvait survenir de mieux pour éviter de la souffrance ou pour nous faire profiter d'une faveur divine ou encore d'un enseignement.

À la fin des années 1990, je conduisais sur une route de l'île à une heure tardive de la nuit en compagnie de ma petite amie d'alors. Nous écoutions une cassette que nous avions enregistrée ensemble au cours de nos trois années de vie commune et qui contenait des chansons auxquelles nous tenions beaucoup. Tout à coup, nous entendîmes un bruit étrange : la bande de la cassette s'était emmêlée... Au son qu'elle faisait, elle était en train de se détruire complètement ! Pour éviter d'abîmer l'autoradio et de faire en sorte que la situation n'empire, je m'arrêtai un instant à un carrefour avec l'intention de retirer les mètres de bande pris dans les têtes de l'appareil.

Cette musique comptait beaucoup pour nous, et c'était la seule copie que nous possédions ! On se lamentait quand brusquement, sidérés, nous vîmes une voiture passer devant nous en sens inverse et à toute vitesse. Nous étions livides. En réalité, il nous fallut un bon moment avant de pouvoir réagir.

Si la bande ne s'était pas coincée et si nous avions poursuivi notre route, nous n'aurions pas été en mesure d'éviter le choc frontal avec ce véhicule qui roulait à près de 150 km à l'heure. Et je peux vous assurer que vous ne seriez pas en train de lire ce livre.

Curieusement, c'est le seul « incident » que j'ai connu avec le lecteur de cassette durant les 10 années où cette voiture fut en ma possession.

Un autre exemple :

En 2003, j'ai participé à un concours de peinture rapide à l'air libre. Nous disposions de près de cinq heures pour réaliser nos œuvres et les présenter à un jury qui déciderait de l'heureux gagnant, celui-ci devant empocher, si mes souvenirs sont bons, un prix avoisinant les 700 euros... Cela représentait évidemment une somme appétissante pour beaucoup d'entre nous, peintres amateurs ici présents, qui cherchions surtout une manière de financer notre passion, une somme permettant de renouveler le matériel.

L'ensoleillement de ce jour faisait ressortir les couleurs des rues de Grande Canarie. La présence de quelque 200 peintres qui travaillaient leurs toiles dans un esprit de bonne humeur et de camaraderie avait donné à l'avenue Mesa et López une atmosphère de fête.

Mon intention était de représenter les sensations que m'inspirait cette île. Je commençai à peindre un joli tableau, très lumineux et avec des couleurs vives, où les rouges, blancs et ocres formaient une oasis pour les sens. Deux amis avaient voulu m'accompagner dans cette aventure pour me donner un coup de main et être à mes côtés. Tous deux étaient d'accord pour dire que c'était une des meilleures toiles que j'avais réalisées jusqu'à présent dans ce format (100 × 80 cm). C'est vrai qu'elle rendait assez bien ce que je voulais représenter, à entendre les commentaires de plusieurs personnes qui avaient fini par former un petit groupe autour de nous, et dont les regards exprimaient curiosité et intérêt.

Il restait seulement 30 minutes avant de remettre les œuvres lorsque, content de mon travail au bout de presque 5 heures, je posai la toile sur le chevalet pour qu'elle sèche. Mes amis et moi la regardions, satisfaits, tout en discutant des sensations qu'évoquaient en nous ces couleurs et ces formes. Nous rêvions d'une éventuelle victoire qui viendrait ravitailler mon atelier en châssis, toiles et peinture pour les mois à venir. Mais subitement, sous nos yeux stupéfaits, une rafale la souleva et la plaqua brutalement au sol. Nous restâmes bouche bée. Mes amis se prirent la tête entre les mains et, en peu de temps, nous fûmes entourés d'une cinquantaine de personnes qui commentaient la catastrophe arrivée « à ce pauvre garçon ». Quant à moi, j'observais simplement la scène en silence, conscient du courant de pensées réactionnaires qui traversaient mon esprit.

En relevant le tableau du sol goudronné, nous pûmes mesurer l'étendue des « dégâts picturaux » : la toile était tout particulièrement endommagée dans le coin inférieur gauche et dans la partie supérieure droite.

Un de mes amis se leva et s'écria :

— Je m'en vais, je ne peux pas voir ça !

L'autre me regarda impuissant et, dans l'intention de me réconforter, les yeux rivés sur le sol, il dit :

— Je suis désolé, mon frère; je suis avec toi.

Près d'une quinzaine de personnes s'approchèrent dans le même but. Toutefois, il y en eut une qui s'avança vers le tableau et déclara :

— On dit que s'il arrive un incident au cours de la création d'une œuvre, c'est le signe qu'elle peut être améliorée.

Elle me sourit puis s'en alla. Ces paroles me tonifièrent le cœur et me firent de nouveau regarder la toile. Et je m'interrogeai : de quelle amélioration as-tu donc besoin? D'un seul coup, j'ai commencé à sentir que je devais peindre deux ailes qui sortent des parties abîmées et qui se touchent au centre. Comme un ange de la terre et un autre de l'univers.

Je les peignis en un temps record et sans aucun effort devant un public d'une centaine de personnes qui m'observaient en chuchotant et en faisant des commentaires. Juste au moment où j'allais rendre le tableau, une femme d'un certain âge vint vers moi et proclama :

— Que c'est beau, jeune homme! C'est parfait pour chez moi! À quel prix est-il?

Moi qui jusqu'alors n'avais encore jamais vendu de tableau, je lui avançai un prix au hasard, quoique suffisamment élevé (tout du moins me paraissait-il) pour entamer une négociation. Contre toute attente, la dame s'exclama :

— C'est parfait! Je le prends.

Elle avait l'air très heureuse et m'en commanda même un autre en plus. Mon tableau ne remporta pas le prix du concours, mais la vente de ces deux toiles dépassa de loin la récompense du jury.

Néanmoins, la meilleure récompense pour moi fut l'expérience d'avoir surmonté une difficulté. Elle m'a ensuite donné la force suffisante pour faire, trois mois plus tard, ma première exposition de peinture intitulée «Beauté intérieure», et qui eut un très bon accueil.

La vie et l'univers nous pousseront toujours à donner le meilleur de nous-mêmes, utilisant pour cela leurs propres moyens. Comme me le faisait souvent remarquer M. Díaz : « La vie t'invite en permanence à danser avec elle, et à chaque danse, tu deviens un meilleur danseur. »

Que disent les maîtres ?

Dans la vie, rien n'arrive par hasard; tout a sa raison d'être, tout est toujours conçu pour notre plus grand bien. C'est notre résistance à ce qui survient qui est la cause de la souffrance. Et plus on résiste, plus on souffre.

Souvent, on a l'impression que les choses vont mal, ou que les événements ne se déroulent pas comme on voudrait. Pourtant, chaque fois, la vie nous invite à faire l'expérience de quelque chose qui nous connecte plus profondément à elle et à notre propre essence ou notre véritable nature.

C'est quand on accepte et se permet d'être que l'on se connecte à la vie et à la joie de vivre.

Il est important de comprendre qu'accepter ne veut pas dire se résigner. Le fait d'accepter et de se laisser porter par le courant de la vie n'a rien à voir avec le fait de se résigner à vivre une vie de souffrance qui va à l'encontre de sa nature et de sa liberté. Le programme du conflit mental peut utiliser cette arme pour justifier la maltraitance, ou une vie de souffrance, de victimisation et de douleur. C'est ce que les maîtres appellent « les pièges de l'ego », comme dans le cas de la résignation à la douleur, là où en réalité la vie nous invite au contraire à lâcher prise, à laisser partir tout ce que nous retenons emprisonné.

Accepter, c'est assumer notre situation et la responsabilité de notre vie.

Lorsque nous vivons dans le flux de la vie, ce qui a priori peut nous sembler un malheur, ou quelque chose de négatif, cache en fait un enseignement, une bénédiction ou une opportunité.

Dans un premier temps, les maîtres nous recommandent de nous interroger sur le caractère favorable d'une occasion puis de laisser venir à nous la réponse depuis notre ressenti.

Nous rendre dépendant de situations, à nos yeux, positives peut engendrer beaucoup de souffrances. Car la vie est comme un piano : nous ne pouvons pas seulement utiliser les touches blanches et mettre les noires de côté; nous devons aussi les intégrer pour jouir d'une composition complète et harmonieuse.

Que font les maîtres ?

Ils laissent les choses être ce qu'elles sont. Ils les acceptent comme elles sont.

Ils apprennent de chaque situation.

Ils s'en remettent au flux de la vie, forgeant leur responsabilité sur la conscience.

Ils s'interrogent sur l'enseignement ou l'opportunité de chaque situation en consultant leur ressenti.

Ils font confiance à la vie.

Ils demandent à voir chaque situation avec les yeux de la compréhension ou ceux de leur Être ou Essence.

Qu'est-ce que les maîtres ne font pas ?

Ils n'opposent pas de résistance à ce qui est.

Ils ne condamnent pas l'événement.

Ils ne jugent pas la situation.

Ils ne justifient pas une vie de souffrance.

Ils ne se servent pas de cet outil que sont le lâcher-prise et l'acceptation comme prétexte pour recevoir ou faire du mal, ni à eux-mêmes ni aux autres.

Ils ne doutent pas de la vie.

Ils ne se sentent pas victimes des circonstances.

Exercice pratique :

Quand vous faites face à une situation que vous pouvez qualifier d'indésirable, comme un accident, un événement inattendu qui provoque en vous de la confusion, arrêtez-vous un instant, connectez-vous profondément à votre ressenti, focalisez votre attention sur votre cœur et, en communion avec lui, affirmez :

À l'inspiration : « J'accepte cette situation comme elle se présente. »

À l'expiration : « Quelle est ici l'opportunité, quel est l'apprentissage ? »

Pour clore cette réflexion, prenez quelques minutes pour ressentir en silence et, en dernier lieu, souhaitez que les bienfaits rejaillissent sur tous les êtres sans exception.

Conte :

– Et quand penses-tu réaliser ton rêve ? demanda le maître à son disciple.

– Lorsque j'aurai l'opportunité de le faire, répondit celui-ci.

Le maître lui dit alors :

– L'opportunité n'arrive jamais. L'opportunité est déjà là.

Anthony de Mello

Chapitre 20 : Remplacer l'obligation par l'opportunité

« La vie est une opportunité, pas une obligation. »

John Heider

En 2004, un lama extraordinaire est venu à Lanzarote pour réaliser une cérémonie avec le feu. C'était quelque chose qui valait la peine d'être vu. J'étais très intéressé et enthousiaste à l'idée d'y assister et de recevoir ses bénédictions. La cérémonie devait avoir lieu un samedi dans une belle demeure des environs de la ville, près de Teseguite.

À cette époque, je travaillais à l'aéroport. Je me souviens d'avoir consulté mes horaires de travail pour ce mois-là et constaté que, précisément ce samedi, mon tour était de 16 h à 23 h. Et la cérémonie était de 16 h à 22 h !

J'ai tout essayé : changer d'horaire avec un collègue, demander à mon supérieur un jour de congé… Rien à faire, la réponse était toujours négative. Dans un sens, je sentais que je devais y aller. D'un autre côté, une petite voix mécanique et menaçante me rappelait à l'ordre en me soufflant : « Tu ne peux pas, il faut que tu travailles. »

Le matin dudit événement, je sentais fortement que ma place ce samedi-là était dans la belle demeure des environs de Teseguite, et non pas dans un bruyant aéroport. J'ai alors éteint le téléphone portable, débranché le téléphone fixe et, à 15 h 30 je me suis rendu sur les lieux, le sourire aux lèvres, tout en me disant : « Aujourd'hui, je ne peux pas aller travailler parce que j'ai quelque chose de plus important à faire. »

Je passai une journée fantastique avec 25 autres merveilleuses personnes. Les enseignements de ce lama étaient époustouflants : il travaillait avec le feu et la gestion des émotions. Ses exercices étaient d'une réelle efficacité. Tout du long, j'eus l'esprit tranquille et serein, sachant que j'avais pris une bonne décision et, qu'au moins, j'aurais une anecdote à raconter un jour à mes petits-enfants.

Je rentrai chez moi vers minuit, débordant de joie, et j'allai me coucher. Pour que rien ne vienne troubler ma bonne humeur, je ne rebranchai aucun téléphone jusqu'au lendemain midi. Quelle fut ma surprise de constater que personne n'avait appelé ou laissé un message. C'était bon signe.

Ce jour-là, je prenais mon service à 15 h. À mon arrivée, mes collègues me saluèrent avec les traditionnels « bonjour, comment ça va ? », « bon après-midi... ». Bref, rien d'anormal.

En entrant dans le bureau, un des chefs me salua comme à l'accoutumée. L'autre qui était de service la veille s'adressa à moi poliment, et déclara :

— Bonjour José. Pour hier, je mets ça sur le compte des heures supplémentaires que te devait l'entreprise, d'accord ?

Je lui dis que oui et, aussitôt après, nous avons commencé à planifier le travail du jour.

Ce fut une sensation indescriptible de sentir que j'avais vraiment fait ce qu'il fallait que je fasse. D'une certaine manière, l'univers avait tout harmonisé pour que je puisse suivre ce que me dictait mon cœur, sans que naisse quel que conflit que ce soit.

Que disent les maîtres ?

Les idées qu'ils transmettent à ce propos sont une variante de la première phrase de ce chapitre : « La vie est une opportunité, pas une obligation. » Nous délaissons habituellement ce qui est réellement important (la santé, les êtres chers, les inspirations... et, au bout du compte, notre vie) au profit d'obligations incessantes. Autrement dit, nous faisons passer l'urgent avant l'important.

Le mot « important » se compose du préfixe « im » (dans) et du verbe « porter » : ce qui est « porté dedans », c'est-à-dire ce qui nous permet réellement de nous rapprocher de notre paix intérieure, ce qui nous conduit à l'éveil. À l'opposé, nous pourrions associer le mot « urgent » à cette espèce de pression externe que nous ressentons quand on veut plaire aux gens. Cela nous ramène encore une fois aux concepts de complaisance, d'accomplissement de son devoir, de compromis, d'obligation...

Oublier ce qui est important et vivre à l'extérieur de nous-mêmes, pensant que la vie est une obligation, à vivre sans joie, tel est un des plus grands poisons du programme du mental basé sur le conflit, le début de la « folie » et un accès direct à la maladie.

Que font les maîtres ?

Ils tâchent de découvrir chaque opportunité que la vie leur offre pour se reconnecter davantage à elle.

Ils reconnaissent ce qui est important, et lui donne priorité.

Ils vivent de façon révolutionnaire, en se lançant respectueusement des défis à eux-mêmes.

Ils suivent leur ressenti sans avoir peur, sans penser au « qu'en-dira-t-on ».

Ils vivent dans la cohérence (depuis l'Amour et la Paix, notre état naturel).

Ils vivent dans la liberté.

Ils avancent avec la vie.

Qu'est-ce que les maîtres ne font pas ?

Ils ne vivent pas la vie comme une obligation.

Ils ne vivent pas pour plaire aux autres, mais dans l'authenticité.

Ils n'oublient pas ce qui est réellement important.

Ils ne sont pas là où leur cœur est absent.

Ils ne refusent pas les opportunités.

Ils ne cherchent pas d'excuses.

Ils n'utilisent jamais les mots « il faut que je » ou « je dois ».

Exercice pratique :

Arrêtez-vous de temps en temps. Prenez quelques respirations profondes en focalisant votre attention sur la zone du cœur. Puis demandez-vous quelles obligations vous séparent de ce qui vous fait réellement vibrer, de ce que vous sentez comme étant vraiment votre projet de vie.

Demandez de « l'inspiration » dans vos quêtes de solutions et commencez à entreprendre des actions face aux opportunités que vous offre la vie.

Essayer pendant au moins sept jours de ne pas utiliser les «il faut que je» et «je dois». À leur place, préférez : «Il serait intéressant de.»

Pour finir, souhaitez que les bienfaits de cette réflexion bénéficient également à tous les êtres sans exception.

Bénédiction tibétaine :

Que tous les êtres soient heureux.

Que tous les êtres trouvent la paix.

Que tous les êtres soient protégés du mal,
qu'il soit interne ou externe.

Que tous les êtres soient sains et forts.

Que tous les êtres se libèrent.

Que tous les êtres s'illuminent.

Ainsi soit-il.

Chapitre 21 : Salutations

« Soyez vigilants quand vous parlez;
car vos mots créent votre monde interne. »

Proverbe navajo

Il y a une chose qui a attiré mon attention chez mes maîtres, à savoir la façon dont ils se saluent. On ne les entend jamais utiliser les typiques : « Salut ! », « Ça va ? », « Comment vas-tu ? »...

Ils emploient en général l'expression « Namasté », mot qui a plusieurs significations, quoique toutes se ressemblent. Celle qui m'a certainement le plus marqué est : « J'honore le lieu en toi où demeure tout l'univers, ce lieu en toi qui est amour, vérité et lumière. Je sais que quand tu te trouves dans ce lieu à l'intérieur de toi, et moi dans le mien, toi et moi ne formons plus qu'un. »

Une version plus courte serait : « Le Dieu qui est en moi voit et honore le Dieu qui est en toi. » En voici une autre que je trouve tout aussi digne d'intérêt : « Je te salue avec mon respect le plus profond; mon salut ne s'adresse pas à toi, mais à ton être intérieur. »

Nous rencontrons également dans d'autres cultures et philosophies ancestrales des formules de salutations qui vont dans le même sens. Comme à Hawaï, par exemple, où l'expression « Aloha » veut dire « en la présence du divin, je te salue ».

Cela ne fait aucun doute que saluer une personne de la sorte ou reconnaître sa présence est une excellente manière de nous connecter à l'essence des êtres qui nous entourent.

Cependant, réfléchissons à ce qui se passe lorsque nous croisons quelqu'un et que nous lui demandons « comment il se sent », « comment il va »..., selon les usages établis de notre culture. Ce que nous faisons alors revient à demander à notre interlocuteur qu'il commence à formuler un jugement en activant ses programmes de dualité. Les réponses à ces salutations iront du « bien » jusqu'au « horrible », en passant par le « si je te racontais... », alimentant de la sorte le rôle de la victime. Nous avons là des accès directs à la dualité.

Par ailleurs, il est curieux (et très révélateur) d'observer les réponses que les grands maîtres font à la question « Comment ça va ? » :

Je ressens la vie; je danse avec elle.

Je me laisse porter par le flux de la vie.

Je me permets d'être.

J'apprécie ce moment de vie.

(À l'écoute du silence intérieur, ressentez cet instant.)

Conte :

Socrate était célèbre et respecté dans la Grèce antique pour ses enseignements. Un jour, une connaissance rendit visite au grand philosophe et lui dit :

– Tu sais ce que j'ai entendu à propos de ton ami ?

– Attends un instant, répliqua Socrate. Avant de me raconter quoi que ce soit, je voudrais que tu passes un petit examen. Je l'appelle l'examen du triple filtre.

– L'examen du triple filtre ?

– Exactement, poursuivit Socrate. Avant que tu m'annonces une nouvelle au sujet de mon ami, il peut être bon que tu prennes un moment pour filtrer ce que tu vas me rapporter. C'est pour cela que je parle de l'examen du triple filtre. Le premier concerne la vérité : es-tu absolument certain que ce que tu vas dire est vrai ?

– Non, dit l'homme. En réalité, il s'agit juste de quelque chose que j'ai entendu et que...

– Très bien, l'interrompit Socrate. Donc, tu ne sais pas si c'est vrai ou pas. Maintenant, permets-moi de passer au second filtre, celui de la bonté : est-ce que tu vas m'annoncer du bien à propos de mon ami ?

– Ah, non, tout au contraire...

– Alors, continua Socrate, tu veux me dire quelque chose de mal sur mon ami, mais tu n'es même pas sûr que cela soit vrai. Tu peux encore réussir l'examen parce qu'il reste un filtre, celui de l'utilité : est-ce que ce que tu vas m'annoncer sur mon ami sera utile pour moi ?

– Non, en réalité non.

– Bien, conclut Socrate. Si ce que tu veux me dire n'est ni vrai, ni bon, ni utile... pourquoi me le dire ?

Chapitre 22 : Jugements et préjugés

« Triste époque que la nôtre : il est plus facile de désintégrer un atome qu'un préjugé. »

Albert Einstein

J'aimerais maintenant partager avec vous deux histoires qui nous aideront à mieux comprendre l'influence que peuvent avoir nos jugements et préjugés sur nos vies et leur potentiel de déformation de la réalité.

À la fin des années 1990, un ami à moi, Arturo, était à la recherche d'un professeur de méditation et me demanda si j'en connaissais un. Je pensai immédiatement à Ángel, un être vraiment merveilleux et excellent enseignant, un des premiers à m'avoir appris à canaliser l'énergie et à vivre dans le calme et la paix. Je lui donnai son adresse et, suivant ma recommandation, il dit qu'il irait le voir l'après-midi même.

Quelque temps plus tard, je croisai de nouveau cet ami et j'en profitai pour lui demander comment s'était déroulée leur rencontre. Contre toute attente, il me déclara que ça s'était mal passé et qu'il ne lui avait pas donné une bonne impression. À ses dires, c'était un mauvais maître qui lui avait à peine accordé quelques minutes. Comment une personne qui paraissait anxieuse, triste et troublée pouvait-elle lui enseigner le calme mental ? Même sa voix tremblait lorsqu'il parlait, donnant une étrange sensation de bégaiement. Il avait donc décidé de ne pas le recontacter.

Je fus très étonné d'entendre ces commentaires. J'ai même cru que nous parlions de personnes différentes — il était peut-être allé voir un autre Ángel...

Plusieurs mois après cet événement, je rencontrai par hasard ce fameux maître dans un supermarché. Après lui avoir donné une accolade et discuté un peu, je lui demandai si un jeune homme du nom d'Arturo était venu le voir quelque temps auparavant. Il réfléchit un instant et dit se souvenir d'un garçon grand, fort et blond. Cela correspondait à la description de mon ami. Ce qu'il m'annonça ensuite m'abasourdit. Mon maître n'avait malheureusement pas pu lui accorder beaucoup de temps, car au moment où il avait sonné chez lui, lui-même s'apprêtait à partir à l'hôpital : on venait juste de l'appeler pour lui annoncer le décès de sa femme.

Le plus surprenant pour moi fut qu'en dépit du grand moment de douleur qu'il traversait, cet homme avait pris le temps de consacrer quelques minutes à une personne complètement inconnue. De son côté, Arturo, qui n'était pas au courant de la situation, l'avait jugé et classé au rang de «mauvais maître». Voilà un exemple qui nous montre de toute évidence comment nos préjugés sur les autres peuvent nous faire passer à côté de grandes opportunités. Arturo, en décrétant ne pas vouloir reprendre contact avec Ángel, a perdu l'occasion de recevoir les enseignements d'un des plus grands maîtres occidentaux que j'aie connus.

La seconde histoire que j'aimerais vous raconter eut lieu en 2002 au cours de l'un de mes voyages en Suisse. Mes amis et moi rentrions en voiture vers la ville après avoir passé tout un après-midi à faire du snowboard. Pour atteindre plus rapidement notre destination, nous prîmes un raccourci qui traversait un petit village. Mes amis étaient pressés parce qu'ils voulaient arriver avant la nuit. Toutefois, à l'entrée dudit village, nous sommes tombés sur un défilé de cirque où des dizaines de clowns, saltimbanques, acrobates et animaux de toutes sortes circulaient dans les rues, entravant considérablement la circulation. En un rien de temps, nous nous sommes retrouvés pris au beau milieu de ce vacarme; il ne nous restait plus qu'à suivre le défilé. Nous étions juste derrière un éléphant et nous faisions attention de maintenir une distance suffisante entre lui et nous. Mais à un moment donné, nous nous sommes trop rapprochés.

Quelle ne fut pas alors notre surprise de voir ce pachyderme s'asseoir sur le capot de notre voiture! Les quatre passagers que nous étions contemplaient la scène comme s'il s'agissait d'un film surréaliste. Jeff, le conducteur, descendit du véhicule et, indigné, s'en alla chercher le responsable du défilé. Dès que nous nous rendîmes compte de ce qui se passait, nous sommes tous sortis pour aller le chercher et essayer de le calmer. Se plaindre ne servait pas à grand-chose puisqu'en réalité, de nous être autant approchés de l'animal faisait de nous les seuls responsables.

Comme Jeff était mécanicien, spécialiste en carrosserie et en peinture, il retrouva rapidement son calme. Mis à part un capot terriblement cabossé, la voiture était en état de marche, et nous avons opté pour prendre la prochaine sortie en vue de rejoindre l'autoroute. Nous étions sur le point d'y parvenir lorsque nous croisâmes un contrôle de police. En voyant l'état de notre voiture, un des agents nous fit signe de nous arrêter sur le bord de la route. Il faut savoir qu'en Suisse, il est interdit de circuler avec un véhicule présentant des détériorations, ne serait-ce que des bosses et des traces de chocs.

Jeff s'arrêta et baissa la vitre. Le policier s'approcha et commença à nous reprocher durement de circuler avec un véhicule dans un pareil état. Il nous récita le chapitre, l'article (et presque le paragraphe) du Code de la route qui stipule l'interdiction de rouler ainsi.

— Excusez-nous, monsieur l'agent. Mais c'est parce qu'un éléphant s'est assis sur le capot.

Ce fut la seule explication que notre bon Jeff trouva à donner.

Je dois avouer que l'éclat de rire général des passagers n'a pas arrangé la situation — rires difficiles à réprimer vu l'absurdité des circonstances.

Sur ce, le policier appela son collègue, et ils firent passer un test d'alcoolémie à Jeff. Comme le résultat était négatif, mais qu'aucun de nous cinq n'arrivait à retrouver son calme, ils décidèrent de lui faire passer aussi un test de drogues. Ils devaient penser que nous étions tous sous les effets d'une substance hallucinogène. Lorsqu'ils constatèrent que le résultat était tout aussi négatif, ils appelèrent au village pour vérifier notre histoire et apprendre qu'effectivement un éléphant s'était assis sur notre voiture. Deux heures et demie plus tard, après avoir parlé avec quelques agents de commissariats, et même le maire (il ne leur manquait que le président), ils nous laissèrent repartir librement et sans amende.

Il est curieux de voir que nous nous retrouvons parfois impliqués dans des situations qui sont très difficiles à comprendre ou à croire si nous les observons à partir de nos jugements, limites et préjugés.

Que disent les maîtres ?

Nous nous identifions tellement à nos opinions, jugements et croyances que nous ne voyons plus la réalité telle qu'elle est à un point tel que nous sommes seulement capables de percevoir l'interprétation que nous nous en faisons.

À conditionner de la sorte notre perception de l'existence, avec nos mémoires, résistances et jugements (programme de notre mentalité du conflit ou ego), nous perdons en permanence de grandes occasions dans la vie.

Le mot karma signifie « action ». Dans cette perspective, par « libération », les grands maîtres entendent « être libres de toute action », c'est-à-dire cesser d'être esclaves et d'agir toujours de façon réactionnaire, en faisant jouer nos filtres de la peur et de la séparation.

Poussés par notre manque de confiance, nous nous comportons continuellement de façon à essayer de contrôler ou de forcer la vie à aller là où nous pensons qu'elle doit aller, en fonction de nos préférences. De même, nous conditionnons notre esprit pour ne croire que ce qui est en accord avec nos programmes mentaux. C'est ainsi que l'on finit par réduire la vie et ce que nous sommes vraiment.

Il y a même des personnes qui préfèrent être malades, endossant ainsi le rôle de « pilier du monde » ou « directeur général de l'univers », au lieu de libérer les résistances et permettre à la vie d'être comme elle est.

Tous les maîtres s'accordent à dire que la déformation de la réalité et la souffrance apparaissent lorsque, au moment présent, nous lui imposons le souvenir.

Que font les maîtres ?

Ils observent chaque chose comme elle est. Ils regardent la vie sans filtre.

Ils commencent la journée avec un regard neuf (sans mémoire).

Ils écoutent et observent comme le fait un enfant (sans croyances).

Ils se libèrent de tous jugements et idées préconçues.

Ils voient les gens sans leur passé.

Ils adoptent une attitude neutre et innocente dans chaque situation ou événement.

Ils vivent dans l'inspiration, et non pas dans le souvenir.

Ils permettent aux choses d'être ce qu'elles sont.

Ils choisissent de percevoir depuis l'amour.

Qu'est-ce que les maîtres ne font pas ?

Ils ne conditionnent pas ce qui n'est par leurs jugements, croyances ou attentes.

Ils n'appliquent pas au moment présent la mémoire.

Ils ne résistent pas à ce qui est.

Ils n'utilisent ni la critique ni le sarcasme.

Ils ne forgent pas leur perception sur la peur et la méfiance.

Ils ne laissent pas leurs souvenirs être l'interprète de la réalité.

Exercice pratique :

Chaque matin, au réveil, portez votre attention au niveau de votre cœur et faites l'affirmation suivante, en ressentant l'émotion :

« C'est dans la joie et l'acceptation totale que
je commence ce jour d'un regard neuf.

Je relâcherai le contrôle et ne laisserai pas
mes souvenirs être aujourd'hui mon guide;

à leur place, j'opterai pour l'amour.

Choisir la paix sera ma seule option,

retourner à mon Être véritable ou Essence
sera mon seul objectif,

en faveur de tous les êtres sans exception.

Merci, merci, merci ! »

Conte :

Alors qu'il effectuait sa promenade matinale dans le monastère, un lama trouva un jeune moine de 8 ans en train de pleurer devant une toile d'araignée.

– Pourquoi pleures-tu, mon petit? s'enquit le lama.

– Je pleure parce que j'ai vu une petite mouche se prendre dans cette toile d'araignée... et l'araignée l'a tuée.

– Je vois... Mais pour qui pleures-tu ? Pour la mouche ou l'araignée ?

– Pour la mouche, bien sûr ! répondit le jeune moine.

– En fait, dit le lama, ce serait plutôt pour l'araignée qu'il faudrait pleurer... La mouche, elle, a parcouru, exploré et expérimenté divers lieux et situations avant de mourir. Par contre, l'araignée passe toute sa vie retenue au même endroit, faisant toujours la même chose et attendant sa nourriture.

L'enfant se mit alors à sourire, et son cœur s'épanouit.

Chapitre 23 : Ironies du destin

« On rencontre sa destinée souvent par les chemins qu'on prend pour l'éviter. »

Jean de la Fontaine

« Tant que vous ne rendez pas conscient l'inconscient, c'est lui qui dirigera votre vie et vous l'appellerez destin. »

Carl G. Jung

Ma très chère sœur aînée tomba enceinte à l'âge de 21 ans : ce fut pour elle une grande surprise, qui lui provoqua désarroi et confusion. Je me souviens de sa nervosité et de son incertitude lorsqu'elle m'en parla. J'essayai de la rassurer et lui recommandai de le raconter, de la meilleure façon possible, à nos parents, car l'événement allait assurément leur causer un choc terrible.

Cela la préoccupait énormément. Elle en parla avec différentes personnes, dont un cousin plus âgé que nous qui lui conseilla de se faire avorter. D'après lui, comme elle était très jeune, avoir un enfant à cet âge pourrait en quelque sorte ruiner sa carrière et sa vie. Ma sœur écarta toutefois cette éventualité.

Quatre ans plus tard se produisit une situation qui me rappela la suggestion d'alors.

Mon neveu avait plus de 3 ans lorsqu'à l'occasion d'une réunion familiale, tous les cousins se rassemblèrent pour jouer une partie de basketball. Malgré sa petite taille, David courait très vite et se déplaçait avec agilité entre nous. À un moment donné, il alla prendre le ballon à ce fameux cousin qui avait effrayé ma sœur en lui disant qu'elle pourrait gâcher sa vie si elle mettait au monde ce bébé. Le ballon entre les mains, l'enfant regarda attentivement mon cousin et lui demanda d'un ton presque méprisant :

— Eh toi, comment tu t'appelles?

En entendant le prénom, il se moqua ouvertement et s'exclama :

— C'est horrible!

Quelle ironie du sort! Quatre années auparavant, il conseillait à ma sœur de se faire avorter et, maintenant, ce petit garçon se tenait devant lui, lui avait volé le ballon et se moquait de son prénom.

La partie la plus intéressante dans cette histoire survint lorsque mon neveu avait 16 ans. Nous étions tous les deux dans une cafétéria en train de manger un peu quand ce cousin entra. Il nous salua et alla rejoindre des amis à une table située de l'autre côté du bar. J'ai pensé que le moment était venu de raconter à mon neveu les faits. Sa réaction fut typique de cet âge. Il s'emporta et dit quelque chose du genre : « Bien, je vais aller lui dire, moi, qu'elle se fasse avorter, sa mère! » Sans attendre, je lui mis la main sur l'épaule, lui conseillant de ne pas se laisser entraîner par sa réaction.

— David, réfléchissons : si toi, tu avais une amie de cet âge qui t'annonçait qu'elle est tombée enceinte sans le vouloir, qu'est-ce que tu lui dirais? Penses-y un instant. Et il n'est pas nécessaire que tu me répondes. Quoi qu'il en soit, ce que tu déciderais de lui dire serait pour l'aider et non pour faire du mal à l'enfant, non?

David se tut, observant ses émotions, puis finit par dire :

— Bon alors, ce que je dois faire en réalité, c'est remercier ma mère de ne pas l'avoir écouté.

Sur ce, il sourit et continua à boire son jus d'orange.

(À l'écoute du silence intérieur, ressentez cet instant.)

Ancienne prière maya

Ô Grand Créateur, Tu nous as donné forme, Cœur du ciel,
Cœur de la terre :
Nous te remercions de nous avoir créés.
Dieu du Tonnerre, Dieu de la pluie :
depuis l'aube nous cherchons la paix dans le monde entier.

Que règnent la liberté, la tranquillité, la santé pour tous,
pour tes enfants qui vivent à l'est, là où le soleil se lève.

Nous te prions aussi qu'au coucher du soleil à l'ouest,
toutes souffrances, peines et rancœurs se terminent,
comme se termine le jour.

Que ta lumière éclaire les pensées,
les vies de ceux qui pleurent, de ceux qui souffrent,
de ceux qui sont opprimés, de ceux qui n'ont pas entendu.

Nous prions vers le sud, où le Cœur de la Mer
purifie toute corruption, maladie, pestilence.
Donne-nous la force pour que nos voix
parviennent à ton cœur, à tes mains, à tes pieds.
Nous nous prosternons devant Toi avec nos offrandes,
t'invoquant jour et nuit.

Nous prions vers le nord, depuis les quatre
points cardinaux de ce monde, confiants que
le Cœur du Vent fera parvenir à tes oreilles
la voix et la clameur de tes enfants.

Oh Grand Créateur, Cœur du Ciel, Cœur de la Terre notre mère :
donne-nous la vie, beaucoup de vie et une existence utile
pour que nos peuples trouvent la paix dans
toutes les nations du monde.

Chapitre 24 : Le lama et la maison hantée

« L'ombre n'existe pas : ce que vous appelez ombre n'est que la lumière que vous ne voyez pas encore. »

Henri Barbusse

En août 2002, un lama bouddhiste tibétain vint à Lanzarote pour dispenser un cours d'une semaine. Comme l'île était en pleine saison touristique et que les organisateurs ne trouvèrent aucun logement disponible, l'un d'entre eux proposa une vieille maison dans la ville de Teguise. Le reste des organisateurs n'appréciait pas beaucoup l'idée. Pour quelle raison? Tout le monde à Teguise savait que cette maison était «hantée». Toutes sortes d'histoires de fantômes circulaient à son sujet. D'ailleurs, le nombre de phénomènes paranormaux relatés par ses anciens occupants était si important que le cas avait même été étudié par un groupe de parapsychologues.

Toutefois, devant l'impossibilité de trouver un autre logement, et partant du principe qu'un lama bouddhiste tibétain n'allait pas être superstitieux au point de croire en de telles absurdités, ils décidèrent de l'héberger dans ces lieux. Ainsi, le jour venu, ils allèrent le chercher à l'aéroport, l'amenèrent jusqu'à la porte de la maison, lui remirent les clés et lui dirent seulement qu'ils passeraient le prendre le lendemain vers 9 h. Le lama les remercia et entra.

Le lendemain, une grande curiosité régnait pour savoir comment il avait passé la nuit. Pourtant, personne n'osa lui poser la question. En ce premier jour, rien de particulier ne se reflétait dans son attitude : il donna son cours en toute normalité et dans la tranquillité la plus absolue. Au troisième jour, n'y tenant plus, une des organisatrices, au moment du repas, s'adressa à lui en ces termes :

— Il y a quelque chose que je voudrais te demander... Je sais que cela semble bête, mais... il y a des gens qui disent que la maison dans laquelle tu demeures est hantée... Alors j'aimerais savoir si tu as remarqué une anomalie pendant ton séjour.

Il la regarda, comme si de rien n'était, et dit simplement :

— Ah ! alors, c'est pour ça...

Et il continua à manger sa soupe tranquillement.

Elle, bien entendu, voulut en savoir davantage et lui demanda de détailler ce qu'il avait vécu.

— Le premier jour, annonça le lama, en entrant dans la maison, j'ai entendu de forts bruits en provenance de la cuisine. J'ai pensé que dans une maison aussi grande il devait y avoir une personne chargée de l'entretien. Pourtant, une fois dans la cuisine, j'ai constaté qu'elle était vide. Je suis retourné dans ma chambre, et là les bruits ont repris. Si j'allais dans la salle de bain, je les entendais dans le couloir et, dans mon sommeil, je sentais comme si on me frôlait le visage. J'ai compris qu'il se passait quelque chose. Alors je me suis levé, j'ai allumé de l'encens et pris quelques fleurs que j'ai offertes à ces entités avec beaucoup d'amour, et toute activité « étrange » a cessé.

À leur envoyer de l'amour, ces entités — qui ne sont ni plus ni moins que de l'énergie psychologique résiduelle s'alimentant de peur et de résistance — ont arrêté d'interférer. Voilà donc un exemple qui nous montre qu'agir avec amour nous permet même d'harmoniser l'entourage dans lequel nous nous trouvons.

(À l'écoute du silence intérieur, ressentez cet instant.)

Conte :

Alors qu'un maître était en train de donner un cours à ses élèves, une goutte d'encre noire tomba sur la feuille de papier blanc qu'il utilisait pour écrire.

Il demanda à ses élèves :

– Que voyez-vous ?

Tous répondirent à l'unisson :

– Une tache noire.

Le maître répliqua alors :

– Vous avez tous remarqué la tache noire. Par contre, aucun d'entre vous n'a vu le reste de la feuille blanche qui, elle, est bien plus grande.

Chapitre 25 : Change le monde avec ton sourire, mais ne laisse pas le monde changer ton sourire

« La révolution de l'amour commence avec un sourire. Souriez cinq fois par jour à quelqu'un à qui vous n'avez pas du tout envie de sourire. Vous devez le faire pour la paix. »

Mère Teresa de Calcutta

« Soyez vous-même le changement que vous voulez voir dans le monde. »

Mahatma Gandhi

En début d'année 2000, un bon ami m'invita à passer quelques jours chez lui, ce qui me permit d'avoir la chance de voyager en Russie et de connaître Moscou. Nous nous déplacions principalement en métro, et là j'ai découvert une chose qui m'a beaucoup surpris : personne ne souriait.

Je me souviens d'un jour où nous voyagions dans le dernier wagon du train. Je me sentais heureux d'être en vacances, d'avoir l'opportunité de découvrir tant de nouveautés, d'être avec mon ami après si longtemps. Toutes ces sensations se reflétaient sur mon visage, et j'affichais un grand sourire.

Subitement, une personne se leva de son siège et se dirigea vers nous. Elle s'adressa en russe à mon ami qui acquiesça en guise de réponse.

— Il m'a prié de te dire de cesser de sourire. Tu les incommodes, me traduisit-il. Ils pensent peut-être que tu te moques d'eux...

En entendant cela, j'approuvai et dis :

— Pas de problème !

Je me retournai tranquillement vers la fenêtre du fond du wagon, tournant ainsi le dos aux autres passagers, et je continuai à sourire en regardant à travers la vitre. J'étais sûr d'un point : je n'allais pas arrêter d'exprimer mon bonheur.

Sur le même thème, il m'est arrivé une expérience similaire il y a quelques années. Ce jour-là, Andrés vint me voir pour une consultation. C'était la première fois qu'il venait. Quand il sonna, j'ouvris la porte avec un grand sourire aux lèvres en signe de bienvenue.

— Bonjour, Andrés, comment ça va? lui demandai-je en lui tendant la main.

— Eh bien, on se débrouille... Dans la merde, pour changer ! répondit-il l'air sérieux et préoccupé.

— Bon, eh bien, raconte-moi ! En quoi puis-je t'être utile? demandai-je avec un grand sourire alors qu'il s'installait sur une chaise.

— Je suis atteint d'un cancer, et le médecin me donne à peu près trois mois de vie, répondit-il cette fois-ci avec une expression beaucoup plus sérieuse, son visage semblant refléter une angoisse profonde.

S'ensuivit un bref silence durant lequel Andrés me regardait déconcerté, jusqu'à ce qu'il me sorte d'un ton provocant :

— Non, mais, pourquoi tu rigoles ?!

Moi, simplement, je continuai de sourire et lui dis calmement :

— Je ris de la tête que vont faire les médecins quand, dans un an ou deux, tu vas être en meilleure santé qu'eux.

Andrés éclata de rire.

— Eh bien ! ça, c'est ce que j'appelle être optimiste; tout le reste, c'est rien en comparaison ! Ça me plaît !

Environ sept mois plus tard, Andrés sortit complètement guéri de ce fameux cancer grâce aux nombreux changements qu'il fit dans ses schémas mentaux et à l'épuration des rancœurs qu'il avait accumulées.

(À l'écoute du silence intérieur, ressentez cet instant.)

Poème :

«Toutes les pensées,
bonnes et mauvaises,
qui surgissent de mon esprit
ne causent à peine une ride,
car leur action est aussi fausse
que le reflet de la lune sur la mer.»

Poème de méditation bouddhiste tibétain

Chapitre 26 : Quelque chose d'inattendu

« La vie est comme une boîte de chocolats;
vous ne savez jamais sur quoi vous allez tomber. »

Forrest Gump

Par un très beau jour d'hiver, il doit y avoir une quinzaine d'années de cela, je surfais avec deux amis dans un endroit extraordinaire du nom de Caletón Blanco, au nord de l'île.

Après avoir pris une dernière vague qui m'offrit de merveilleuses sensations, je retournai me positionner sur l'eau et vis avec étonnement mes deux amis nager de toute leur force vers un récif à proximité. Ils grimpèrent dessus, sortirent leurs planches de l'eau comme s'ils avaient le diable à leur trousse et, désignant la mer, ils crièrent quelque chose que je ne pouvais comprendre de là où je me trouvais. Ils avaient l'air extrêmement troublés. Je continuai à remonter vers les vagues, le sourire aux lèvres, tandis que mes amis ne cessaient de crier et de gesticuler. J'allai vers eux et, en me rapprochant, je pus entendre le mot « requin ».

J'eus à peine le temps de réagir. Au même instant, j'aperçus une nageoire de près de 40 cm qui dépassait de l'eau et qui se dirigeait sur moi à vive allure. Je le vois encore clairement : une fois à ma hauteur, la nageoire s'immergea, et je sentis son corps passer sous ma planche de surf. Automatiquement, je remontai mes jambes et mes bras; mon corps entier était saisi d'un terrible frisson, suivi bientôt de sueur froide. Pendant un moment, je ne vis plus rien. Une minute plus tard, la nageoire réapparut, s'élançant vers moi à toute vitesse. Mon cœur était sur le point d'exploser, j'avais les jambes presque paralysées. Ma respiration haletante marquait des secondes qui me parurent une éternité.

De nouveau, l'animal passa sous ma planche, et je relevai les jambes. Cette fois, je constatai qu'il était resté dessous et je pus distinguer une tache gris foncé tournant au fond en décrivant des demi-cercles.

Tout à coup, à cinq mètres devant moi, un magnifique dauphin rompit ce silence d'un saut spectaculaire. Après avoir repris haleine et retrouvé un rythme cardiaque normal, j'ai commencé à rire, en extase devant la beauté de la scène que j'étais en train de vivre. Je n'en croyais pas mes yeux. Le dauphin se mettait à faire de petites cabrioles autour de moi. Quel cadeau immense était en train de m'offrir cet océan merveilleux ! Au bout d'un quart d'heure, le dauphin décida de poursuivre sa route ailleurs. Moi, tout ce dont j'étais capable, c'était d'exprimer mon étonnement et de remercier l'univers pour ce magnifique cadeau. Mes amis, quant à eux, applaudissaient depuis la rive.

Quelle étrange sensation alors qu'un phénomène que je perçus au départ comme une menace se révéla par la suite être une joie immense.

(À l'écoute du silence intérieur, ressentez cet instant.)

Récit :

Quelqu'un demanda un jour au Dalaï-lama ce qui personnellement le surprenait le plus de l'humanité. Ce à quoi il répondit :

– Les êtres qui perdent la santé pour gagner de l'argent, et qui ensuite dépensent cet argent pour récupérer leur santé; les êtres qui pensent avec anxiété au futur, oubliant ainsi le présent, à tel point qu'ils finissent par ne vivre ni dans le présent ni dans le futur; ils vivent comme s'ils ne devaient jamais mourir et meurent comme s'ils n'avaient jamais vécu.

Chapitre 27 : L'argent est neutre

« L'argent est un bon serviteur, mais un mauvais maître. »

Alexandre Dumas

« Le plus riche n'est pas celui qui possède le plus, mais celui qui a besoin du moins. »

Bouddha

Début 2000, j'avais participé à une loterie avec quelques collègues de travail. Le gain était assez attrayant et, cet après-midi-là, on fantasmait sur ce que l'on ferait si on gagnait. Nous étions seuls dans le bureau, du moins le croyions-nous.

— Moi, s'enthousiasma un collègue, j'utiliserais cet argent pour rénover ma maison, pour voyager de par le monde et visiter ces lieux dont j'ai toujours rêvé. Je ferais aussi des dons à une ONG pour construire un hôpital ou une école dans un endroit de la planète où le besoin est criant.

— Eh bien, moi, s'exclama un autre, en désignant la piste d'atterrissage et en gesticulant, la première chose que je ferais, c'est de construire un pantin géant articulé indiquant la fenêtre du chef et qui, toutes les 30 secondes… tiens, prends ça, il lui ferait un bras d'honneur et lui dirait d'aller se faire voir !

Il continua ainsi un bon moment, très amusé par son histoire. C'est alors que le chef, qui avait écouté la première partie de la conversation avant de sortir, revint pour prendre quelque chose qu'il avait oublié. Mais mon collègue, tant absorbé dans son récit imaginaire, poursuivit sans remarquer sa présence :

— Ensuite, je baisserais mon pantalon et je pisserais sur tout : tables, documents, ordinateurs…

La vocation de ce livre étant de parler d'harmonie et de bien-être, j'éviterai ici d'énumérer toutes les insultes qui sortirent de la bouche d'une personne sur le point de perdre son emploi. Je dirai juste qu'il resta muet de stupeur lorsqu'en se retournant, il tomba nez à nez avec son chef qui le pria gentiment de le suivre dans son bureau.

Voilà un exemple qui illustre clairement la neutralité de l'argent : tout dépend de la disposition de chacun envers lui pour faire naître en nous le meilleur, ou le pire.

Que disent les maîtres ?

L'argent est énergie et, par conséquent, il est neutre. Il nous connecte simplement à la perception et à l'émotion que nous en avons. Si on résiste à cette énergie, il ne s'approchera pas de nous. Si on l'aime, il viendra.

Selon les termes de M. Díaz : « L'argent n'est pas toxique, ce sont tes croyances envers lui qui le sont. »

Les sages comprennent que l'argent est sujet à polémique en raison des croyances dysfonctionnelles dont nous l'avons chargé et qui prennent leurs origines dans la culture, la famille, voire la religion.

Si vous pensez que l'argent est mauvais, il ne se présentera pas dans votre vie. Si vous pensez que c'est une ressource qui peut vous aider à grandir, vous et beaucoup d'autres, qui peut vous faire avancer et apporter une certaine valeur dans ce monde, alors il viendra abondamment.

Ils affirment que l'argent n'apporte pas le bonheur… mais la pauvreté non plus ne l'apporte pas ! En réalité, rien d'extérieur à vous ne peut vous rendre heureux.

L'argent peut agir comme un catalyseur — tant par son excès que par son manque — de notre pauvreté ou richesse émotionnelle intérieure.

Les maîtres sont conscients que la vie nous donne ce que nous sommes et non ce que nous désirons.

Si l'on est déjà heureux, l'abondance arrive spontanément et aisément, car notre état naturel est la joie, l'abondance, la gratitude et l'amour. Si l'on est malheureux (ou plus exactement si l'on se crée du malheur) et qu'on espère trouver le bonheur dans l'argent ou quelque chose d'externe, notre vie se transformera en une souffrance permanente et en un fleuve d'insatisfaction. Être mal à l'aise avec l'argent implique que celui-ci ne viendra jamais à nous, ou le cas échéant, ce sera au prix de gros efforts et de façon momentanée.

Il faut bien garder à l'esprit que notre véritable nature est l'abondance : il ne lui manque rien. Si nous pouvons sentir cette abondance malgré les circonstances extérieures, nous serons réellement heureux et prospères et, par conséquent, comme un reflet de notre état intérieur, la prospérité et l'abondance viendront automatiquement.

Si nous considérons l'argent comme une fin en soi, avec l'idée de posséder pour posséder, dans l'objectif de faire étalage de notre richesse ou même de prétendre forger notre personnalité ou identité sur lui, alors nous commençons à nous sentir en dysharmonie avec le monde et nous-mêmes : nous sommes mécontents, car en vérité l'argent n'est qu'un moyen. Un moyen qui nous permet par exemple d'obtenir la liberté financière pour voyager, échanger des connaissances, apprendre, etc.

Une idée phare dont parlent beaucoup de maîtres est celle de « l'argent de conscience », c'est-à-dire un argent qui ne dérive pas de l'exploitation des autres ou de la planète, de l'appauvrissement de la nature, mais celui qui contribue à apporter valeur, conscience et grandeur au monde.

« L'argent joyeux » est une autre vision intéressante sur l'argent. Dans un de ses livres, Robert G. Allen aborde ce sujet et raconte une anecdote amusante : en Inde, une fillette d'à peine 7 ans s'approcha de lui et dit :

— Pardon, monsieur, vous pouvez me donner de l'argent joyeux (happy money) ?

— Comment ? Qu'est-ce que tu entends par là ? demanda-t-il, surpris.

— C'est très simple : donnez-moi la somme qui vous rend heureux... et je le serai aussi !

Que font les maîtres ?

Ils comprennent et respectent que l'élément d'échange actuel dans ce monde est l'argent, même s'ils sont conscients qu'un jour cela changera et que nous trouverons d'autres formes d'échange.

Ils se joignent à cette énergie depuis l'acceptation, la joie et l'amour.

Ils ressentent l'abondance en eux, et l'argent arrive dans leur vie naturellement et sans effort.

Ils partagent leur richesse.

Ils consentent à ce que l'argent fasse naître le meilleur d'eux-mêmes.

Ils le traitent comme un intermédiaire permettant d'obtenir la liberté financière.

Grâce à lui, ils contribuent à apporter une plus grande valeur au monde.

Qu'est-ce que les maîtres ne font pas ?

Ils ne considèrent pas l'argent comme une fin en soi, mais bien comme un moyen.

Ils ne font pas de l'argent un besoin.

Ils ne refusent pas l'abondance financière.

Ils ne se sentent pas contrariés par l'argent (ou autre chose) dans la vie.

Ils n'ont pas de croyances restrictives à son sujet.

Ils ne se laissent pas corrompre par lui ni par quoi que ce soit d'autre.

Ils ne tombent pas dans la croyance limitante et dysfonctionnelle qu'être spirituel signifie être brouillé avec l'argent.

Ils ne se façonnent pas une identité à partir de l'argent ni de quoi que ce soit d'extérieur à eux.

Exercice pratique :

Tôt le matin, au lever, étirez les bras en croix et faites l'affirmation suivante :

À l'inspiration : « Je permets que toute l'abondance de l'univers coule en moi. »

À l'expiration : «Je me libère de toutes mes résistances.»

À l'inspiration : «Je m'autorise à être heureux et prospère.»

À l'expiration : «Je me délivre de toutes mes limites.»

Merci, merci, merci !

Pour finir, souhaitez que les bienfaits de cette méditation bénéficient également à tous les êtres sans exception.

Conte :

– Dis-moi, pourquoi es-tu en si bonne santé ?

– Parce que je ne conteste pas.

– Ah, il doit bien y avoir une autre raison !

– Eh bien, il doit y avoir une autre raison.

Chapitre 28 : Les deux entrepreneurs et l'amour

*« Celui qui recherche la vengeance devrait commencer…
par creuser deux tombes. »*

Confucius

« Œil pour œil, et le monde finira aveugle. »

Mahatma Gandhi

Jaime et Luis étaient deux bons amis qui s'étaient lancés dans l'aventure du monde de l'entreprise. La situation du pays avec la fameuse crise économique dont tout le monde parlait avait rendu les deux amis nerveux face à l'éventualité de subir des pertes, voire de devoir mettre la clé sous la porte… Le résultat ne se fit pas attendre, et bientôt leurs peurs devinrent réalité. La société dut fermer, ce qui généra entre les deux hommes un grand malaise, de sorte que leur relation se détériora à pas de géant. Il s'ensuivit alors toute une série d'accusations dans lesquelles chacun attribuait la responsabilité de la faillite à l'autre. Ils allèrent même, par avocats interposés, jusqu'à déposer formellement une plainte contre l'autre.

C'est au bout de plusieurs mois de conflit que Jaime vint me consulter. Il avouait vivre très mal la situation actuelle. Cet après-midi-là, il devait rencontrer son ancien ami et associé, Luis, pour prendre des décisions importantes et étudier les dénonciations. Un point le préoccupait tout particulièrement, à savoir que Luis puisse lui réclamer 80 % du capital investi à titre de dédommagement afin, d'après lui, de compenser son incompétence.

Après des semaines d'insomnie, de mal de tête et d'épuisement, Jaime vint donc me demander désespérément une solution, un conseil, quelque chose qui l'aiderait.

— Aime cette personne. Ressens de l'amour pour elle, lui conseillai-je alors.

— Ces « trucs de hippie », c'est pas mon genre. Aimer et tout ça, c'est très bien pour les autres domaines de la vie, mais là on parle du monde des affaires… Amour et affaires sont deux choses opposées.

— Justement, l'amour s'applique à tous les domaines, parce que l'amour est vie, croissance, expansion, prospérité. C'est pourquoi si tu ne fais pas avec amour ce que tu entreprends, quoi que ce soit, cela ne marchera pas.

— Mais moi, ce que je ressens, c'est une grande colère et de la rancœur envers lui. Non, vraiment, je ne peux pas l'aimer, persista Jaime.

— Simplement, ce que tu dois faire, c'est le visualiser et l'imaginer durant toute la journée comme s'il était très content, comme si tous ses souhaits et attentes s'accomplissaient. Vois-le comme une personne qui voyage à travers le monde, qui prospère, qui réalise ses désirs, qui est heureuse.

— Ça, d'accord, je peux le faire. Au moins, ça m'évitera d'être angoissé, soucieux et de passer toute la journée à broyer du noir.

Il était plus de 23 h lorsque Jaime, euphorique et encore sous le choc de ce qui s'était passé, me téléphona : à l'heure prévue, il était entré dans la salle où devait avoir lieu la réunion, s'attendant à trouver un Luis contrarié et intraitable. Néanmoins, celui-ci, contre toute attente, s'était levé, le sourire aux lèvres, lui avait mis la main sur l'épaule puis annoncé :

— Jaime, pendant la journée j'ai réfléchi à notre situation, à ce qui nous a conduits jusque-là. Je me suis rendu compte de mon injustice à vouloir m'en sortir avec plus d'argent que ce qui me revient vraiment. En réalité, tu n'y es pour rien dans la faillite de l'entreprise… Tout du moins, pas davantage que moi. De plus, pour ma part, j'ai décidé de retirer toutes les plaintes. Je regrette vraiment que malgré notre vieille amitié nous en soyons arrivés à ce point… J'espère juste qu'on sera en mesure de régler le problème d'une autre façon.

Ceci dit, il lui demanda pardon puis le serra dans ses bras. Pour la première fois, ils se mirent à pleurer ensemble et à évoquer les bons souvenirs du passé.

Bien que Jaime ait été le protagoniste de l'histoire, il avait du mal à croire ce qu'il venait de vivre. Or, en réalité, c'est assez simple : il avait tout bonnement cessé d'alimenter ce conflit et de lui donner de l'énergie, pour à la place engendrer de l'amour et se reconnecter au cœur de son ami.

Exercice pratique :

Faites le même exercice décrit dans le récit précédent en vous concentrant sur une personne avec qui vous avez actuellement un différend, et ce, pendant sept jours au moins.

N'oubliez pas à la fin de souhaiter que les bienfaits de cet exercice bénéficient à tous les êtres sans exception.

Réflexion :

Durant toute ta vie, deux personnes ont toujours vécu en toi. L'une est l'ego, bavard, exigent, hystérique, calculateur; l'autre est ton être spirituel caché dont tu as rarement entendu ou écouté la calme voix de la sagesse. Plus tu écoutes les enseignements, les contemples et les intègres dans ta propre vie, plus ta voix intérieure, ta sagesse innée de discernement – ce que dans le bouddhisme nous appelons « perception sélective » – se réveillera et se renforcera, si bien que tu commenceras à faire la différence entre sa guidance et les multiples voix bruyantes et séduisantes de l'ego. Le souvenir de ta véritable nature te reviendra, accompagné de toute sa splendeur et de la confiance qu'elle t'inspire.

Tu constateras en réalité que tu as découvert en toi ton propre guide sage.

Rimpoché, Sogyal : *Le livre tibétain de la Vie et de la Mort*

Chapitre 29 : Intuition (tuteur intérieur)

« La véritable intuition nous ouvre les portes de la vérité. Si nous voulons continuer d'employer le mot intuition, il nous faut oublier qu'elle se réfère à l'instinct, et aussi qu'elle est parfois attribuée aux femmes; je ne sais pas pourquoi, vu que l'intelligence n'a bien sûr pas de sexe. »

Consuelo Martín, philosophe

Il est essentiel de toujours suivre notre voix intérieure, cette partie de nous-mêmes qui nous parle en murmurant depuis le fond de notre cœur et qui, à travers nos ressentis, nous invite à prendre le chemin de la paix, nous évitant ainsi la souffrance.

En 2003, je me suis retrouvé dans une situation qui illustre comment l'intuition opère : ma petite amie d'alors allait arriver à l'aéroport après un long voyage, et je lui avais acheté un joli bouquet de 21 roses rouges. Pour qu'elles ne s'abîment pas, je décidai d'aller me procurer un vase en ville. Je passai en voiture dans des rues peu fréquentées pour chercher une place de stationnement. Finalement, j'en trouvai une et je commençai à manœuvrer. Pourtant, une voix en moi me disait de ne pas me garer là. C'était un sentiment très fort qui persista pendant un bon moment. Même une fois descendu de la voiture et alors que je m'éloignais, je continuai à sentir que je devais faire marche arrière et changer d'emplacement. Mon esprit rationnel, accomplissant sa fonction d'inhiber ou de remettre en question ce que je ressentais, décida que tout cela n'avait pas de sens. En plus, je n'avais pas beaucoup de temps ! — la mentalité programmée fait toujours référence au temps et, en général, elle est pressée. Tant et si bien que je me dirigeai d'un bon pas vers un magasin où je trouvai un beau vase de style japonais qui irait à merveille avec les roses. C'est avec cette image à l'esprit que je retournai vers ma voiture. Mais une surprise de taille m'y attendait : on avait en effet forcé la serrure ! Quelqu'un l'avait ouverte pour... voler le bouquet de roses !

Je devais être à l'aéroport dans les 10 minutes suivantes, et il ne me restait plus assez de temps pour acheter de nouvelles fleurs. Du coup, je ne pus offrir à mon amie qu'un beau vase de style japonais... vide. À voir l'expression de son visage lorsque je lui racontai l'incident, j'eus la sensation qu'elle ne me croyait pas beaucoup — elle me le confirma d'ailleurs quelques années plus tard.

Voici maintenant un autre exemple sur l'importance de prêter attention à cette petite voix, ou guide intérieur; cela est survenu lors de mon voyage à Moscou (voyage déjà mentionné au chapitre 25). Je me trouvais avec quelques amis dans le métro, prêt à monter dans le train, lorsque j'aperçus un homme au comportement nerveux qui ne détachait pas son regard de moi. J'en éprouvai un sentiment intense : ce jeune, à l'aspect fébrile, semblait avoir des intentions hostiles. Quand le train s'arrêta et que nous nous apprêtâmes à monter, je vis que l'homme y était entré avant nous et qu'il nous regardait du coin de l'œil. Je fus sur le point de demander à mes amis de changer de wagon, et quelque chose au fond de moi me susurrait de le faire. Pourtant, je choisis d'ignorer ce « quelque chose ». Je ne voulais pas déranger mes amis, qui en plus allaient penser que j'étais paranoïaque.

Nous montâmes donc dans le wagon. Une fois le train en marche, ce jeune s'approcha de moi. Il me montra sa plaque de police et me fit savoir qu'il voulait voir mon passeport. Je le lui présentai. Après l'avoir regardé, il m'annonça qu'il y avait un problème et qu'il fallait que je l'accompagne, moi seul. Mes amis, tous russes, lui demandèrent à plusieurs reprises ce qui n'allait pas. Mais il ne donnait pas d'explication. Il se contentait de dire que le passeport n'était pas en règle, et que je devais le suivre. Mes amis commencèrent à douter des étranges procédures de ce policier habillé en civil et finirent par lui annoncer que nous passerions d'abord au commissariat de police du métro pour vérifier son identité professionnelle. Sur place, il s'avéra qu'il n'était pas policier. Les vrais agents arrêtèrent alors l'imposteur et m'expliquèrent qu'il s'agissait d'une arnaque. Comme dans la Russie de cette époque on ne pouvait pas sortir sans passeport, ce jeune se faisait passer pour un policier en vue de me le dérober. Pour le récupérer, j'aurais dû lui payer une bonne somme — habituellement dans les 300 dollars.

Mes amis et moi sortîmes dans un état d'esprit serein et décidâmes de classer cette étrange histoire au rang des anecdotes, le mieux étant de ne plus y accorder d'importance.

À peine trois jours plus tard, je rentrais un soir dans mon hébergement avec Viktor, un de mes amis russes. Il devait être 23 h environ, et nous étions à quatre pâtés de maisons de notre destination. C'est à ce moment-là que surgirent cinq individus vêtus de noir et armés de grands bâtons. Le message était clair : ils avaient l'intention de nous frapper. Un d'entre eux essaya de m'atteindre à la tête, mais, « intuitivement », je me baissai, réussissant ainsi à éviter le coup. Mon ami qui était un grand sportif et qui sans aucun doute aurait pu me distancer en un clin d'œil, me cria : « Cours ! » Je m'enfuis alors à toute vitesse, comme quelqu'un qui a le diable à ses trousses, suivi de près par deux des types. En arrivant devant la maison, une vieille dame qui m'avait vu auparavant m'ouvrit le portique. J'entrai et j'attendis mon ami qui revint au bout d'une demi-heure, couvert de blessures.

La police découvrit que les agresseurs qui nous avaient assaillis habitaient seulement trois bâtiments plus loin que nous. Ils avaient été recrutés par le faux policier. Apparemment, cette agression avait été sa façon de se venger pour l'avoir dénoncé au commissariat du métro.

Quelques jours plus tard, je retournai en Espagne ayant appris une grande leçon : prêter toujours attention à cette voix intérieure, ou ce guide, qu'est notre intuition — un mot qui vient de « in » à l'intérieur et « tuitio », maître; en d'autres termes notre « maître intérieur ».

(À l'écoute du silence intérieur, ressentez cet instant.)

Conte :

Une nuit, un homme entendit quelqu'un se déplacer dans la maison. Il se leva et, pour y voir clair, essaya d'obtenir quelques étincelles de sa pierre à feu pour allumer sa lampe. Mais le voleur qui avait provoqué le bruit vint se mettre devant lui et, chaque fois qu'une étincelle atteignait la mèche de la lampe, il l'éteignait discrètement avec le doigt. L'homme, de son côté, croyant que la mèche était humide, n'arriva pas à voir le voleur.

Dans ton cœur aussi il y a quelqu'un qui éteint le feu, mais toi, tu ne le vois pas.

Rûmî

Chapitre 30 : L'ego et son « programme mental de conflit et de souffrance »

« Descartes disait : «Je pense, donc je suis.» Mais dans la perspective des enseignements du Bouddha, on pourrait en fait dire : «Je pense, donc je ne suis pas ici.» »

Thich Nhat Hanh

« À l'image du destin d'une fragile bulle, on aura beau essayer de défendre une mentalité séparée et de nous identifier avec notre image, former partie de l'unité (du tout) sera inévitable. »

Kalu T.

À ce stade du livre, j'aimerais expliquer de façon brève et simple quelques notions clés afin de mieux comprendre l'ensemble des chapitres et en particulier le langage des maîtres lorsqu'ils nous font part de leurs réflexions sur le sujet principal de chaque histoire.

Au fil des pages de cet ouvrage, apparaît à maintes reprises la remarque suivante : «Le bonheur se trouve déjà en nous, mais nous avons érigé des barrières ou des obstacles qui nous en séparent.» Nous allons donc voir ce qui nous empêche exactement d'apprécier ce que nous possédons déjà.

Je commencerai par l'illustrer avec un passage portant sur l'illumination de Bouddha, issu du livre «Introduction au Bouddhisme» de Gueshe Kelsang Gyatso :

«À la tombée de la nuit, le Mâra Devaputra, chef de tous les mâras, ou diables bouddhiques, de ce monde essaya de perturber la concentration de Siddhartha en conjurant des apparitions effrayantes. Il fit se manifester une armée de terribles esprits démoniaques : certains lui projetaient des lances et des flèches, d'autres lui lançaient des boules de feu, des pierres, voire des montagnes entières...

» Pourtant, Siddhartha demeura imperturbable. Par la force de sa concentration, les feux ardents se transformèrent en offrandes de lumières arc-en-ciel; les armes, roches et montagnes, en une pluie de fleurs rafraîchissante... C'est par cette sagesse qu'il parvint à triompher des démons de ce monde et qu'il reçut par la suite le nom de Bouddha victorieux.»

«Mâra», dans la philosophie bouddhiste, représente les pollutions mentales de tout individu, une identité séparée, créée... Un autre terme pourrait être «l'ignorance». C'est cette même ignorance qui empêche les humains d'accéder à l'éveil et à la découverte de leur propre nature. Les textes bouddhistes la présentent comme une espèce de divinité obscure qui n'est ni plus ni moins que l'ensemble de nos constructions mentales basées sur la peur, l'attachement et les mémoires auxquelles nous sommes totalement identifiés (l'ego).

Cette représentation de «mâra» a reçu des appellations qui varient en fonction des enseignants et des sages : ego, système mental de conflit, mentalité séparée, mentalité réactionnaire, mentalité conceptuelle, obscurité, perception erronée (reposant sur la peur), fausse identité, ou d'autres qualificatifs plus modernes. J'ai entendu par exemple Richard Brodie, auteur de «Virus in the mind», en parler comme d'une programmation mentale, ou bien Sogyal Rimpoché appeler l'ego «le personnage» que nous avons construit et auquel nous nous sommes identifiés. Ici, je me réfère à lui comme à une programmation ou un programme mental orienté sur le conflit.

La philosophe et écrivaine espagnole Consuelo Martín, recourant à la même terminologie, a une réflexion qui définit à merveille ce à quoi je fais référence : «Tant que je compterai sur les programmations mentales pour découvrir la vérité, je ne serai pas libre. Je dépends d'interprétations élaborées par la pensée. Pourrais-je voir que cette fonction qui est une représentation mentale et à laquelle nous contribuons tous à travers nos croyances n'est pas la réalité ?»

Permettez-moi maintenant de donner quelques précisions générales en vue de mieux comprendre ce que nous entendons par l'ego et ses programmes mentaux orientés sur le conflit, ou mentalité réactionnaire, concepts que nous voyons concrètement tout au long des histoires de ce livre.

L'ego est ce que vous croyez être : personnalité, goûts, jugements, mémoires, croyances, peurs, culture, éducation... C'est un système de pensées qui défend cette structure en l'imposant à la vie et à la vérité. Une version très limitée et résignée de soi-même, mais, surtout, fausse. C'est ce que les maîtres appellent ignorance, ce qui nous sépare de notre Être et de la Vérité. Vivre exempt de la souffrance causée par cette programmation mentale correspond chez les bouddhistes au «Nirvana» (absence d'affliction).

Un des principaux objectifs de l'ego et de son programme mental réactionnaire est de défendre la structure que nous avons créée et à laquelle nous nous identifions. En conséquence, il réagit par des attaques ou des défenses, car il se fonde sur la peur. Et au bout du compte, au lieu de vivre, nous subsistons, nous nous comportons tels de simples survivants, qui se méfient et contrôlent, en constante opposition avec ce que nous sommes réellement : Amour et Paix.

C'est cela qui attaquait Bouddha dans la métaphore du texte antérieur («...certains lui projetaient des lances et des flèches, d'autres lui lançaient des boules de feu, des pierres, voire des montagnes entières») et qui vous attaque également : ce n'est rien d'autre qu'une structure de pensées réactionnaires qui veulent préserver (à travers la peur et l'attaque) l'identité «indiviDUELLE» (mentalité séparée) que nous avons faite nôtre.

Siddhartha, au même titre que d'autres grands maîtres, découvre qu'il ne fait pas partie de cette identité et se détache d'elle, brisant les barreaux qui l'emprisonnaient dans cette programmation mentale. Après quoi il s'éveille, c'est-à-dire cesse d'en être esclave, pour retourner à la mentalité «UNItaire» (l'unité). C'est ce qui lui a valu de recevoir le nom de Bouddha (celui qui s'est éveillé).

La question qui se pose maintenant est la suivante : comment naissent ce réseau de l'ego et ses systèmes de conflit? L'ego appartient à un champ de pensées et de mémoire de l'inconscient collectif qui tire son origine de la pensée de séparation. À nous croire séparés, nous entrons en compétition, nous portons des jugements, nous nous sentons nécessiteux, nous combattons et nous avons peur. Ces références apparaissent par exemple sous forme de métaphore dans l'histoire d'Adam et Ève, lorsqu'ils habitaient au Paradis (l'unité) et en furent expulsés pour avoir goûté au fruit de l'arbre du bien et du mal (la dualité). À partir de là, la culpabilité fait son entrée, et ils tombent dans un profond sommeil : « Et l'Éternel Dieu ordonna à l'homme : Mange librement des fruits de tous les arbres du jardin, sauf du fruit de l'arbre du choix entre le bien et le mal. De celui-là, n'en mange pas, car le jour où tu en mangeras, tu mourras. » (Genèse 2,16-17)

C'est ce qui explique que nombre de grands maîtres appellent ceux qui sont entièrement identifiés à cette programmation mentale égotiste (entité séparée) «les morts vivants», et le processus de découverte de la véritable nature de l'être, «la résurrection».

Nous avons intégré à un tel degré ce principe d'identité séparée que nous nous sommes employés à le défendre et à le transmettre à chaque nouvelle génération.

Voyez plutôt comment un enfant vient au monde : totalement innocent et connecté à son essence. Il se sent illimité, et son amour envers lui-même et son entourage proche est inconditionnel. Il est comme un miroir qui reflète toute chose à l'identique, avec une perception innocente.

Pourtant, au fur et à mesure qu'il grandit, ses parents, la famille, la société, l'éducation… lui inculquent des peurs et lui enseignent la séparation. De cette façon, il se retrouve conditionné, comme si on installait des « programmes » dans son esprit qui, dorénavant, le déconnecteraient à différents niveaux de ce qu'il est réellement : amour, pleine acceptation, gratitude, liberté et présence à l'état pur.

Dès lors, la priorité de cet enfant va être, notamment, de plaire aux autres, d'être estimé, de vivre une vie reposant sur l'image, d'être aimé, accepté… Il aura peur de l'échec, peur du succès, peur du qu'en-dira-t-on, peur de la mort, peur de rester seul… Il cherchera le bonheur à l'extérieur de lui-même. Le besoin d'être différent ou spécial peut d'ailleurs le pousser à incarner quelque chose qui ne lui correspond pas.

Il est clair que l'ego est l'idée que nous nous faisons sur nous-mêmes et sur le monde, une sorte de filtre qui déforme notre perception en colorant et conditionnant la réalité. Tant et si bien qu'au lieu de faire l'expérience de la vie et de la vérité, nous n'en vivons que des interprétations et des opinions – interprétations et opinions qui reposent sur nos peurs, dépendances, mémoires… Ce filtre est établi par l'ensemble de notre système de croyances, par nos jugements, nos attachements, notre éducation, nos expériences du passé… Tout cela finit par nous dissocier de notre véritable nature et de notre essence.

La fonction principale de l'ego est de nous maintenir distraits, éloignés de notre ressenti et absents du moment présent. Pour ce faire, il s'évertue à nous retenir, soit dans le passé, en nous faisant éprouver de la culpabilité; soit dans le futur, en nous remplissant de peurs, ces dernières s'exprimant sous forme de préoccupations.

Une autre de ses fonctions est de s'assurer que l'on reste toujours pareil et que rien ne change, car son objectif initial est de nous garantir une « sécurité » dans un monde d'impermanence. C'est donc à partir de cet ego que nous avons fabriqué une personnalité dont l'unique rôle est de nous fournir une fausse sensation de sécurité et d'immuabilité face à un monde en constant changement. Il est intéressant, et à la fois instructif, de savoir que le mot « personnalité » vient du grec et signifie « masque » dans cette langue.

Certains d'entre vous, pendant leur enfance, auront peut-être entendu la phrase suivante : « Va dans le monde et deviens quelqu'un ! » Ce quelqu'un en qui vous vous transformez, ce n'est pas vous, mais plutôt ce que votre entourage veut, une sorte d'image pour plaire aux autres.

Il me revient une anecdote amusante survenue à mon neveu David alors âgé de 4 ans. Une dame s'approcha de lui et lui dit :

— Oh, bel enfant ! Qu'est-ce que tu vas être quand tu seras plus grand ?

L'enfant me regarda, surpris, puis en regardant de nouveau la dame, il posa la main sur son cœur et s'exclama :

— Ah, je vais être autre chose ? Je veux pas être autre chose ! Je veux être moi !

Voilà ce que j'appelle la réponse spontanée d'un petit maître. Curieusement, lorsqu'il m'est arrivé de conter cette anecdote, d'autres personnes, y compris de pays étrangers, m'ont confié avoir entendu des réponses similaires de la part d'enfants qui ne voulaient pas être « autre chose ».

Cela montre bien que les enfants naissent davantage connectés à ce qu'ils sont réellement, comme nous l'avons vu précédemment dans certains chapitres.

Les maîtres définissent l'ego comme une fausse identité, comme une complète identification à notre torrent de pensées qui nous signale que nous sommes coupés du reste. Il s'alimente de la peur, de la culpabilité, de la défense, de l'attachement et de l'attaque. L'ego nous fait sortir hors de nous, nous poussant à chercher à l'extérieur ce que nous avons déjà à l'intérieur. Nous courons comme l'âne à qui l'on tend une carotte au bout d'un bâton : on aura beau courir, nous n'arriverons jamais à l'attraper — le mantra de l'ego étant «cherche et ne trouve pas».

Certains enseignants en développement personnel et experts en coaching appellent cette frénésie de toujours chercher à l'extérieur «la course du rat»; à l'instar du hamster dans sa cage, nous courons dans une roue, pensant que nous avançons alors que nous faisons du surplace.

Comme l'exprime le grand maître Sogyal Rimpoché : «C'est quand votre amnésie à propos de votre identité commence à guérir que vous allez enfin vous rendre compte que l'attachement au moi est à l'origine de toutes les souffrances. Vous finirez par comprendre à quel point il vous a fait du mal, à vous et aux autres.»

L'ego et ses programmes mentaux orientés sur le conflit mettent tout en doute, dans le but que rien ne change. C'est pour cette raison que des maîtres définissent l'ego comme «la barrière que l'on a placée devant soi et qui nous sépare de la vie». Voici quelques mantras de l'ego :

Attention!

Et si…?

Oui, mais…

Quoi que tu fasses, c'est mal...

Je ne peux pas...

C'est impossible...

Je le sais déjà...

Cherche et tu ne trouveras pas...

Je ne vaux rien...

Je suis spécial (e)...

Je ne suis pas aussi bon (ne)

Je suis meilleur (e)

Mais la bonne nouvelle, c'est qu'à chaque instant — et peu importe votre passé ou l'endroit où vous êtes — vous pouvez choisir, soit de vivre comme la Vie pure sans limites (votre Essence), soit comme un objet séparé, limité et avec sa propre histoire (l'Ego).

Exercice pratique :

Dans un lieu calme, prenez quelques inspirations profondes et, à l'expiration, libérez-vous de toutes tensions, voire d'éventuelles expectatives.

Prenez contact avec votre cœur.

Maintenant, sans prendre comme référence votre passé ou votre mémoire, posez-vous la question suivante :

« Qui suis-je ? »

Vivez cette expérience depuis le ressenti et restez-y simplement aussi longtemps que vous le désirez.

À la fin, souhaitez que les bienfaits de cette méditation bénéficient également à tous les êtres sans exception.

Expérience :

Pour une expérience, on introduisit cinq singes dans une pièce. Au centre de cette pièce se trouvait une échelle avec quelques bananes à son sommet. Chaque fois qu'un singe grimpait dessus pour attraper les bananes, les scientifiques aspergeaient le reste des singes avec un jet d'eau froide. Au bout d'un moment, les singes firent le lien entre l'usage de l'échelle et le jet d'eau froide, de sorte que lorsque l'un d'eux faisait mine de monter pour aller chercher une banane, les autres l'en empêchaient par la force. Finalement, même tenté par le fruit, aucun des singes n'osait monter à l'échelle.

À ce moment-là, les scientifiques firent sortir un des cinq singes de la pièce et le remplacèrent par un nouveau.

Le nouveau singe, bien entendu, grimpa à l'échelle pour aller récupérer les bananes. Quand ses congénères comprirent son intention, ils se jetèrent sur lui et le forcèrent à descendre avant que le jet d'eau froide ne fasse son apparition. Après plusieurs tentatives, l'animal comprit qu'il valait mieux pour lui qu'il renonce à grimper à l'échelle.

Les scientifiques remplacèrent encore un autre singe du groupe initial. Lorsque ce nouveau venu essaya de monter en haut de l'échelle, le singe qui était arrivé avant lui participa avec un zèle tout particulier à la volée de coups.

La même procédure se répéta progressivement avec le troisième, le quatrième et le cinquième singe jusqu'à ce que tous les singes du départ aient été remplacés.

L'équipe de scientifiques fit alors une découverte surprenante : aucun des animaux de cette pièce n'avait reçu un jet d'eau froide; pourtant, aucun d'eux n'osait grimper pour aller prendre les bananes. S'ils avaient pu interroger les primates sur la raison de leur action, la réponse aurait probablement été la suivante : « Je ne sais pas. Ça a toujours été comme ça. »

Chapitre 31 : Le jour où je me suis libéré de tout pour permettre à la vie d'être

Quel que soit le nombre de saintes paroles
que vous lisez, que vous prononcez, quel bien
vous feront-elles si vos actes ne s'y conforment pas ?

Bouddha

Quand vous lâchez prise, vous vous envolez.

M. Díaz

Pendant des années, j'ai cru que la seule façon de vivre était celle que ma famille et mon entourage m'avaient enseignée (ou, certaines fois, imposée) : en décrochant un emploi stable qui assurerait mon avenir, par exemple. Et peu importe si ce travail me plaisait ou si je m'épanouissais en l'accomplissant ! Il en résulta que j'éprouvai une terrible pression à vivre cette vie « normale » par loyauté à l'idéologie de ma famille, de mes amis et envers tous les défenseurs en général de ce paradigme de normalité que, au fond de moi, je savais être une folie et un non-sens.

Mon acharnement à chercher à l'extérieur ce qui était déjà en moi m'entraîna dans plusieurs relations qui finirent par provoquer une sensation encore plus forte de déconnexion et de mal-être. Parallèlement, je ressentais une grande résignation due à la dichotomie que je vivais entre mon désir de liberté et la lutte perpétuelle pour gagner ma vie et l'estime de l'entourage. Je dus alors passer par toute une série de situations nécessaires et révélatrices pour me permettre de découvrir ce que vivre voulait réellement dire.

Au fil des jours, je découvris et j'appliquai simultanément tous les enseignements et outils des maîtres que je rencontrais sur mon chemin. Le processus de retrouvailles avec ma véritable nature était inéluctable.

Je connus plusieurs postes de travail, le dernier m'amenant à vivre une expérience qui allait énormément contribuer au réveil qui changerait drastiquement ma vie. Je travaillais pour une compagnie aérienne et, après un long vol, tout le personnel disposait de deux jours pour se reposer à Singapour. Là, pour occuper notre temps libre, nous sommes entrés dans une galerie d'art. J'avais toujours ressenti que ce qui faisait vraiment vibrer mon cœur était la peinture. Pourtant, à cette époque, je n'avais pas touché à un pinceau depuis fort longtemps. La beauté de ces tableaux-là m'impressionna énormément : les tons de bleu me rappelaient les premières toiles que je peignais et dans lesquelles j'essayais de rendre l'océan dans toute son essence. Les larmes me montèrent aux yeux. C'était une sorte de pleurs que je n'avais jamais éprouvés auparavant, des pleurs qui venaient du plus profond de mon âme. J'étais comme en extase, et cette sensation perdura toute la journée. Une grande force naissait en moi et me murmurait depuis le fond de mon être : « Arrête de lutter contre la vie et lâche prise… partage… Permets-toi d'être, sans résistance. »

À la suite de cette expérience, c'est exactement ce que je fis. Je regorgeais de joie, débordant de bonheur sans raison apparente. Une semaine plus tard, je rencontrai Sami, ce jeune originaire du Bangladesh dont je parle au chapitre 4. Cet événement acheva de me réveiller et me donna l'impulsion décisive pour tout lâcher : j'offris ma vie à l'univers afin que désormais je n'impose pas ma volonté, mais suive la sienne. En parlant d'univers, un lama tibétain et grand ami décompose justement ce mot Univers en *uni* (unité, unique) et *vers* (poème); autrement dit : un «poème unique», celui de l'Amour.

Je retournai donc à ma terre natale, résolu à partager et à créer avec, pour tout arsenal, un bol tibétain et une clochette.

Rapidement, j'expérimentai une libération et une paix en réalité indescriptible (un état de présence totale et une connexion à tout). Je ne dus pas attendre longtemps non plus pour éprouver le rejet absolu de ma famille, de mes amis et autres personnes qui, en toute innocence, ne connaissant d'autre paradigme que celui qu'ils avaient appris, voyaient ma décision d'un très mauvais œil. Elle les effrayait. Ils la qualifiaient de folie, et certains la considéraient même dangereuse. Je donnerai plus de détails à ce sujet dans les chapitres suivants. Quoi qu'il en soit, je dirai simplement que l'opposition de ma famille fut telle que, pendant des années, il y eut une grande distance entre nous et un manque terrible de communication. Il est même arrivé un jour à ma mère de m'appeler en pleurant et de me demander, pleine d'angoisse :

— Mais pourquoi est-ce que je n'ai pas eu un fils normal?

J'ai vécu ce processus en totale acceptation, dans la compréhension et le respect, tout en avançant, connecté à l'appel que la Vie m'offrait pour remplir ma fonction, en résonance avec mon cœur.

Aujourd'hui, la relation avec les membres de ma famille est parfaitement harmonieuse : ils acceptent, comprennent et me soutiennent affectueusement dans mon cheminement.

Depuis que j'ai pris cette décision, je consacre mon temps à dispenser des cours dans lesquels je partage les «outils d'éveil de la conscience» que m'ont enseignés ces maîtres fabuleux. Concrètement, je propose des séances de méditation, de libération de peurs, des ateliers de Reiki et de thérapies énergétiques tibétaines… Dans certains de ces ateliers, nous avons même marché sur des braises, disant ainsi adieu à nos croyances limitantes et pour nous prouver à nous-mêmes que l'on peut passer de l'impossible au possible. De ces nombreuses sessions individuelles ou en groupes, j'ai extrait quelques histoires, toutes authentiques, pour les relater dans ce livre.

J'organise d'autre part des «bains de gong», des concerts de musique d'harmonisation avec divers instruments (bols tibétains, bols de cristal de quartz et *hand pans* combinés au son de la clarinette, du violon, du piano, du sitar…) dans lesquels l'audience non seulement prend plaisir à écouter la musique, mais se remplit aussi de paix et de vibrations curatives.

Ponctuellement, je réalise également des expositions de peintures. Il s'agit de tableaux peints depuis le fond du cœur et dans le désir que tous ceux qui s'en approchent puissent se sentir libérés des causes de la souffrance.

À cet instant même, je suis entièrement présent, prenant plaisir à l'écriture de ce livre, dégustant une tasse de thé, et écrivant dans la seule intention que cet ouvrage puisse permettre à des êtres de se reconnecter à leur véritable essence.

C'est avec une profonde gratitude et estime, et grâce à l'aide de toutes ces personnes merveilleuses que je rencontre au quotidien, que je continue à reconnaître le chemin qui nous ramène vers l'Être, que je continue à approfondir la véritable nature de l'esprit.

Grâce à cette décision d'un lâcher-prise total, je vis maintenant pleinement une vie d'acceptation absolue et de neutralité. J'ai arrêté de chercher le bonheur pour littéralement devenir ce bonheur, permettant aux choses d'être simplement ce qu'elles sont, ressentant la joie, créant, partageant, laissant la vie se déployer naturellement.

(À l'écoute du silence intérieur, ressentez cet instant.)

Conte :

On raconte que, dans un village lointain en Inde, vivait un sage très apprécié pour ses bons conseils, pour sa disposition remarquable à aider les autres, et pour l'amour et le calme qui émanaient de sa personne à tout instant.

Il était tant aimé qu'il se retrouvait toujours entouré de nombreux habitants du village. Or, cette situation suscita la jalousie de trois de ses voisins qui décidèrent d'entreprendre une action pour démasquer celui qu'ils considéraient n'être qu'un imposteur.

C'est ainsi que, le jour de son anniversaire, ils prirent un vase et le remplirent avec toute la saleté qu'ils trouvèrent : les excréments de divers animaux, les restes de poissons putréfiés, des insectes morts... Après l'avoir emballé, ils se dirigèrent vers la maison du maître.

Une importante file de personnes, venues de toutes parts, s'était formée pour honorer le sage à l'occasion de son anniversaire. Il recevait les cadeaux et, très délicatement, il les déballait et les montrait à l'assistance.

Leur tour venu, les trois individus s'approchèrent et, d'un geste de mépris, ils lui remirent le paquet. Tous restèrent interloqués lorsqu'ils découvrirent le contenu de celui-ci. Tous, sauf le sage qui, sans dire un mot et sans cesser de sourire, se dirigea à l'intérieur de chez lui : il lava minutieusement le vase, le remplit de l'eau la plus pure qu'il puisse trouver et il mit dedans la plus belle fleur de son jardin. Avec ce calme et cet amour qui le caractérisaient, il rendit le vase à ses voisins en leur disant :

– Tenez, mes amis. Ceci est mon cadeau pour vous. Parce qu'une personne ne peut donner que ce qu'elle a à l'intérieur.

Chapitre 32 : Vol et attaques

« L'humanité est une famille entière et indivisible.
Je ne peux pas me désolidariser même de l'âme la plus noire. »

Mahatma Gandhi

« Toi et moi, nous ne sommes qu'une seule chose.
Je ne peux pas te faire de mal sans me blesser. »

Mahatma Gandhi

Quelquefois, des choses inattendues se produisent. Ce sont dans ces moments qu'il nous faut apprendre à gérer nos émotions et être capables de voir ces situations difficiles comme des opportunités de découvertes intérieures.

Il arriva que, devant aller vivre à l'étranger pour mon travail, il me fallut trouver un endroit pour entreposer mes tableaux. Une amie me proposa de les garder chez sa sœur. Celle-ci disposait d'une pièce inoccupée où ils ne gêneraient nullement. Les toiles y seraient en lieu sûr; je pouvais être tranquille et les récupérer à n'importe quel moment. Lors de mes prochaines vacances, je pouvais même passer pour vérifier leur état. Je dois reconnaître qu'ils furent très aimables avec moi et, pour finir, j'acceptai leur offre. Je leur laissai une cinquantaine de toiles. Comme l'art leur plaisait énormément, je leur dis qu'ils pouvaient accrocher quelques tableaux chez eux, ce qu'ils firent.

Au début, tout se déroula à merveille, jusqu'au jour où, deux ans plus tard, après avoir cessé mon activité à l'étranger, je revins habiter sur l'île et téléphonai à cette famille pour récupérer les tableaux. J'étais vraiment reconnaissant qu'ils m'aient aidé, et je pensais leur en offrir quelques-uns. Mais, à présent, ils arboraient une attitude résistante et inamicale. Ils exigèrent même que je leur remette quatre toiles de leur choix en échange du service qu'ils m'avaient rendu.

Une grande surprise m'attendait, lorsqu'après les avoir récupérées et emportées dans mon nouvel appartement, je constatai qu'il en manquait sept ! Parmi elles, figuraient celles qu'ils m'avaient réclamées à titre de dédommagement pour leur aide, et qui composaient la clé de ma prochaine exposition, prévue quelques mois plus tard. Je vérifiai plusieurs fois l'inventaire que j'avais soigneusement élaboré deux ans auparavant, juste avant de les déposer chez cette famille. Il ne faisait aucun doute que ces sept tableaux avaient disparu, envolés comme par magie.

Je voulus croire qu'il s'agissait d'une erreur, et je me mis en contact avec eux pour les en informer. Leur réaction fut hostile. Bien que je leur assurai à maintes reprises que je ne les accusais en aucun cas, ils se positionnaient en victimes, donnant à la situation un aspect surréaliste : « Avec tout ce que nous avons fait pour toi ! C'est comme ça que tu nous remercies ? En nous traitant de voleurs ? » Je persistai à dire que je n'accusais personne, je voulais juste savoir si les tableaux avaient pu être rangés ailleurs.

Ils essayèrent de jouer la carte de la culpabilité pour arriver à tout prix à me faire sentir fautif, endossant dans un premier temps le rôle de la pauvre victime calomniée par mes accusations honteuses, et par la suite en me menaçant de poursuites judiciaires (même aujourd'hui, je ne sais pas très bien pour quelles raisons). Moi, dans l'histoire, je n'y comprenais rien. J'avais l'impression d'être au beau milieu d'un dialogue de sourds où, en dépit de l'intensité du ton, personne n'écoutait vraiment, et où tout était sujet à discorde. Pourtant ces toiles existaient; je les avais déposées dans cette maison deux ans auparavant, elles se trouvaient dans l'inventaire. Eux-mêmes me les avaient réclamées comme indemnisation tout juste deux semaines auparavant !

Je me vis tout à coup entraîné dans une histoire inextricable et toxique où fusèrent attaques et insultes. « Les êtres spirituels ne s'emportent pas ! » finirent-ils par me dire. En conséquence, je ressentis une grande incommodité et perplexité. Je décidai alors d'opter pour la paix : j'acceptai dans son intégralité la situation. Je pris le parti de la laisser passer, de tout pardonner (remettre ma perception à l'amour et à la compréhension) et, simplement, de m'éloigner sans rancune de ces personnes.

Je pensai en mon for intérieur que j'avais là une belle occasion pour grandir, pour lâcher prise, pour reconnaître les miroirs que la vie me tendait… et pour peindre de meilleures toiles ! Partant de là, je me mis simplement à remercier la vie, à me remplir de compassion pour cette famille et pour moi-même. Je poursuivis mon chemin de l'avant, libérant tout ressentiment possible et en leur envoyant de l'amour. Cet acte accompli, je me sentis totalement libéré et en paix absolue.

Que disent les maîtres ?

Dans un monde de dualité où une infinité de personnes vivent victimes de la pensée réactionnaire et de ses poisons, il peut nous arriver d'être entraînés dans des situations qui ont des allures d'attaques non fondées. Dans ces moments-là, si la paix est vraiment notre priorité, nous serons calmes, et le conflit n'aura pas lieu d'être. Nous saisirons cette opportunité pour nous libérer, sachant que la vie nous tend des miroirs pour nous aider à nous débarrasser de ce qui nous sépare de l'amour. Comprenez bien que les personnes ne vous font rien; c'est l'ego qui croit cela et qui le prend personnellement. La vie ne présente aucune situation que l'on ne soit pas capable de surmonter.

Le seul qui se sente attaqué et qui éprouve la nécessité de se défendre, c'est l'ego; notre vraie nature, elle, est amour et acceptation totale.

Les gens ne sont pas foncièrement «mauvais», ils agissent seulement par ignorance, victimes de ce puissant venin de l'esprit et de ses programmes. Si l'on agit à la même fréquence, nous vivrons dans le conflit, parce que chaque fois que nous attaquerons, c'est nous-mêmes que nous attaquerons. Attention, cela ne veut bien sûr pas dire que, si l'on nous agresse physiquement et que notre vie est en danger, il ne faille pas se défendre.

La question est : qu'est-ce que je préfère? Avoir raison ou être heureux? Cette réflexion nous aide à ouvrir de nouvelles perspectives, voire à nous éviter une maladie.

Aux dires des maîtres, quand on agresse quelqu'un, physiquement ou mentalement, en réalité c'est contre soi-même, Dieu et la Vie que l'offensive est dirigée.

Que font les maîtres?

Ils ressentent de la compassion pour tous les êtres sans exception.

Ils comprennent que l'attaque vient juste du programme mental de conflit, et non pas de l'essence ou de l'être.

Ils savent que les personnes qui réagissent de façon hostile sont en réalité ignorantes (elles agissent depuis ce venin mental).

Ils comprennent que les personnes «font des choses» et non pas qu'elles «vous font des choses à vous».

Ils expriment leur gratitude quand ils rencontrent des personnes qui leur servent de miroir.

Leur priorité est d'être du côté de la paix.

Ils ont recours à des outils pour corriger leur perception.

Ils regardent la situation à travers les yeux de leur Être ou de leur essence (qui est pur amour) et à partir d'un regard qui accepte tout.

Ils confient leur perception à l'amour.

Qu'est-ce que les maîtres ne font pas ?

Ils ne jugent pas. Ils ne condamnent pas.

Ils ne prennent rien personnellement, ceci étant le piège préféré de l'ego et de ses programmes de victimisation.

Ils ne s'offensent pas.

Ils n'insultent pas.

Ils n'opposent pas de résistance à l'attitude de l'autre ni à aucune autre situation.

Ils ne se sentent pas attaqués.

Ils ne laissent pas échapper l'occasion de se libérer.

Exercice pratique :

À Hawaï, certaines tribus ancestrales utilisaient un système efficace pour rectifier une perception trompeuse. Ils l'appelaient *Ho´oponopono,* mot dont l'étymologie signifie « corriger une erreur ». Ce puissant outil a été merveilleusement divulgué par le Dr Len.

Il s'agit principalement d'une prise de responsabilité par rapport aux conflits dans lesquels on se retrouve impliqué. Tout ce que nous percevons est une projection de notre esprit, c'est-à-dire que nous l'avons créée de toutes pièces. Pour autant, en appliquant l'*Ho´oponopono,* nous épurons la perception faussée qui avait été projetée depuis le jugement ou l'absence d'amour. La pratique de l'*Ho´oponopono* consiste à penser à la personne ou situation que l'on désire guérir et en disant :

Je suis désolé (e), car jusqu'à présent je n'étais pas
conscient (e) de ma responsabilité.

Pardonne-moi de ne pas t'avoir vu avec les yeux de l'amour,
comme partie de moi-même et comme
un être parfait et innocent.

Merci de me donner la chance d'épurer
ma perception erronée
et mon regard porteur de jugements.

Je t'aime.

C'est là que se produisent la guérison et un changement dans la perception.

Avec des mots aussi simples et puissants que : « Je suis désolé (e) », « pardonne-moi », « merci », « je t'aime », la mentalité consciente peut initier le processus de l'*Ho´oponopono* et libérer de la sorte les mémoires. À moins que vous vouliez rester esclaves d'elles, chargés de culpabilité et de ressentiments; c'est à vous de voir !

Dans un endroit paisible, connectez-vous à votre cœur ou à votre essence. De là, pensez à une situation ou à une personne pour laquelle vous éprouvez une certaine réticence ou colère. Affirmez alors, en ressentant le poids de chaque mot : *Je suis désolé (e), pardonne-moi, merci, je t'aime.*

Au quotidien, cette pratique peut s'effectuer aussi dans l'instant lorsqu'une situation de tension ou de malaise se présente. Prononcez alors ces mots en vous-mêmes (il n'est pas nécessaire de le dire à la personne que vous avez en face de vous, étant donné qu'il s'agit d'un exercice interne). Observez ce qui se passe dans votre esprit, le subtil changement de perception qui se produit en vous.

Pensez comme il serait merveilleux de pouvoir regarder tous les événements dans la neutralité.

Conte :

Un jeune enfant attendait que son père revienne du travail. Quand il le vit franchir le seuil de la porte, il lui demanda d'une voix timide avec des yeux pleins d'admiration :

– Papa, combien tu gagnes de l'heure ?

Le père lui lança un regard sévère et répliqua :

– Mon fils ! Quelle est cette question ! Va, ne me dérange pas, je suis fatigué.

– Mais papa, s'il te plaît, dis-moi combien tu gagnes de l'heure.

Le père dans un geste de résignation finit par lui avouer :

– Dix euros l'heure.

– Papa, tu pourrais me prêter cinq euros ?

Le père sentit la colère monter en lui et en s'adressant brutalement au petit, il s'écria :

– Alors, c'est pour ça que tu voulais savoir combien je gagne ! Va te coucher et ne m'embête pas, petit intéressé !

La nuit était déjà tombée quand le père, repensant à ce qui était arrivé, eut des remords. Il se dit que son fils avait peut-être besoin de cet argent pour acheter quelque chose... Pour alléger sa conscience meurtrie, il se rendit dans sa chambre et lui demanda :

– Mon fils, tu dors ?

– Non, répondit celui-ci d'un air endormi.

– Eh bien voilà, je t'ai apporté l'argent que tu voulais, dit le père en lui remettant un billet.

– Merci papa, s'exclama l'enfant.

Il passa sa main sous l'oreiller et en sortit une poignée de monnaie.

– Maintenant, j'ai 10 euros. Je pourrais t'acheter une heure de ton temps ?

Chapitre 33 : Enfants et hyperactivité

On ne saurait changer ce qu'on n'accepte pas.
La condamnation morale ne libère point, elle opprime.

Carl G. Jung

Adela était désespérée. Elle ne savait plus quoi faire avec sa fille de 6 ans diagnostiquée hyperactive. Elle affirmait que cet enfant la rendait folle à la maison, et qu'à l'école elle n'arrivait absolument pas à se concentrer. On venait de lui prescrire des médicaments. Elle m'avoua que d'avoir une telle fille était pour elle un vrai supplice, voire que, si elle l'avait su, elle n'aurait pas eu d'enfant.

En me basant sur mon expérience acquise en traitant des cas similaires, je lui dis qu'un enfant hyperactif ne réclame en fait que de l'amour et de l'attention (comme l'indique le nom de ce « défi », puisqu'il s'agit d'un trouble de déficit de l'ATTENTION). Il suffit de regarder les statistiques : actuellement, l'hyperactivité est presque devenue un fléau, alors que pour notre génération (nous sommes tous les deux de 1976), les cas n'étaient pas aussi fréquents. Comme on vivait un rythme plus tranquille, avec moins de stress, on accordait sans doute plus d'attention et d'affection aux plus petits… Et surtout parce que nos relations étaient de nature plus intime et moins superficielle. Je lui racontai qu'un de mes maîtres affirmait que le mot « intimité » signifiait « se lier d'amitié avec l'unité », c'est-à-dire être présent et nous unir à l'autre.

Je l'interrogeai sur la réaction qu'elle avait lorsque la fillette se montrait nerveuse. Elle m'avoua crier contre elle, l'enfermer dans sa chambre ou la mettre devant le téléviseur. Je lui suggérai alors qu'au lieu d'utiliser ces réponses réactionnaires, elle lui passe la main dans les cheveux, qu'elle la regarde dans les yeux et, qu'avec douceur et patience, elle lui demande sincèrement comment elle se sentait. Il me semblait bon que cette mère prenne un temps pour être à l'écoute du ressenti de sa fille.

Je me rappelle qu'elle me regarda d'un drôle d'air et me demanda :

— C'est tout? Juste ça? C'est que j'ai déjà tout essayé : médicaments, psychologues, éducateurs, psychopédagogues... Mais rien n'y a fait.

— Peut-être. Mais tu n'as sûrement pas encore essayé cette manière affectueuse d'être attentive et tendre avec elle.

Adela sortit de chez moi, décidée à expérimenter ce nouvel outil le jour même. Une semaine plus tard, je reçus un coup de fil de sa part : la fillette avait fait de nets progrès. Non seulement elle était beaucoup plus détendue mais, en plus, tous les symptômes d'hyperactivité avaient disparu. Elle avait même montré de l'intérêt pour les activités matinales de sa mère, comme le yoga ou la méditation.

Par la suite, elle me raconta un détail sympathique : toutes les deux étaient en train de pratiquer une posture de yoga tibétain qu'Adela avait apprise dans un de mes séminaires sur «le yoga de la félicité». La posture n'était pas très confortable, et l'enfant demanda à sa mère pourquoi elles faisaient une chose aussi étrange, même si c'était amusant...

— Pour accéder au calme mental, répondit Adela.

Quelques secondes s'étaient écoulées lorsque la fillette demanda de nouveau :

— Et ça va prendre encore combien de temps pour qu'il vienne?

Maintenant, trois ans après notre rencontre, la fillette se porte très bien : elle est calme et heureuse, et ne présente plus aucun symptôme d'hyperactivité. Il va sans dire qu'elle ne prit plus jamais de médicaments pour cela.

Que disent les maîtres ?

Un enfant est une partie de vous, c'est une continuation de vous-même qui formera les générations futures. C'est un reflet de vous. Traitez-le avec dévouement et tendresse.

Commencez par vous-mêmes : si vous vous consacrez du temps et de l'affection, il vous sera plus aisé de faire la même chose avec l'enfant.

Que font les maîtres ?

Ils écoutent et offrent leur présence aux enfants, tout en apprenant d'eux.

Ils s'intéressent sincèrement à leur bien-être et ont un comportement patient à leur égard.

Ils les traitent comme de vrais maîtres de la vie.

Ils leur laissent la liberté de s'exprimer.

Ils leur montrent qu'ils sont importants et aimés.

Ils apprennent d'eux.

Ils jouent avec eux.

Qu'est-ce que les maîtres ne font pas ?

Ils ne les ignorent pas ni ne les traitent comme s'ils dérangeaient.

Ils ne croient pas que recourir aux médicaments soit la solution.

Ils ne leur crient pas et ne les insultent pas.

Ils ne pensent pas qu'ils s'éduquent tout seuls, mais plutôt qu'il faut les éduquer sur une base de liberté et de tendresse.

Ils ne perdent pas patience.

Ils ne manquent pas l'occasion d'apprendre d'eux.

Ils n'essaient pas de les changer.

Ils ne leur imposent pas des idées ou des concepts.

Exercice pratique :

Accordez présence et pleine attention à votre enfant. Tout en lui caressant les cheveux ou l'épaule avec douceur, demandez-lui sincèrement comment il va, comment il se sent. Écoutez-le sans l'interrompre. Faites-le avec amour.

Vous pouvez accomplir cet acte avec vous-mêmes, devant un miroir.

Pour finir, souhaitez que les bienfaits de cet exercice bénéficient également à tous les êtres sans exception.

Conte :

Un homme se rend un jour chez le psychologue et lui annonce :

– Docteur, j'ai un problème.

Le psychologue lui tend une feuille de papier où figurent quelques taches d'encre et lui pose la question suivante :

– Qu'est-ce que vous voyez ?

– Un éléphant copulant avec une girafe, lui répondit l'homme.

Le psychologue lui montre un autre dessin et lui demande :

– Qu'est-ce que vous voyez ?

– Un homme en train d'espionner un éléphant, lui répondit celui-ci.

Le psychologue lui montre un troisième dessin et lui redemande :

– Qu'est-ce que vous voyez ?

– Un homme et un éléphant sous un lit, répondit-il rapidement.

Le psychologue réfléchit un moment avant de lui annoncer :

– Monsieur, je crois que vous êtes tourmenté par les éléphants.

– Espèce d'idiot! rétorqua l'homme. Ce n'est pas ma faute! Vous n'arrêtez pas de me faire voir des images d'éléphants !

Chapitre 34 : Croyances ou programmes limitants

« Si vous voulez connaître le passé, alors regardez votre présent qui en est le résultat. Si vous voulez connaître votre avenir, alors regardez votre présent qui en est la cause. »

Bouddha

« Ce n'est pas en regardant la lumière qu'on devient lumineux, mais en plongeant dans son obscurité... Ce qui ne vient pas à la conscience revient sous forme de destin. »

Carl G. Jung

Elena est une jeune femme que j'ai connue il y a quelques années. Elle prétendait que toutes les relations amoureuses qu'elle avait vécues jusqu'alors s'étaient achevées par des échecs retentissants : tous ses amants avaient fini par l'abandonner subitement. Elle était donc arrivée à la conclusion que les hommes étaient tous pareils : des êtres toxiques qui la dévalorisaient et la traitaient mal, ce qui la plongeait dans une grande souffrance.

Néanmoins, elle venait d'entamer une nouvelle relation avec un garçon qui, d'après elle, lui semblait très différent de ceux qu'elle avait connus jusque-là. Il était attentif, compréhensif, tendre… Tout ce dont elle avait toujours rêvé. Seulement, elle n'arrivait pas à se sentir totalement en confiance. Elle était sûre que la relation allait mal finir et que ce gars finirait lui aussi par la laisser tomber, comme tous les autres… Oui, elle savait que cette histoire en viendrait à mal tourner. Naturellement, avec de telles pensées, c'est ce qui se produisit : ce garçon mit fin à leur relation deux mois plus tard, la laissant affligée, abattue, convaincue de la justesse de sa théorie. Les hommes ne sont-ils pas tous les mêmes ?!

Je profitai des circonstances pour lui parler de la « prophétie autoaccomplie » : à partir d'une expérience déterminée, on se crée des théories que l'on considère comme vraies. La vie, agissant comme un miroir, nous donne d'autres expériences similaires qui à leur tour renforcent notre système de croyances et nous enferment dans un cercle vicieux autogénéré. C'est ainsi que la propre prédiction que l'on se fait à propos du futur finit par se transformer en la cause de ce qui arrive en réalité. Lorsqu'un athlète court pour battre un record olympique, il ne pense pas : « Je ne vais pas y arriver, je vais certainement trébucher et tomber, et alors adieu à tous mes beaux rêves. » Non, bien sûr. Il se concentre sur son objectif et l'atteint.

Voici un bel exemple qui me vient de M. Díaz et qui illustre parfaitement la façon dont nos croyances limitantes marquent le rythme de nos vies. Imaginons en effet qu'il y ait un chef d'orchestre logé dans notre subconscient. Ce monsieur n'arrête pas de dire : quoi qu'il arrive, c'est toujours le pire qui se produira, et si quelque chose peut mal tourner, ça finira sûrement mal. Nous, nous distribuons des partitions aux musiciens : des compositions fantastiques, des œuvres d'une beauté inégalable. Mais de son côté, le chef d'orchestre les corrige et impose son critère « musical » aux musiciens : ceux-ci finissent toujours par jouer une marche funèbre, indépendamment du sublime de la mélodie.

À l'image de ce chef d'orchestre imaginaire qui serait un expert dans l'art de métamorphoser avec sa baguette les valses en requiem, nous le sommes aussi au moment de transformer les opportunités d'expansion et de bonheur qui surgissent dans nos vies en de vrais cauchemars… et tout cela à cause de ces croyances dysfonctionnelles qui nous limitent.

Il s'agit donc de changer urgemment ces croyances toxiques qui composent la bande sonore de notre vie. Il est essentiel que ce soit nous, et non pas ces croyances, qui décidions quelle symphonie nous plaît le plus. Ainsi, lorsque dans un domaine de votre vie les choses ne marchent pas comme vous le voulez, il serait intéressant de réviser vos convictions : il y en a certainement une qui vous sépare de ce que vous êtes réellement, de vos rêves ou de la Vie.

Voici une autre image : imaginons que dans l'enfance, vers l'âge de 6 ou 7 ans, nous ayons revêtu des sous-vêtements indéchirables que l'on ne peut jamais enlever. Imaginez la douleur et le malaise que cela nous procurerait en grandissant. Pensez à la gêne qu'on éprouverait, que ce soit à 10, 20, 30, 40, 60 ou 80 ans… Cette situation ne manquerait pas de nous affecter dans notre liberté de mouvement et dans notre façon de nous déplacer dans la vie. Pourtant, nous nous habituerions à vivre de la sorte, aussi inconfortable et douloureux cela soit-il… sans parler de l'odeur !

C'est ce qui arrive avec les croyances. Si l'on se rend compte qu'elles sont devenues trop étriquées, qu'elles ne nous sont plus d'aucune utilité, voire qu'elles commencent à sentir mauvais… alors, il est temps de les échanger pour de plus amples ! Mieux encore : relâchons-les toutes ! D'après mes maîtres, la vie commence là où nos croyances s'arrêtent.

Elena comprit que ses relations n'étaient rien d'autre qu'un reflet de sa manière d'être à un moment donné. Si elle se sous-estimait et s'ignorait elle-même, c'est exactement ce qu'elle allait trouver à l'extérieur. En l'occurrence, rencontrer des partenaires qui en définitive lui servaient de miroir, et qui la traitaient comme elle se traitait elle-même. Je lui suggérai de cesser de se discréditer ou de chercher à l'extérieur des compensations à ses carences intérieures. Au bout de six mois, après avoir décidé de passer une période seule en se consacrant du temps et de l'attention, elle rencontra un nouveau partenaire avec lequel elle partage, aujourd'hui encore, de bons moments et du bonheur.

Pour compléter cette histoire, j'aimerais vous raconter l'anecdote suivante :

Au cours d'une de mes premières rencontres avec le maître et moine tibétain Kalu T., je lui ai demandé qu'il me parle de la lévitation.

— Dans l'Himalaya, nous avons vu quelques moines la pratiquer, me dit-il avec son sourire de petit enfant et ce regard pétillant qui le caractérisent.

— C'est vrai?

— Tout à fait! Je l'ai vu de mes propres yeux.

— Et comment y parviennent-ils?

— Parce que personne ne leur a dit que c'était impossible.

— Je vois... Alors toi, Kalu, tu peux aussi léviter?

— Non! À moi, on m'a dit que c'était impossible.

Cher lecteur, vous êtes-vous déjà demandé combien de croyances étriquées et limitantes sont en train d'opprimer votre flux dans cette aventure qu'on appelle la vie?

Que disent les maîtres?

Les croyances toxiques, limitantes, sont réellement nocives et vénéneuses pour les êtres humains, car notre corps, notre âme et notre esprit se nourrissent d'amour — l'amour est ce que nous sommes en vérité. Par contre, ces poisons et venins s'alimentent de la peur et de l'attaque. Vivre sous leur influence nous déconnecte donc progressivement de cet état d'amour qui constitue notre essence et garantit notre bien-être. Les répercussions se font sentir à différents niveaux : physique, mental, émotionnel… Littéralement, tomber dans le giron de ces pensées coupées de l'amour reviendrait à ingérer volontairement du poison. Il existe une phrase connue qui l'illustre magistralement : « Détester quelqu'un est aussi absurde qu'ingérer un poison et espérer que ce soit l'autre qui en décède. » Tous les maîtres que j'ai connus soulignent l'importance d'être attentifs à ce genre de venins afin de pouvoir vivre en harmonie.

Dans l'actualité, de nombreuses études scientifiques montrent qu'il existe une relation directe entre les émotions que nous ressentons et notre système immunitaire : si nous vivons une certaine émotion continuellement au cours d'un laps de temps, celle-ci provoquera un état d'humeur qui aura un impact biologique sur notre corps, par exemple au niveau de nos défenses. C'est ce que le grand écrivain, le Dr Bruce H. Lipton, veut dire lorsqu'il affirme : « Si vous changez vos pensées, vous changez votre biologie. »

Un grand nombre de personnes, sous l'influence et l'interférence de cette toxicité mentale (l'ignorance), génèrent des croyances dysfonctionnelles qui les font souffrir en permanence… Usant de convictions telles que « je ne vaux rien », « je ne suis pas assez bon », « la vie est dure », « nous sommes ici pour endurer la souffrance », etc. Ces personnes-là, en se basant sur lesdites croyances et en prenant pour preuve de fiabilité les souffrances qu'elles produisent, ne font qu'exister ou survivre comme elles le peuvent au lieu de vivre pleinement leur vie. Elles en concluent que le bonheur n'est qu'une utopie. Nous avons ici affaire, sans l'ombre d'un doute, à un cercle vicieux : des croyances dysfonctionnelles engendrent de la souffrance, qui à son tour renforce et conforte lesdites croyances.

Il s'avère primordial de prendre nos responsabilités pour sortir de ce cercle vicieux et comprendre qu'en réalité le bonheur n'est pas une utopie : c'est notre état naturel. Le bonheur est déjà en nous, mais nous en sommes séparés par les murs et les barrières que nous avons érigés, utilisant la peur et ses venins comme ciment.

Exercice pratique :

Mes maîtres m'enseignèrent que pour être réellement heureux, il nous faut vivre dans l'estime. En effet, à leurs yeux, l'estime est la fusion entre l'amour, l'acceptation et la gratitude.

C'est dans cette optique que s'inscrit la pratique suivante, simple, mais puissante. Elle consiste à être, aujourd'hui et chaque jour, dans l'appréciation permanente.

Commencez vos phrases par : *«J'adore la sensation de...»*

Cet exercice vous aidera à atteindre une mentalité de paix et de joie.

Chaque fois que vous terminez, souhaitez que les bienfaits de cette pratique bénéficient également à tous les êtres sans exception.

Conte :

– L'amour, qu'est-ce que c'est?

– L'absence totale de peur, lui dit le maître.

– Et qu'est-ce qui nous fait peur ?

– L'amour, répondit le maître.

Anthony de Mello

Chapitre 35 : Peur et superstitions

« Celui qui craint de souffrir souffre déjà de ce qu'il craint. »

Proverbe chinois

« La peur n'est réellement mortelle que dans le cas où tu lui remets ton pouvoir et que tu en fais ton guide. »

M. Díaz

Voici une histoire authentique que m'a racontée un jour M. Díaz au sujet d'un de ses amis, Marco, qui se faisait du souci pour son avenir. Cela l'accaparait tellement qu'il entreprit d'aller consulter un voyant réputé pour connaître son avenir grâce au tarot. Parmi les révélations, les cartes annoncèrent que, sous peu (cette année même), Marco perdrait la vie dans un grave accident qui ferait beaucoup de décombres.

Étant donné la gravité du propos et la confiance qu'il avait en ce voyant, Marco décida de prendre toutes les précautions imaginables. Ainsi, pour éviter l'accident, il changea radicalement son mode de vie. Il commença par ne plus utiliser sa voiture, puis par ne plus faire de promenade comme il le faisait habituellement et, finalement, par sortir le moins souvent possible de chez lui. Cela tourna rapidement à l'obsession : il accumulait les peurs et ressentait une grande anxiété face à un danger imminent, l'obligeant même à se mettre en arrêt de travail. Toute la journée, il était en proie à la peur, n'arrêtant pas de penser qu'un malheur allait lui arriver et apercevant le danger partout. Il finit même par cesser d'aller faire des courses : il passait toutes ses commandes par Internet afin d'éviter les situations à risques. Bref, il vivait constamment dans l'attente d'un événement tragique.

Un jour, vers 13 h, heure à laquelle Marco était censé travailler (son horaire étant de 8 heures à 16 heures), une énorme explosion eut lieu dans son immeuble : un des voisins avait oublié de fermer le gaz. Il s'était dégagé durant toute la matinée et s'était enflammé au moment où quelqu'un avait allumé une cigarette. L'explosion de la bouteille de gaz provoqua une rupture du toit de la maison, et l'avalanche de débris qui s'ensuivit entraîna la mort instantanée de Marco.

Cet exemple illustre à nouveau comment nos peurs et nos attentes pessimistes peuvent réellement attirer ce que nous redoutons tant.

Que disent les maîtres ?

La crainte est l'absence d'amour et le manque de confiance en la vie. Choisir de vivre dans l'absence de vie se manifestera tôt ou tard à travers votre expérience. Vos croyances et vos attentes créent des réalités, imprègnent et donnent forme à votre existence. À vivre dans la superstition et la négativité, vos pensées vont pronostiquer votre avenir. C'est-à-dire que ce que vous craignez deviendra inévitablement une réalité.

Nous créons ce que nous pensons. Par conséquent, si notre esprit est accaparé par les maladies et la mort, c'est de toute évidence ce que nous allons attirer vers nous. Il devient fondamental de prendre conscience, de se dissocier des pensées négatives, ou de les corriger, car la puissante énergie qu'elles possèdent peut finir par donner naissance à ce que l'on redoute tant.

Le mécanisme décrit ci-dessus fonctionne également en sens inverse : si vous pensez et vous vous centrez sur ce que vous aimez, c'est cela même que vous expérimenterez dans votre existence.

Le premier pas à faire pour transformer nos expériences douloureuses est de modifier la qualité de nos pensées dans notre monde et, avec elles, notre perception, car celle-ci conditionne grandement la qualité de notre vie. Une fois cette étape accomplie, il nous faudra également cesser de nous identifier à nos pensées.

La peur est la souffrance préfabriquée par notre esprit. C'est pourquoi, si nous changeons notre manière de percevoir et choisissons de voir avec les yeux de l'amour, de l'acceptation et de la reconnaissance, notre vie sera alors joie et paix.

Les enseignants spirituels comprennent que rien de ce qui arrive ne peut être aussi terrible que le mal causé par une vie emplie de peur et de terreur.

Le maître J. Kim définit merveilleusement la peur comme étant « une espèce de compagnie d'assurances qui offre une sensation fictive de sécurité et de confort à court terme, en échange d'une hypothèque sur notre vie, notre liberté et nos rêves ». Au début, nous sommes très satisfaits de ses services et de la cotisation que nous déboursons, mais avec le temps, nous nous rendons compte que le paiement est disproportionné et terriblement coûteux : il nous a littéralement coûté la vie.

Que font les maîtres ?

Ils regardent les choses avec du recul et rectifient toute vision erronée (issue des filtres mentaux de la *non-vie* ou de l'absence de confiance en la vie).

Ils se focalisent sur ce qu'ils aiment, sur les solutions, sur la vie — cette dernière restant toujours leur priorité. Dans leur cas, c'est assez simple vu qu'ils aiment sans exception.

Ils vivent dans la gratitude, comme si chaque jour était le dernier, avec intensité et confiance.

Ils utilisent des tournures comme : « J'espère que lorsque la mort viendra me chercher, elle me trouvera plein de vie. » Ils savent en effet que la vie réside dans le moment présent et que vivre *préoccupé* signifie occuper d'avance son esprit avec des projections illusoires sur le futur.

Ils parlent de ce qu'ils aiment.

Ils marchent main dans la main avec la vie.

Ils perçoivent le monde en prenant l'amour comme maître.

Ils sont conscients que la mort viendra tôt ou tard. C'est pourquoi ils préfèrent vivre intensément, librement, sans attachement ou peur.

Ils optent toujours pour l'amour qui leur donne la vie et non pas pour la *non-vie* que représente la peur.

Face à une situation complexe, ils se demandent : « En ce moment, que suis-je en train de choisir ? La vie ou la non-vie? La confiance ou la peur ? »

Alors, ils agissent en conséquence, en prenant chaque fois le parti de vivre pour ne pas se sentir comme des morts vivants.

Qu'est-ce que les maîtres ne font pas ?

Ils ne vivent pas dans la peur et ne donnent pas non plus de l'énergie à ce qu'ils redoutent.

Ils ne génèrent pas de pensées ni d'attentes concernant d'éventuels accidents ou la mort.

Ils ne se laissent pas emprisonner par des visions déformées, telles les prophéties négatives : ils savent qu'elles ne sont qu'une invention de l'ego, qui réside dans le conflit et dans la peur.

Ils ne troquent pas leur santé pour une fausse sécurité.

Ils ne s'enferment pas ou ne s'isolent pas pour éviter de souffrir parce qu'ils savent que le simple fait de le faire est déjà en soi une souffrance inutile et superflue. Ils savent qu'en agissant de la sorte, ils sont vaincus d'avance.

Exercice pratique :

Si vous avez une certaine appréhension de la mort, ou qu'une superstition ou «prophétie négative» vous accapare l'esprit, vous pouvez réaliser l'exercice suivant :

En position de méditation, prenez au moins trois respirations profondes tout en affirmant et en acceptant ce que vous ressentez :

«Je libère tout ce qui est faux et qui me déconnecte de la vie. Ces projections viennent de l'ego, elles ne sont pas réelles; ce n'est pas moi.»

Portez votre attention au niveau du cœur, à l'endroit où le thorax s'ouvre, et prenez conscience de cette zone pendant au moins quelques minutes.

Puis, à l'inspiration, faites l'affirmation suivante :

«Je reprends mon pouvoir intérieur, ma vie et ma confiance.»

À l'expiration :

« Je libère tout ce qui est faux et la non-vie. »

Pour finir, exprimez votre gratitude pour ce nouveau jour. Souhaitez que les bienfaits de cette méditation rejaillissent sur tous les êtres sans exception.

Conte :

Un maître zen marchait dans la rue lorsqu'un homme arriva vers lui en courant et lui asséna un grand coup qui le fit tomber. Il se releva et poursuivit son chemin dans la même direction, sans même se retourner. Le disciple qui l'accompagnait resta stupéfait, puis s'exclama :

– Qui était cet homme ? Qu'est-ce que ça veut dire ? À agir de cette façon, alors n'importe qui peut venir te tuer ! Tu n'as même pas regardé cette personne ! Tu ne sais pas qui c'est ni pourquoi elle l'a fait !

À ceci, le maître répondit :

– C'est son problème, pas le mien.

Chapitre 36 : Compassion intense et liberté

« Tout ce qui n'est pas exprimé revient sous forme de destin. »

Carl G. Jung

« Tu veux cesser de faire partie du clan des esclaves ?
Romps tes chaînes et rejette tous tes craintes et dépits. »

Épictète

Parfois, nous avons affaire à des personnes qui ont adopté un mode de comportement déconnecté de la vie, victimes de leur programme mental basé sur le conflit et qui, par ignorance, s'évertuent à imposer la peur à ceux qui les entourent. Dans la vie, il y a des moments où l'on doit prendre une position ferme et parler avec détermination (quoiqu'avec compassion et compréhension) à ces êtres qui ont une conduite toxique. Et d'autant plus s'il s'agit de proches. J'aimerais vous présenter ici une expérience que j'ai vécue dans ma famille et qui illustre mon propos.

Mon père, comme je l'évoquais au début de ce livre, a été un grand maître pour moi. Sans lui, je n'aurais probablement jamais été amené à découvrir tout ce que j'expérimente aujourd'hui dans mon existence. Je voudrais préciser également que, en dépit de ce que l'on pourrait penser en lisant l'histoire suivante, mon amour envers lui est véritablement infini, sincère et inconditionnel.

Au cours d'un déjeuner, ma sœur, d'humeur sensible ce jour-là, demanda à mon père pourquoi en ses 30 ans d'existence, il ne l'avait jamais prise dans ses bras ou dit qu'il l'aimait. La seule explication que mon père trouva à donner s'avéra être une critique : il commença à lui faire des reproches, à souligner tous les défauts que, selon lui, elle semblait avoir, et tout ce qu'il considérait qu'elle avait mal fait. Moi, qui jusque-là n'avais été qu'un simple observateur de la scène, je décidai d'intervenir, mû cependant par l'amour :

— Écoute encore une fois la question qu'elle te pose. Ta fille te demande simplement un peu d'affection.

En m'entendant m'exprimer ainsi, toute sa colère se focalisa sur ma personne. Pendant un bon moment, je dus écouter toute une série de remontrances où mon père me reprochait de l'avoir trahi en tant que fils en de nombreuses occasions. Par exemple, de ne pas avoir suivi une « carrière normale », de faire des « choses bizarres ». Durant tout ce temps, je le regardais en totale acceptation et, malgré le rejet que traduisait chacun de ses mots sur ma manière de vivre, la seule chose que je ressentais, c'était de l'amour. Comme je le voyais plongé dans des scénarios et des programmes d'attaque, je décidai alors, toujours depuis cet état d'amour, de lui parler de façon catégorique, même si, à chaque instant, c'était avec compassion et compréhension.

— Bon, papa… comme tu as l'air d'avoir des difficultés à dire du bien au sujet de tes enfants, moi, je vais faire un aveu positif à ton sujet. Chaque fois qu'on me demande quel a été mon meilleur maître : un moine tibétain ou japonais, un lama, un maître de méditation…, je réponds toujours par la négative. Car aucun d'entre eux ne m'a autant appris que toi. J'explique aux gens que, sans l'ombre d'un doute, mon père a été, en plus de rester, et de loin, mon plus grand maître. C'est à lui que je dois les plus grandes leçons dans ma vie.

Il écarquilla les yeux de surprise en écoutant cette révélation.

— Tu es pour moi un maître digne de ce nom parce que tu m'as montré quelque chose de très important, de très puissant : l'exemple d'une vie conditionnée. Si j'avais suivi tes pas, et entrepris ces actions que tu as voulu m'imposer à maintes reprises, maintenant je serais une personne emprisonnée par les apparences, une personne qui vivrait uniquement en fonction du passé, une personne qui ne verrait et ne parlerait que des aspects négatifs des autres. J'aurais des problèmes avec mes amis et ma famille. Je ne montrerais pas d'affection, pas même à mes propres enfants. Je ne changerais pas puisque je penserais avoir toujours raison et que ce sont les autres qui ont tort.

À cet instant, mon père reposa le verre de vin qu'il tenait dans la main, frappa la table d'un coup de poing et, visiblement en colère, se leva pour sortir de la pièce.

Ma sœur pleurait, et ma mère me regardait, fortement impressionnée, car elle comprenait que je venais de tendre à mon père un miroir qui reflétait son image.

C'est alors que se produisirent une immense libération et expansion, non seulement en moi, mais aussi dans le reste de la famille. Le plus intéressant dans tout cela, c'est qu'au bout de quelques minutes, mon père revint et, pour la première fois dans notre vie, nous serra chacun dans ses bras, d'abord ma sœur, puis moi. C'est à partir de ce jour, et parce que mes mots étaient venus du cœur, que ma relation avec mon père devint saine et harmonieuse.

Que disent les maîtres ?

Dans le bouddhisme, la compassion intense a pour but de se libérer soi-même et de libérer les autres de tout type de supercherie et d'illusion. Elle donne le pouvoir de vivre dans l'unité et l'innocence, elle élimine n'importe quel obstacle qu'elle rencontre sur la voie de l'éveil pour nous permettre de ne pas continuer à vivre dans l'ignorance et produire de la souffrance dans notre entourage.

Bien que le mot fasse référence à la notion d'*intensité*, cette pratique s'utilise uniquement lorsque nous avons entièrement pardonné et compris la situation ou la personne. À aucun moment l'intention n'est de blesser la personne ou d'imposer ses propres points de vue ou ses opinions. Il s'agit plutôt de grandir ensemble et de nous libérer du programme de l'ego.

Le grand maître Khempo (dont je parle au chapitre 9) faisait souvent une affirmation de cet ordre : « Choisis résolument d'être heureux au lieu d'avoir raison. C'est quand tu abandonnes le besoin de contrôler ou de vouloir changer les autres, et que tu te recentres sur ta propre vie (dans l'*ici et maintenant*) que tu te fais le cadeau le plus précieux : celui de la paix, de la liberté et de la félicité authentique. »

Que font les maîtres ?

Ils comprennent qu'ils ne sont pas leur famille. Ils viennent juste au monde à travers elle. Ceci explique qu'ils ne conditionnent pas leur liberté ou leur voie à ce que pense la famille.

Animés par l'amour et le respect, ils donnent des indications clés aux personnes pour qu'elles comprennent comment mettre un terme à leur souffrance. Même s'ils sont conscients que, prisonnières du programme orienté sur le conflit, elles vont se sentir attaquées.

Ils partagent leurs outils — sans les imposer — quand l'occasion se présente ou qu'ils sont nécessaires.

Ils sont conscients que l'amour ne s'impose pas; il se propose.

Ils savent que, parfois, la meilleure façon d'aider est justement de ne pas aider.

Certaines fois, ils montrent un miroir à la personne qui vit séquestrée dans un système mental fonctionnant sur la base du conflit.

Ils se libèrent eux-mêmes et libèrent les autres. Cette simple action évite les maladies, tant pour soi-même que pour les autres, telles que le cancer, la sclérose en plaques, les fibromyalgies, etc.

Qu'est-ce que les maîtres ne font pas ?

Ils ne sont pas hypocrites.

Ils ne font pas preuve de condescendance.

Ils ne se font pas complices de quelqu'un qui est en train de se détruire et de détruire son entourage.

Ils ne vivent pas pour plaire aux autres, même s'il s'agit des membres de leur famille.

Ils ne participent pas aux mensonges ou jeux du programme conflictuel de l'ego.

Ils ne restent pas dans des lieux émotionnels toxiques au détriment de leur bien-être physique, mental ou émotionnel.

Ils n'imposent pas.

Ils ne se résignent pas à des situations qu'ils n'aiment pas.

Ils n'opposent pas de résistance.

Ils ne renoncent pas à leur paix intérieure.

Exercice pratique :

Soyez sincère et compatissant avec vous-même et votre entourage, en choisissant des mots qui proviennent du langage de l'amour et non pas de celui de la peur.

Vous vous sentirez réellement libre et en paix.

Chaque fois que vous le faites, souhaitez que cet acte de libération bénéficie à tous les êtres sans exception.

Conte :

Un jour, le maître demanda :

– Pourquoi est-ce que les gens crient quand ils sont en colère ?

Les moines réfléchirent un instant.

– Parce que nous perdons notre sang-froid, dit l'un d'eux; c'est pour cela que nous crions.

– Mais, pourquoi crier quand la personne est à côté de nous ?

Comme personne ne répondait, le maître finit par exposer :

– Lorsque deux personnes sont en colère, leurs cœurs s'éloignent beaucoup. Pour couvrir cette distance et pour pouvoir s'écouter, ils doivent crier. Plus la colère est grande, plus leurs cœurs sont éloignés, et plus ils devront crier pour se faire entendre.

Puis le maître demanda :

– Que se passe-t-il lorsque deux personnes tombent amoureuses ?

– Elles se parlent doucement, parce que leurs cœurs sont très proches. La distance entre eux est très réduite.

– Quand vous vous disputez, ne laissez pas vos cœurs s'éloigner, ne prononcez pas des mots qui accentuent encore davantage la distance. Car il arrivera un jour où cette distance sera si importante qu'il vous sera impossible de retrouver le chemin du retour.

Meher Baba

Chapitre 37 : Amis qui nous rejettent

« Les oiseaux qui naissent en cage pensent que voler est une maladie. »

Alejandro Jodorowsky

« L'amitié ne peut avoir lieu qu'à travers le développement du respect mutuel et dans un esprit de sincérité. »

Dalaï-lama

Luis était un de mes meilleurs amis. Nous étions ensemble à l'école et, depuis que nous étions tout petits, nous avions partagé beaucoup de moments agréables et vécu toutes sortes d'aventures. C'était un de ces bons et typiques camarades d'enfance dont on se souvient toujours avec tendresse. Un ami sur lequel on sait pouvoir compter quoiqu'il arrive, et à qui on rendrait service dans n'importe quelle situation ou circonstance.

À l'époque où j'ai décidé de tout lâcher pour m'adonner à la fonction qui était la mienne dans cette vie, je m'aperçus qu'au fur et à mesure que j'avançais sur ce chemin de la liberté, Luis devenait de plus en plus distant envers moi. À tel point qu'il cessa de m'appeler. Ce qui commença par une simple froideur dans notre relation finit par aboutir à un éloignement flagrant : non seulement il ne me contactait plus, mais, en outre, il ne répondait pas à mes appels. Même si je n'écoute jamais les commentaires malicieux des autres, je dirai, à titre anecdotique, qu'il y avait toujours plus de monde venant me rapporter que Luis disait du mal de moi dans mon dos. Un jour, sans le vouloir, nous nous sommes rencontrés lors d'une fête, et son attitude à mon égard fut extrêmement froide. C'est comme si je lui avais causé un grand tort dont le souvenir ou le sens m'échappait. Plus tard, il refusait même de me saluer lorsque nous nous croisions dans la rue. Je décidai de ne pas y accorder trop d'importance, permettant au flux de la vie de suivre son cours naturel. Ayant la conscience tranquille, je pris ainsi le parti de laisser couler les choses et de ne pas intervenir.

Les années passèrent, et je vis que mon ami Luis avait perdu presque tous ses cheveux, qu'il avait considérablement pris du poids et qu'il donnait l'image d'une personne triste, absente, profondément malheureuse. Un beau matin où nous nous sommes retrouvés par hasard dans la même cafétéria, à mon grand étonnement, il s'approcha de moi pour me dire bonjour et me demander s'il pouvait s'asseoir à côté de moi. La conversation qui suivit ne manqua pas de me surprendre :

— José, il faut que je t'avoue quelque chose. Si pendant tout ce temps j'étais froid avec toi et que je t'évitais, c'est parce que je te détestais.

— Détester ? Ce n'est pas un mot un peu trop fort, non ? lui demandai-je, surpris, mais avec le sourire.

— Oui, bien sûr. Mais chaque fois que je te voyais ou que quelqu'un me parlait de toi, je me souvenais de tous les rêves que j'avais mis de côté, m'obligeant à vivre une vie qui en réalité ne me convient pas, à habiter dans un endroit où je n'ai pas envie de me trouver, marié à une personne que je n'aime plus, travaillant dans quelque chose que je déteste pour payer une hypothèque qui m'étouffe, sans avoir de temps pour moi et mes rêves. Alors, chaque fois que je te voyais, c'est cette partie de moi qui était en train de mourir que je voyais. C'est pour ça que je voudrais te demander pardon… ainsi que ton aide.

— Luis, mon ami, tu n'as pas besoin de me demander pardon, parce que moi, je ne vois aucune offense. Tu es simplement tombé dans un de ces pièges mentaux dans lesquels beaucoup d'entre nous sont emportés. Je t'offre toute l'aide que je peux, et sache que je t'aime comme un grand frère, quoiqu'il arrive, lui dis-je.

S'ensuivit une sincère accolade. Nous passâmes tout l'après-midi à discuter, et je lui donnai quelques outils pour l'aider à sortir de la cage dans laquelle il se retrouvait. Ce qui l'aida par-dessus tout fut une simple question qui a le pouvoir de nous affranchir du rôle de victime des circonstances et qui nous mène droit à notre statut de personne responsable et à notre cœur : pourquoi est-ce que je m'inflige autant de mal?

Ce bel exemple nous montre que la plupart du temps, les critiques, le rejet, voire l'agressivité que nous recevons sans raison apparente, ne sont en fait qu'un mécanisme de défense. Si nous ne réagissons pas, le conflit n'est pas en nous, mais dans la mentalité de l'autre. À vrai dire, au lieu de le juger, la meilleure réponse est probablement de ressentir de la compassion et de l'aider (sens de la responsabilité).

Exercice pratique :

Pensez à une personne avec laquelle vous êtes en conflit.

Maintenant, répétez ces affirmations, en ressentant leur pouvoir :

« Je me pardonne à moi-même de te juger. »

« Je te libère de mon jugement,
je me libère de mon jugement. »

« Tu es innocent (e), je suis innocent (e). »

« Je comprends que toute relation est faite
pour découvrir qui je suis réellement
et pour guérir mon esprit. »

« Je comprends que chaque personne agit selon son niveau
de conscience, le plus souvent depuis l'ignorance. »

« Je t'aime, je m'aime. »

Pour finir, souhaitez que les bienfaits de cette méditation bénéficient également à tous les êtres sans exception.

Conte :

L'amoureux frappa à la porte de sa bien-aimée.

– Qui est-ce ? demanda-t-elle depuis l'intérieur.

– C'est moi, répondit l'amoureux.

– Alors, va-t'en. Dans cette maison, il n'y a pas assez de place pour toi et moi.

Le soupirant éconduit s'en alla dans le désert où il médita pendant de longs mois sur la réponse de sa bien-aimée. Finalement, il rentra et retourna frapper à la porte.

– Qui est-ce ?

– C'est toi.

Et la porte s'ouvrit immédiatement.

Anthony de Mello

Chapitre 38 : Prise de poids et dialogue intérieur négatif

« Quand nous amenons notre esprit à un endroit en y déposant notre attention, nous créons alors des images dans notre esprit ou dirigeons l'attention vers un objet. Quand l'esprit se focalise sur un objet, ceci affecte la qualité de la conscience, qui à son tour produit des changements dans notre corps. »

Tenzin Wangyal Rimpoché

« Votre perception des choses peut contrôler votre biologie. »

Bruce Lipton

Dunia vint me consulter, car elle était très préoccupée par son poids : en à peine un mois, elle avait en effet pris 20 kilos. Cette soudaine augmentation semblait vraiment étrange, surtout chez une fille aussi jeune. Je la regardai et lui demandai à quel moment de sa vie elle s'était mise à se faire des réflexions désagréables.

Tout avait commencé deux mois auparavant, à la suite d'une rupture sentimentale dans laquelle elle se sentait «coupable». Depuis, elle n'arrêtait pas de se répéter : «Je suis bête», «je ne vaux vraiment rien», «personne ne m'aimera jamais», «je détruis toujours les relations»...

Je lui suggérai de reprendre dans un premier temps un discours positif envers elle-même et de faire la paix avec cet événement qui avait tout déclenché. Je lui montrai la possibilité de comprendre que les choses s'étaient passées comme elles devaient se passer, qu'il ne pouvait en être autrement. Son comportement avait été le résultat d'un état de conscience déterminé. C'est-à-dire qu'elle avait agi du mieux qu'elle pouvait avec les moyens dont elle disposait alors. Il fallait maintenant s'attacher aux enseignements, et non pas à la douleur. En faisant de la sorte, elle verrait rapidement des résultats. Dunia affirmait me comprendre, mais elle prétendait ne rien trouver de bon à se dire. Elle n'arrivait même pas à se reconnaître dans le miroir ! Elle se sentait grosse et ridicule. Tout ce qu'elle était capable de voir dans la glace, c'était la laideur de son visage et de son corps. Je l'encourageai à observer ses merveilleux yeux bleus. C'est donc par là qu'elle commença : elle focalisa son attention sur ses beaux yeux puis, à partir de ce point, passa à d'autres parties de son corps qui lui plaisaient. Tous les matins, elle se regardait dans le miroir et exprimait également sa gratitude pour sa santé et même d'autres aspects positifs de sa vie, pas seulement de son physique. Cette démarche l'aida à instaurer un dialogue intérieur positif. Le résultat fut spectaculaire : en un mois et demi, sans avoir suivi le moindre type de régime et sans avoir mis un pied dans un gymnase, Dunia perdit 20 kilos, retrouvant son poids d'origine. Le seul fait d'éliminer la culpabilité lui fit récupérer une estime propre qui soit saine. Elle s'était débarrassée de ce fardeau si négatif qui lui avait fait faire de la rétention d'eau et qui l'avait fait grossir à vue d'œil.

Nous voyons une fois de plus le grand pouvoir qu'ont nos mots et émotions sur notre esprit, nos cellules et notre champ énergétique.

Que disent les maîtres ?

Ils comprennent qu'il est essentiel de choisir les états de paix au lieu des états de guerre, surtout si c'est envers nous-mêmes. Ils savent que si nous nous envoyons des messages exprimant le rejet ou la négativité, cela se répercute sur notre corps. Notre être se nourrit d'amour, qui est une fréquence de vibration très élevée. Alors, quand nous nous éloignons de cette fréquence, le corps réagit en nous faisant savoir que nous n'avons pas pris la décision la plus appropriée.

Ils comprennent qu'en réalité nous ne commettons pas d'erreurs ni ne subissons d'échecs, mais que nous recevons juste les expériences nécessaires nous permettant de continuer à avancer dans la vie.

Certains processus, tels qu'un dialogue intérieur négatif, constituent une rupture de lien avec la vie. C'est alors que se manifestent progressivement en nous des phénomènes de *non-vie* comme la maladie, la douleur, les souffrances... Toutes ces réponses ne sont que des expressions de dysharmonies.

Ils comprennent que se culpabiliser en regardant derrière soi, c'est gâcher sa vie dans le présent : la culpabilité est un manque d'actualisation de notre perception. Le jugement de l'acte passé se produit dans le présent, à un instant où on a une connaissance et des outils dont on ne disposait pas au moment où cet acte a été accompli. C'est pour cette raison qu'il est très important de regarder ce que nous considérons comme des « erreurs » avec du recul, avec la compassion que nous sentirions pour un enfant qui agit guidé par l'innocence et l'inexpérience.

M. Díaz me raconta un jour le cas d'une personne qui vécut une situation où elle accumula tant de culpabilité et de ressentiment, qu'en un mois, elle développa un cancer et en mourut. D'avoir produit tant de venin émotionnel, cet individu, en un rien de temps, en était littéralement décédé. Comme M. Díaz me l'expliqua, dans sa manière bien à lui de s'exprimer : « Il s'est foudroyé de culpabilité. »

Kalu T. fait une remarque magistrale à ce sujet : « Si c'est la laideur que tu vois dans ce monde, celui-ci te le retournera; mais si c'est en toi-même que tu la vois, ton corps et tes émotions deviendront cette laideur. »

Que font les maîtres ?

Ils optent toujours pour le dialogue de la réconciliation, le dialogue de la paix, et donnent préférence au silence intérieur.

Ils tonifient leur âme en partant de la possibilité d'une amélioration, toujours depuis la joie et jamais en utilisant la culpabilité ou le ressentiment vis-à-vis d'eux-mêmes.

Ils se déchargent de leurs fardeaux.

Ils se libèrent de tout ce qui se rattache à la peur.

Ils recherchent sans cesse cet espace de silence intérieur où les jugements et les critiques contre soi-même n'existent pas.

Ils sont en pleine acceptation.

Ils comprennent que tout ce qui arrive sert à notre éveil et découverte intérieure.

Qu'est-ce que les maîtres ne font pas ?

Ils ne se culpabilisent pas.

Ils n'interprètent pas.

Ils ne se fustigent pas eux-mêmes.

Ils ne choisissent jamais le conflit ou la guerre pour ne pas se déconnecter de la vie.

Ils n'exigent rien d'eux-mêmes, par le biais de l'imposition ou du ressentiment. Ils le font sur la base de la joie, de l'excellence et du sens de l'humour.

Ils ne prennent pas leur mémoire comme guide.

Ils ne se rendent pas victimes de leur perception erronée.

Exercice pratique :

En position de méditation, affirmez, tout en respirant profondément :

À l'inspiration : *«Je sens l'amour et l'oxygène couler dans chacune de mes cellules.»*

À l'expiration : *«Je ressens un grand amour envers moi-même, mon corps et la vie.»*

À l'inspiration : *«Je me remplis de joie et de vie.»*

À l'expiration : *«Je libère tout sentiment de culpabilité et de ressentiment. Je choisis la paix.»*

Pour finir, souhaitez que les bienfaits de cette pratique bénéficient également à tous les êtres sans exception.

Une lettre consciente :

Cher cancer,

Aujourd'hui, il me faut te dire adieu, avec mon plus beau sourire. Aujourd'hui, il me faut te dire adieu, mais ne pas t'oublier parce que tu m'as donné une belle leçon de vie. Aujourd'hui, je dois partir et te laisser derrière moi afin de commencer ma nouvelle vie, une vie sans toi. Ce sera la même vie, la seule dont je dispose et dont je veux profiter jusqu'à la dernière goutte, mais en ceci de différent que, grâce à toi, j'ai changé mon regard.

Pardonne-moi d'avoir eu si peur quand ils ont prononcé ton nom tout près de moi. Pardonne-moi d'avoir été terrifié quand ils m'ont dit que tu étais en moi; pardonne-moi de t'avoir d'abord considéré comme mon ennemi, parce que par la suite j'ai su que tu serais un allié et que la bataille, si tant est qu'elle existât, était contre moi, afin que je surpasse mes peurs. Pardon, pour tant de choses, et merci, merci beaucoup pour tant d'autres.

Ils m'ont dit deux choses au début : la première, que je ne devais pas avoir peur du cancer, que c'était une opportunité que la vie m'offrait pour révéler la meilleure partie de moi-même. La deuxième, que lorsque j'accepterais ce processus, quand je sentirais que ce que j'allais vivre me ferait du bien, toi tu disparaîtrais, ta nature n'étant que symbolique. Tu t'es manifesté pour que je me rende compte qu'il fallait que je change quelque chose en moi. Et je crois que j'y suis parvenu; c'est pourquoi aujourd'hui je suis guéri. Il me plaît de penser que tout ce que j'ai appris a participé à ma guérison, en plus des médicaments.

Aujourd'hui, je te dis adieu. J'ai une telle paix intérieure que je ne te dis même pas de ne plus revenir. Si tu réapparais, je devrai comprendre que, malgré les peurs, tu le fais pour m'aider, parce que la vie le veut ainsi, parce que l'Univers m'aime.

Cordialement,

Ibán Bermúdez Betancor

(Patient guéri d'un cancer en sept mois – son témoignage complet se trouve en fin de livre.)

Réflexion :

Surveillez vos pensées,
car elles se transformeront en mots.

Surveillez vos mots,
car ils se transformeront en actes.

Surveillez vos actes,
car ils deviendront des habitudes.

Surveillez vos habitudes,
car elles forgeront votre caractère.

Surveillez votre caractère,
car il formera votre destin.

Et votre destin sera votre vie.

Mahatma Gandhi

Chapitre 39 : Mentalités et programmes qui nous autodétruisent

*« Chaque être humain est l'auteur
de sa propre santé ou maladie. »*

Bouddha

*« Soyez sûr que le vautour de votre esprit
s'envolera un jour; c'est maintenant le moment
de prendre son essor vers les hauteurs. »*

Padampa Sangye

*« Les miracles ne sont pas contraires à la nature;
ils sont seulement contraires à ce que
nous connaissons de la nature. »*

Saint Augustin

C'est arrivé il y a peu de temps. À vrai dire, je travaillais encore à la rédaction de ce livre. Je me souviens que c'était un mardi. On frappa à la porte. Lorsque j'ouvris, j'aperçus une femme, entre deux âges, à l'expression grave, qui poussait son mari en fauteuil roulant. Cet homme de 48 ans portait un bandeau sur l'œil et avait les cheveux complètement rasés.

La veille, j'avais reçu un appel téléphonique de Jezabel, une de mes amies infirmières. Elle s'occupait de ce monsieur qui maintenant était en train d'examiner ma maison avec étonnement et de se plaindre amèrement de l'odeur de l'encens. Lorsque Jeza me demanda de le recevoir, nous eûmes une conversation plutôt curieuse :

— C'est un patient qui a le cancer. Son cas est assez…

— Chut ! Je ne veux pas savoir ! lui coupai-je la parole avant qu'elle ne continue.

— Non, mais c'est qu'il a…

— Peut-être, mais je ne veux pas le savoir !

— Mais, c'est qu'il ne lui reste…

— Arrête ! Ne le prends pas mal, mais je préfère que tu ne « contamines » pas mon esprit avec tes pronostics médicaux, l'interrompis-je encore, d'un ton amical. Je préfère juste le recevoir ainsi, sans a priori.

Une fois qu'il fut rendu dans mon cabinet, je demandai donc à cet homme, du nom de Juan, de me raconter lui-même la raison de sa visite. Il m'annonça sans détour : un cancer du poumon gauche plus une attaque cérébrale survenue à peine un mois plus tôt qui l'avait cloué sur ce fauteuil roulant. Il avait tout essayé, mais aucun traitement allopathique ne semblait donner de résultats. Il s'était rendu compte que sa mentalité négative et réactionnaire l'avait en fait conduit à l'état dans lequel il se trouvait et qui lui causait tant de souffrance. C'est pour cela qu'il avait décidé de chercher de l'aide... Si seulement quelqu'un pouvait lui montrer comment changer cette mentalité qui, affirmait-il, le conduisait littéralement à s'autodétruire !

Sa femme me raconta alors une anecdote pour montrer jusqu'où allait la négativité de notre ami — négativité qu'il partageait en outre allègrement avec quiconque était assez proche pour « l'apprécier ». Quelques années auparavant, à l'enterrement de son grand-père, décédé en l'occurrence d'un cancer du poumon, il avait dit à haute voix : « Un jour, moi aussi, j'attraperai un cancer du poumon. » Les yeux rivés sur le sol, son mari confirma les faits :

— C'est vrai. J'étais comme ça...

Avant de continuer, je le priai de m'excuser d'avance : ce que j'allais lui annoncer pourrait peut-être l'incommoder au départ. Une fois cet avertissement fait, je me mis à parler de la neutralité de l'univers, de son immense compassion et impartialité.

— Voyons, de toutes les possibilités dont tu disposais au cimetière ce jour-là – gagner à la loterie, faire un voyage avec la famille, la prospérité, la santé... –, toi, tu choisis le cancer du poumon ! Et que fait l'univers ? Comme on vient de le dire, il est neutre et il te fournit juste les expériences dont tu penses avoir besoin. Eh bien, il te donne ce que tu as commandé : un cancer du poumon ! Il ne te reste plus qu'à en profiter ! La prochaine fois, demande un voyage à Hawaï ! lui dis-je d'un ton railleur.

Il commença par admettre qu'il avait toujours vécu en colère contre le monde, qu'il avait tendance à vouloir imposer sa vision des choses, qu'il se sentait fréquemment sous-estimé, et puis aussi qu'en raison de sa peur, il avait un grand besoin de tout contrôler... Le comble, c'est que maintenant, il se sentait coupable, à la charge de toute la famille. Il sollicitait mon aide.

Je comparai son histoire à celle d'un cheval de course : quand il galope en direction de la ligne d'arrivée, il le fait avec toute son énergie. On n'a jamais vu un cheval de course s'arrêter net, déplorant que les gens aient parié sur le mauvais cheval... De la même façon, il était temps pour lui d'abandonner tout sentiment de culpabilité et de victimisation pour se mettre à courir vers l'objectif, comme jamais.

Nous avons passé en revue divers outils (la plupart d'entre eux se trouvent expliqués dans ce livre) permettant de sortir de cette mentalité réactionnaire qui a le don de nous rendre malades. Ensuite, nous avons un peu travaillé sur les vibrations de son corps ainsi que sur ses blocages émotionnels et énergétiques.

Une fois cette phase accomplie, je lui demandai de se lever. Au début, il opposa une certaine résistance, mais il y parvint. Je l'invitai alors à marcher. Il hésita et, à voir l'expression de son visage, il devait me prendre pour un fou... Si cela faisait un mois qu'il était en fauteuil roulant ! Pourtant, il le fit, au grand étonnement de sa femme, qui n'arrêtait pas de répéter qu'il s'agissait d'un miracle.

Un miracle, expliquai-je, ce n'est rien d'autre que la récompense que l'on obtient à désactiver une croyance limitante qui dit que quelque chose « est impossible ». En fait, notre vie se trouve au-delà de nos croyances.

Il n'arrivait pas à y croire. Timidement, il faisait quelques pas, puis s'arrêtait. Perplexe, tout ce qu'il trouvait à dire était « mais, mais... ». « Il n'y a pas de "mais" ! Continue à avancer », lui disais-je. D'une voix émue, il me demanda si, à partir de maintenant, il pourrait de nouveau marcher. « Bien sûr ! Et même plus que cela ! » Je l'entraînai vers le couloir et le priai de monter les escaliers.

Aucun mot ne peut décrire ce que je ressentis à les voir tous deux sortir de chez moi en poussant le fauteuil roulant, à moitié en riant, à moitié en pleurant. Aujourd'hui, Juan se porte à merveille. Il marche à la perfection et il a atteint un grand état de paix intérieure et d'harmonie.

Exercice pratique :

Si vous pensez être malheureux, essayez l'exercice suivant. Dans un endroit confortable, simplement acceptez dans sa totalité cet état d'esprit et permettez-lui d'être comme il est, sans résistance.

Connecté à votre ressenti, faites l'affirmation suivante :

« Je lui permets d'être, je l'autorise à être comme il est. »

(Si l'acceptation est réelle, ce que vous appelez malheur disparaîtra.)

Pour finir, souhaitez que les bienfaits de cette méditation bénéficient à tous les êtres sans exception.

Conte :

Les gens ne sont pas disposés à renoncer à leurs jalousies et préoccupations, à leurs ressentiments et culpabilités, parce que ces émotions négatives, avec leurs « douleurs lancinantes », leur donnent la sensation d'être vivant, dit le maître.

Et il donna cet exemple :

Un facteur à vélo traversa un champ pour prendre un raccourci. À mi-chemin, un taureau le vit et commença à le poursuivre. Finalement, après beaucoup de difficultés, l'homme réussit à se mettre en lieu sûr.

– Il s'en est fallu de peu, hein ? lui dit quelqu'un qui avait observé la scène.

– Oui, répondit le facteur, comme tous les jours.

Anthony de Mello

Chapitre 40 : Sclérose en plaques : symbole du perfectionnisme extrême

« La maladie est l'effort que fait la nature pour guérir l'homme. »

Karl G. Jung

« La maladie est le conflit entre la personnalité et l'âme. »

Dr Bach

« La maladie est la main guérisseuse de Dieu. »

Kalu T.

À 30 ans à peine, Gisela avait reçu le diagnostic d'une sclérose en plaques. Elle vivait dans le tourment de ses peurs et de ses insécurités. Elle éprouvait beaucoup de ressentiment et de culpabilité, tout particulièrement envers elle-même parce qu'elle n'avait pas accepté ni pardonné de nombreuses choses de son passé.

Enfant, elle ne reçut pas beaucoup d'amour de la part de ses parents et, comme beaucoup d'autres personnes que j'ai traitées, sa façon de l'obtenir était en cherchant la perfection dans toutes les facettes de sa vie : en tant qu'étudiante, fille, amie, partenaire, collègue de travail...

Elle vivait toujours emprisonnée par l'opinion d'autrui, dans le souci de montrer une image parfaite au monde extérieur. Elle se jugeait avec une grande cruauté chaque fois qu'elle commettait une erreur ou n'était pas (toujours d'après son programme mental) à la hauteur des circonstances. Elle le faisait avec une telle dureté que la sentence de ces jugements finit par être celle de la peine de mort : jouant le rôle de l'accusée, du juge et du bourreau, elle tenta de se suicider à plusieurs reprises.

Elle souffrait démesurément, ne s'estimait pas, se critiquait en permanence, au point de se considérer comme une personne méprisable. Dès les premières séances que nous eûmes, elle reconnaissait qu'elle ne s'aimait absolument pas : toute sa vie, depuis son enfance, elle s'était sentie horrible. Jamais elle n'avait été heureuse.

Gisela faisait sans aucun doute partie de ces cas classiques de malades que certains de mes amis thérapeutes appellent l'*écœurement* en plaque en raison du symptôme que présentent presque toutes les personnes qui souffrent de cette dysharmonie. À savoir, une sensation d'être dégoûté, de trouver des défauts, en eux-mêmes, chez les autres et dans le monde.

Face à un tel dialogue interne négatif, son corps avait réagi. Toute cette peur lui provoquait des déconnexions neuronales et diminuait sa vitalité à un niveau préoccupant. Elle était en train de perdre la sensibilité de sa partie droite; l'hémisphère gauche était atteint, et elle marchait avec beaucoup de difficulté. Quelques médecins lui avaient assuré qu'elle finirait en fauteuil roulant.

Elle était tellement chargée de peurs qu'elle se sentait happée par sa négativité et sa mentalité toxique. Je lui posai une question à laquelle il lui était difficile de répondre. Je dirais même qu'elle évitait de le faire.

— Qu'est-ce que tu préfères? Être parfaite en apparence ou être en bonne santé?

Nous avons parlé de la folie que représente la recherche de la perfection dans un monde où le parfait n'existe pas (du moins comme nous l'entendons d'un point de vue rationnel). Je lui suggérai qu'elle change ce perfectionnisme qui lui causait autant de souffrance pour le concept *d'excellence*... De la sorte, elle profiterait du processus de croissance, en appuyant son développement sur le sens de l'humour, la joie et la tendresse. Elle pourrait ainsi s'améliorer en se permettant d'être spontanée et de faire des erreurs, indispensables pour apprendre et progresser dans tous les domaines de la vie.

Imaginons un match de basketball. Avant l'arrivée des joueurs sur le terrain, un groupe d'animatrices déprimées et mal peignées apparaît en traînant les pieds et déclare :

— On ne sait pas pourquoi vous allez jouer si vous perdez tout le temps! Vous êtes mauvais! Vous êtes des bons à rien!

Comment se sentiraient les joueurs en allant faire le match? Curieusement, ça n'arrive jamais... Peu importe si la classification du groupe est basse, leurs partisans reprennent en chœur leur nom comme s'ils allaient gagner la partie, bien que les probabilités de victoire soient a priori peu élevées. Réfléchissons au nombre de fois où nous sommes comme ces partisans «toxiques». Nous avons un projet, mais nous nous sifflons à nous-mêmes pour finalement nous étonner que les choses ne fonctionnent pas comme on voudrait. Je recommandai ainsi à Gisela d'être sa propre admiratrice, de s'aimer au lieu de se fustiger.

Elle a tout de suite compris ce que je voulais dire. Elle ébaucha même un sourire. Nous nous mîmes au travail : il lui fallait regagner amour et confiance en elle-même. Plus exactement, il était nécessaire d'abattre tous ces murs et barrières construits par tant de jugements et de négativité. Ils la séparaient en effet de l'amour qui reposait depuis toujours au fond de son être. Dans cette optique, la priorité était de rétablir un dialogue constructif et réconciliant avec elle-même.

Il était également important qu'elle se libère de son obsession à tout contrôler et de son besoin de recevoir l'approbation des autres. Je lui enseignai quelques techniques pour y parvenir et je dois dire que le résultat fut impressionnant : les phases de paralysie cessèrent, et elle n'eut plus de poussées pendant longtemps. D'ailleurs, à peine quelques mois plus tard, je la rencontrai un soir en train de danser, contente et en pleine santé.

Je restai un an et demi sans avoir de ses nouvelles jusqu'au jour où je reçus un appel téléphonique. C'était elle. Elle était très angoissée. Elle avait subi une forte poussée qui l'avait immobilisée dans son lit. Je lui demandai de m'expliquer ce qui s'était passé. J'aimerais partager ici ce qu'elle me raconta parce que cela me paraît illustrer parfaitement les effets que peut produire la peur sur notre corps.

Ce soir-là, Gisela mangeait une pizza dans un restaurant lorsqu'elle rencontra une vieille connaissance à elle du temps des réunions pour personnes atteintes de la sclérose en plaques — réunions auxquelles elle avait cessé d'assister.

— Eh, mais tu es folle ! Comment est-ce que tu peux manger une pizza ? lui demanda-t-il alarmé.

— Eh bien, parce que j'aime ça… Qu'est-ce qui ne va pas ?

— Comment ça « qu'est-ce qui ne va pas » ? Tu ne sais pas que la pizza est un des aliments interdits en cas de sclérose en plaques ? Tiens, je te donne un lien sur Internet où tu trouveras une liste de tout ce que tu dois éviter de manger…

Gisela ne savait pas qu'il existait des « aliments interdits ». Elle prit alors son téléphone portable et se mit à regarder la page du site pour y découvrir avec stupeur que la plupart des aliments y figurant étaient également ceux de son menu quotidien. Cette même nuit, elle fit sa première rechute.

Après m'avoir raconté l'événement, je lui recommandai de ne plus continuer à consulter ce type de site ou de chercher des informations sur son défi physique. Elle devait juste vivre sa vie en toute normalité. C'est ce qu'elle fit. Plus de trois années se sont écoulées depuis cette histoire, et Gisela n'a pas refait de poussées.

Que disent les maîtres ?

Lorsque nous nous traitons durement, un impact se produit à l'intérieur de nous qui affecte toutes les cellules de notre corps, car nous envoyons alors à notre être du ressentiment et de la colère. C'est comme ingérer volontairement une gorgée de poison : quand le corps reçoit cette information toxique, il commence à s'attaquer lui-même, comme s'il voulait se faire disparaître.

Le manque d'amour est un billet de loterie au prix assuré : maladie et expériences au goût de nourriture d'hôpital. L'amour étant la base de la vie et de la santé, son absence provoque une dysharmonie létale dans notre corps, notre esprit, nos émotions et notre champ énergétique. Les croyances négatives que nous avons sur nous-mêmes nous conduisent à faire l'expérience d'un état constant de douleur et de souffrance.

Les maîtres comprennent que l'univers est infiniment abondant et illimité. Donc si vous vous parlez de façon négative et destructive, il vous renverra des situations négatives et destructives en abondance, jusqu'à ce que vous vous lassiez de les vivre encore et encore. À l'inverse, si vous vous parlez positivement et affectueusement, il vous donnera une profusion de situations prospères et positives pour que vous les savouriez jusqu'à satiété.

S'attaquer soi-même revient à attaquer la vie. Vous penserez qu'elle est contre vous alors qu'en réalité elle ne fait que refléter l'agression que vous vous êtes lancée contre vous-mêmes. Si la paix est en vous, il est certain qu'elle existera aussi dans votre monde extérieur.

Le premier pas pour soigner une maladie est de l'accepter, de lui permettre d'être, étant donné que son but est de guérir notre esprit, d'améliorer nos comportements par rapport à la vie et de nous reconnecter à elle.

Le deuxième pas serait de changer toutes les attitudes et émotions qui ont provoqué en nous la maladie.

Que font les maîtres ?

Ils entretiennent d'une façon constante et compatissante la relation et le dialogue qu'ils ont vis-à-vis d'eux-mêmes, en optant toujours pour le sens de l'humour.

Ils privilégient l'état de calme et de paix, car ils comprennent qu'un esprit en paix est synonyme de santé. Inversement, la santé ne pourra exister si notre esprit est en guerre.

Ils comprennent que la priorité dans la vie est de sentir et de générer de l'amour en nous-mêmes, ce qui implique que nous devons absolument entretenir une bonne santé et une paix intérieure, afin d'être à notre tour en mesure d'apporter valeur et amour dans le monde.

S'ils s'aperçoivent que certaines attitudes mentales provoquent un impact sur leur corps et leur bien-être, ils les corrigent immédiatement.

Pour ce, ils interrogent leur corps en disant : « Qu'est-ce que tu veux me communiquer à travers ce malaise ou cette dysharmonie physique ? » Il est important de souligner que, eux, n'utilisent jamais le mot « maladie »; ils la nomment opportunité ou défi.

Ils comprennent qu'une mentalité de malade engendre des altérations de la santé et que c'est un aimant pour les malheurs.

Ils créent de l'amour en eux, amour qu'ils projettent ensuite à travers le monde.

Ils libèrent les résistances internes qui les empêchent d'apprécier leur silence intérieur.

Ils s'exercent au pardon envers eux-mêmes, en s'alignant toujours sur leur propre innocence parce qu'ils savent que tout ce qui arrive a une raison, cette dernière étant invariablement en faveur de notre développement personnel.

Qu'est-ce que les maîtres ne font pas ?

Ils ne jugent et ne condamnent ni eux-mêmes ni les autres.

Ils ne s'embarrassent pas du poids du passé; ils vivent dans le moment présent.

Ils pensent que l'image que les autres ont d'eux ne relève ni de leurs affaires ni de leur responsabilité.

Ils ne prêtent pas attention délibérément à ce qui est toxique pour l'esprit.

Ils ne se sentent pas coupables. Ils s'affranchissent des situations douloureuses du passé. Ils les acceptent et comprennent qu'il ne pouvait pas en être autrement.

Ils n'entretiennent pas la maladie en la vivant dans la peur et la résistance.

Ils ne se prennent pas au sérieux.

Exercice pratique :

En position de méditation, prenez au moins trois respirations profondes et affirmez :

Je libère tout ce qui est faux et qui me déconnecte de la vie. Je ne suis pas ces projections, elles ne sont pas réelles.

Portez votre attention sur votre cœur, au point où votre cage thoracique se sépare, et prenez conscience de cet endroit pendant quelques minutes au moins.

Durant le temps que vous jugez opportun, faites les affirmations suivantes :

À l'inspiration : *Je m'accepte, je me pardonne, je m'aime.*

À l'expiration : *Je me libère de tous mes jugements et de mon passé.*

Après quoi, répétez trois fois : *Je suis innocent; je suis la Paix.*

Ensuite, continuez de sentir votre corps en l'observant consciemment pendant quelques instants.

Pour conclure, souhaitez que les bienfaits de cette méditation bénéficient également à tous les êtres sans exception.

Conte :

Un groupe de femmes se trouve dans la salle d'attente d'un cabinet médical quand une de leurs amies entre à son tour. Elles lui dirent alors :

– Eh, Fefa ! Ça fait longtemps qu'on ne te voit plus chez le docteur !

– Excusez, les filles, mais j'étais malade.

Manolo Vieira (humoriste canarien)

Chapitre 41 : Les quatre femmes et la maladie

« Ceux qui sont toujours inquiets pour quelque chose ne peuvent apprécier le monde. »

Lao Tseu

« Tout ce que nous sommes est le résultat de ce que nous avons pensé. Si c'est une mauvaise pensée qui fait parler ou agir une personne, la souffrance la poursuivra.

Si c'est une pensée pure qui fait parler ou agir une personne, alors le bonheur la suivra comme une ombre fidèle. »

Bouddha

Je voudrais partager ici deux expériences qui ont trait à la maladie et qui montrent comment il lui arrive souvent d'être utilisée de manière nocive — fait assez tragique et pourtant courant. Certains s'en servent comme d'un hobby, comme si toute leur vie tournait autour de la nouvelle maladie (réelle ou imaginaire) du jour. Pire encore, il y en a qui ont recours à la maladie comme à un outil leur permettant de manipuler les autres. Ils la voient alors comme une possibilité de recevoir l'attention et l'affection qu'ils n'ont pas en étant en bonne santé.

À l'époque où j'écrivais le livre que vous tenez maintenant dans les mains, j'aimais me rendre tôt le matin dans une cafétéria du coin pour prendre un thé et réviser mes notes.

Je n'écoute jamais délibérément les conversations des autres qui se trouvent au même endroit que moi, mais, cette fois, mon attention a été attirée par un groupe de quatre ou cinq femmes déjà d'un certain âge dont les discussions tournaient toujours autour de la maladie : cela partait d'une légère douleur jusqu'à l'angoisse la plus terrible, pour en arriver inexorablement au thème de la mort, vu sous l'angle de la peur. Plus qu'une réunion entre amies, cela ressemblait davantage à une compétition pour voir qui avait le plus de maladies, à qui arrivait les plus grands malheurs, et qui, parmi sa famille, ses amis ou connaissances, comptait le plus de personnes qui souffrent.

Elles se retrouvaient chaque jour pour parler des mêmes sujets. Au fil des mois, je pus observer une angoisse de plus en plus nette se dessiner sur leurs visages. Leurs maladies, douleurs, voire événements négatifs qui étaient censés leur arriver, augmentaient de jour en jour, en nombre et en intensité.

Néanmoins, un beau matin, survint une situation assez curieuse : une dame à l'attitude radicalement différente entra dans cette cafétéria. Tout sourire et d'un air content, elle s'approcha du comptoir et commanda quelques sandwichs à emporter. Les quatre femmes la saluèrent chaleureusement.

— Maruchi ! Ça fait si longtemps !

— Salut ! Comment ça va ? répondit Maruchi avec un sourire jusqu'aux oreilles.

— Eh bien, tu vois, on est là; une fois de plus, dit une des dames.

— On fait ce qu'on peut, soupira une autre.

— Toujours la même chose, s'exclama la troisième en acquiesçant de la tête.

— Oh, la lutte quotidienne, quoi. Si je te racontais…, s'empressa d'ajouter la dernière, tentant astucieusement d'être ainsi la première à raconter dans les moindres détails le tout dernier malheur. Mais avant de se lancer – et comme s'il s'agissait d'une formalité –, elle posa d'un air distrait la question rhétorique : « Et toi, ça va ? »

— Eh bien… je profite de la vie qui est courte ! se contenta-t-elle de leur répondre.

— Ça, c'est sûr, Maruchi ! Toi, tu es toujours aussi positive ! répliquèrent presque à l'unisson nos quatre amazones de l'apocalypse.

— Assieds-toi donc et prends un verre avec nous, l'invita l'une de ces dames en lui désignant une chaise libre.

Maruchi se dirigea vers le serveur qui lui faisait signe depuis le comptoir, prit ses sandwichs et, tout en rangeant sa monnaie dans son portefeuille, elle les regarda affectueusement et leur dit :

— Les amies, ne le prenez pas mal, mais je n'ai pas envie de parler de maladies ou de catastrophes. Alors, je préfère m'en aller. Passez une bonne journée.

Ceci dit, elle se dirigea vers la porte et sortit, laissant les autres femmes plutôt déconcertées. Je dois dire qu'à partir de ce jour, j'ai commencé à observer un changement notable chez elles. Elles ne parlaient plus uniquement de maladies et de malheurs. Visiblement, cette Maruchi avait eu un fort impact sur ces dames.

Il est intéressant de voir à quel point un bon nombre de personnes s'accrochent à la douleur et en font le centre de leur conversation. L'équation « pensée + émotion = vibration » s'applique à ce cas aussi. Une personne qui ne pense qu'à la maladie et lui accorde une telle importance qu'elle devient le seul sujet de discussion crée une vibration qui ne fera qu'attirer ce genre de malaises dans sa vie. En même temps, cette nouvelle réalité la conforte dans son rôle de victime, produisant ainsi un cercle vicieux difficile à rompre, et dans lequel la personne s'empoisonne la vie en plus d'empoisonner celle de son entourage.

Permettez-moi de vous rapporter une autre situation qui a accaparé mon attention. Un homme, très inquiet au sujet de sa nièce, m'appela pour me demander de la recevoir en séance individuelle. À seulement 33 ans, la jeune femme souffrait d'anxiété et de douleurs intenses dans la poitrine, le dos et l'estomac. Sa santé s'était à ce point détériorée que sa famille avait dû déménager à Lanzarote pour s'en occuper. J'acceptai donc de la voir. Une grande surprise m'attendait lorsque la jeune femme se présenta au rendez-vous. À peine entrée dans la salle où je reçois mes patients, elle m'annonça :

— Est-ce que tu peux me faire juste le minimum ?

— Pardon ? répondis-je abasourdi.

— Oui, que tu ne me guérisses pas complètement.

— Je ne te comprends pas. Qu'est-ce que tu veux dire ? Tu ne veux pas te sentir mieux ?

— Eh bien, vois-tu, grâce à ma maladie, toute ma famille est venue de Galice pour me voir et être avec moi. Si je guéris complètement, ils repartiront, et je serai de nouveau seule.

Face à pareille situation, je décidai de passer l'heure et quart que durent mes séances à simplement discuter avec elle. Quand son oncle revint la chercher, je lui dis qu'il n'avait rien à me régler, mais qu'il devait avoir une discussion à cœur ouvert avec sa nièce.

Certains, afin d'obtenir de l'attention, de l'affection ou du dévouement, s'accrochent à leur maladie et l'entretiennent. Il arrive souvent que le changement nous fasse plus peur que la mort elle-même. C'est la raison pour laquelle il y a des personnes qui paniquent réellement à la pensée de devoir accepter leurs responsabilités et de prendre leur vie en main.

Que disent les maîtres ?

Votre énergie (et par conséquent votre vie) ira là où vous dirigez votre esprit et votre attention. Donc, prendre l'habitude de parler de nouvelles négatives ou douloureuses attirera toujours plus d'expériences similaires à votre existence, car votre esprit fabrique les expériences que vous vivez par la suite.

Le moine tibétain et maître Kalu T. me dit une fois : « Le jour où, au lieu de chercher tant de noms de maladies, tu cherches des noms de fleurs, tu seras alors sur le chemin de la paix. »

Quelquefois, nous réclamons de l'amour à partir de la peur. Cela produit de la souffrance, tant pour la personne elle-même que pour son entourage. L'être humain qui vit sous l'emprise du programme de la mentalité conflictuelle réclame sans cesse de l'attention, de l'amour et de la considération. Souvent, il est prêt à payer n'importe quel prix, même si c'est au détriment de sa santé.

Se plaindre est un poison qui met un terme à une vie éventuelle de joie, de paix et d'harmonie, car cela nous transforme irrémédiablement en un aimant attirant malheurs et calamités.

Les maîtres, à un niveau plus profond, affirment que nous avons le potentiel de l'univers en nous (en tant que fils de Dieu). Or, à nous identifier à la souffrance ou à une histoire de douleur, nous mettons tout ce potentiel au service de la souffrance.

Que font les maîtres ?

Ils comprennent que vivre une existence humaine est une grande opportunité. Ils se connectent par conséquent à la vie et à la gratitude, en se focalisant toujours là où est la vie : dans le moment présent.

Ils s'alignent sur leur grandeur intérieure.

Ils se responsabilisent et abandonnent tout résidu de mentalité de victime.

Ils choisissent de vivre en bonne santé et connectés à la vie.

Ils utilisent la formule « ce à quoi tu résistes persiste; ce dont tu te plains demeure; ce que tu aimes guérit ».

Ils expriment la gratitude au lieu de se plaindre.

Ils parlent d'opportunités et non pas de calamités.

Ils aiment tout, sans exception.

Qu'est-ce que les maîtres ne font pas ?

Ils ne trouvent pas de plaisir dans la maladie et les malheurs.

Ils ne parlent pas de ce qui est « mal » ou à propos des adversités, à moins que ce soit pour y apporter une solution.

Ils n'incarnent pas le rôle de la victime.

Ils ne réclament pas d'amour au détriment de leur santé ou de leur bien-être.

Ils ne mendient pas de l'attention ou de l'affection.

Exercice pratique :

En vous réveillant le matin, et juste avant d'aller dormir, remerciez, en ressentant l'émotion derrière cette reconnaissance, au moins six choses, personnes ou êtres qui sont présents dans votre vie et participent à votre bien-être.

S'il existe un malaise quelconque en vous ou une maladie, connectez-vous en premier lieu avec ce que vous ressentez, observez l'espace qui habite votre cœur, et affirmez :

« Je permets à cette expérience d'être comme elle est; je comprends qu'à travers elle, c'est la vie même qui me parle afin que je restitue mon esprit à l'amour. »

« Que veut me dire la vie à travers cette expérience ?

Quoi qu'il en soit, je suis disposé (e) à collaborer avec elle. »

Patiemment et sans contrainte, permettez que la réponse surgisse de votre ressenti.

Pour finir, souhaitez que les bienfaits de cette méditation bénéficient également à tous les êtres sans exception.

Conte :

Un jour, deux enfants faisaient du patin sur un lac gelé quand, par malheur, la glace se fissura et l'un d'eux tomba dans l'ouverture, pris au piège dans les eaux du lac. Son ami enleva ses patins et commença à frapper sur la glace pour la casser. Mais ce furent ses patins qui cédèrent. Il ne renonça pas pour autant et commença à frapper la glace avec ses poings jusqu'à y parvenir et sauver son ami d'une mort certaine.

Lorsque les autorités, les équipes de sauvetage et les pompiers arrivèrent sur les lieux, ils regardèrent la scène, stupéfaits. Ils demandèrent à l'enfant comment, si jeune, il avait été capable de briser l'épaisse couche de glace de ses propres mains. Ils n'obtinrent pas de réponses plausibles jusqu'à ce que, quelques jours plus tard, un vieil homme apprenne l'événement et s'exclame :

– Il y est parvenu parce qu'il n'y avait personne près de lui pour lui dire qu'il ne pouvait pas y arriver !

Chapitre 42 : Enfants et absence d'affection

« Alors que nous essayons d'enseigner la vie à nos enfants, nos enfants nous montrent ce qu'est la vie. »

Angela Schwindt

« L'homme souhaite le bonheur même lorsqu'il fait en sorte que le bonheur devienne impossible. »

Saint Augustin

Je me souviens d'une famille du nord de l'Espagne qui cherchait désespérément une solution au problème, apparemment d'ordre physique, de leur fille de 11 ans. Elle était dans l'incapacité d'ouvrir les mains : elles s'étaient fermées subitement et de façon inexplicable à l'âge de 7 ans. C'était comme si elle serrait constamment et involontairement les poings, et par conséquent elle ne pouvait faire usage de ses extrémités supérieures pour bon nombre de tâches. Les parents avaient entendu parler de thérapies tibétaines et de thérapies du son. C'est la raison pour laquelle ils me contactèrent et décidèrent de venir à Lanzarote. Peu de temps après ce premier appel, ils vinrent me voir avec Laura, un amour de petite fille, qui adora le son des bols tibétains (qu'elle appelait « petites casseroles ») et des gongs.

Le couple était très inquiet. Jusqu'alors, aucun médecin, psychologue ou thérapeute ne leur avait donné une réponse convaincante quant aux causes de la « maladie » de leur fille – et encore moins une solution.

Après les avoir observés un moment, je sentis que ces mains fermées cachaient quelque chose de beaucoup plus subtil. Alors, je les pris à part pour leur parler, et je dois dire que je n'y suis pas allé par quatre chemins :

— Vous aviez désiré cet enfant ? demandai-je.

Ils se regardèrent un bref instant, puis avouèrent que non. Elle n'avait jamais été prévue. En fait, ils considéraient ce bébé plutôt comme un obstacle, mais ils avaient tout de même décidé de la garder.

— Vous la prenez dans vos bras ou l'embrassez ? Vous jouez avec elle ? Vous lui dites qu'elle compte à vos yeux ? continuai-je.

Ils répondirent par la négative à toutes mes questions, ajoutant que, au fond, ils ne s'étaient jamais vraiment dévoués pour elle : cette sensation d'embarras, d'imprévu, qui était venue bouleverser leurs projets et mettre leur vie sens dessus dessous, les en avait empêchés. Ils décidèrent plus tard d'avoir un autre enfant, mais ils n'exprimaient guère plus d'affection à cette nouvelle petite fille. Pourtant, ils se disaient prêts à tout faire pour que leur fille récupère l'usage de ses mains.

Je leur fis remarquer que, tout comme acheter un violon ne fait pas de nous un violoniste, avoir des enfants ne fait pas de nous des parents. S'ils voulaient que leur fille guérisse, ils devaient commencer, SUR-LE-CHAMP, à lui montrer de l'affection. Car de toute évidence, comme elle ne recevait pas cette tendresse, si légitime pour un enfant, Laura était en train de se fermer.

— Alors, commencez à l'embrasser, à lui dire des choses gentilles ! Passez davantage de temps avec elle ! leur suggérai-je.

Ils se sentirent profondément touchés par tout cela et consentirent à changer d'attitude le jour même. Ils profitèrent du fait qu'ils étaient à Lanzarote pour aller à la plage, jouer avec les vagues et dans le sable, découvrir les coins magnifiques de cette belle île en compagnie de leur enfant. En parallèle, je pratiquais avec elle quelques séances de thérapie par le son et de thérapie énergétique tibétaine. Au fil des sessions, je remarquais que l'enfant souriait plus souvent et je la trouvais plus détendue.

À la fin de la deuxième semaine, au cours d'une séance où Laura était allongée sur la table de massage, presque endormie, je m'aperçus qu'un de ses doigts commençait à bouger. Un instant après, je vis qu'un deuxième puis un troisième doigt, cette fois-ci des deux mains, suivaient le mouvement du premier. Tout doucement, l'enfant prit conscience de ce qui arrivait. Moi, simplement, j'observais sa réaction.

Elle leva les mains à hauteur de sa tête. Pendant qu'elle agitait ses petits doigts, maintenant tous ouverts, elle riait et pleurait en même temps. La première chose qu'elle dit fut :

— Jos (ainsi m'appelait-elle), apporte-moi un feutre et des feuilles de papier.

Je lui apportai le matériel et je la regardai, ému, dessiner impulsivement : nuages, volcans, dauphins, enfants, avions, étoiles, soleil... Elle passa une demi-heure à faire des dessins sans s'arrêter et en soupirant de joie.

Nous nous serrâmes mutuellement dans les bras et, juste après ça, on sonna à la porte. Ses parents arrivaient.

— Comment s'est déroulée la séance d'aujourd'hui? demandèrent-ils dès que j'eus ouvert la porte.

— Jugez par vous-mêmes, répondis-je en les invitant à passer dans la salle de thérapie.

Ce fut une profusion de rires, de pleurs et d'embrassades. Je restai à l'extérieur, de l'autre côté de la porte, remerciant l'univers, un grand sourire aux lèvres.

Lorsque je pris congé de Laura, je lui offris un bol tibétain de 7 métaux, une de ces « casseroles » qu'elle appréciait tant. Le jour suivant, avant de prendre l'avion pour rentrer chez elle, l'enfant s'arrêta chez moi pour me remettre une feuille de papier sur laquelle elle avait écrit quelques lignes qui définissaient son nouvel état. Elle voulait m'en faire part. Et sans l'ombre doute, c'est quelque chose de très beau à partager :

« Le jour se lève. Je suis vivante
et je peux tirer les oreilles de ma petite sœur.
Je peux caresser mon chihuahua.
Aujourd'hui, je peux dessiner, écrire et jouer !
Aujourd'hui, on m'a offert une casserole dorée
qui fait de la musique, et je peux la toucher.
Aujourd'hui, je peux serrer dans mes bras !
Merci ! »

Laura

(À l'écoute du silence intérieur, ressentez cet instant.)

Conte :

« Ma souffrance est insupportable », dit quelqu'un. Ce à quoi le maître répondit :

– Le présent n'est jamais insupportable. Ce qui te fait désespérer, c'est ce que tu penses qui va arriver dans les cinq prochaines minutes ou dans les cinq prochains jours. Arrête de vivre dans le futur !

Anthony de Mello

Chapitre 43 : Impermanence

« Ne demeure pas dans le passé, ne rêve pas du futur, concentre ton esprit sur le moment présent. »

Bouddha

En mai 2005, j'étais en train de préparer un voyage au Japon. C'est à ce moment-là, alors que j'effectuais toutes les démarches nécessaires pour mon aventure nippone, que je tombai sur un bon ami, Mario, que je n'avais pas vu depuis un bon bout de temps. Auparavant, Mario et moi faisions beaucoup de choses ensemble : on se voyait pour aller surfer, faire du vélo ou d'autres activités en plein air. Pourtant, il y avait près d'un an que je l'avais perdu de vue. Il se réjouissait de me revoir et me raconta qu'il avait « disparu », car il se construisait une maison de ses propres mains. Il était très heureux parce que, après y avoir consacré beaucoup de temps et d'efforts, il venait de l'achever. Il me dit qu'il adorerait me la montrer et que, maintenant qu'il était plus disponible, on pourrait reprendre notre vieille amitié. Je fus enchanté par la proposition et je lui répondis que je me mettrais en contact avec lui dès mon retour du Japon. On devait se voir dans sa nouvelle maison, qui était certainement fantastique, dans un mois, car c'est le temps que durerait mon périple au pays du Soleil-Levant.

Ce mois-là passa très rapidement, et mon voyage fut hautement intéressant, empli de belles et intenses expériences. Je suis rentré, comme on dit dans ces cas-là, avec les batteries rechargées et une grande envie de revoir mon ami pour lui raconter en détail tout ce que j'avais vécu pendant ces 30 jours de rêve. Je l'appelai sur son portable, mais je tombais toujours sur le même message : « Numéro non disponible ». Je passai au moins deux jours à essayer de le joindre, en vain, avant d'appeler finalement un ami commun pour lui demander s'il avait de ses nouvelles.

— Comment, mais tu n'es pas au courant ? me dit-il.

— Au courant, de quoi ? répondis-je.

Ce qui vint ensuite m'impressionna énormément.

— Il y a trois semaines, Mario a eu une hémorragie cérébrale et il est mort deux jours plus tard.

Mario venait tout juste de fêter ses 30 ans.

Combien de fois dans la vie remettons-nous les rencontres à plus tard ? Combien de personnes ne savent pas qu'elles comptent énormément à nos yeux ? Combien de choses importantes cessons-nous de faire ou de dire sans nous rendre compte que notre vie est fragile, temporelle, éphémère ? Il serait vraiment fondamental que nous vivions chaque jour intensément, comme s'il s'agissait du dernier de notre vie, sachant qu'un jour ce sera vraiment le cas.

(À l'écoute du silence intérieur, ressentez cet instant.)

Conte :

– Maître, quel est le secret de la longévité ?

– C'est très simple, il suffit de : manger la moitié, marcher le double et rire le triple.

Chapitre 44 : Il n'est jamais trop tard

« La vie, c'est ce qui nous arrive pendant qu'on est occupé à faire d'autres projets. »

John Lennon

« Vivez comme si vous deviez mourir demain. Apprenez comme si vous deviez vivre pour l'éternité. »

Mahatma Gandhi

Sandra avait 80 ans lorsque nous nous sommes connus. Elle vivait rongée par la peur, les angoisses, l'insécurité et la culpabilité. Elle dépendait entièrement de ses filles et petites-filles pour entreprendre la moindre action. Elle marchait avec une canne et, au moment de se lancer dans une activité, prise de mille doutes, elle finissait en général par y renoncer. Elle restait alors chez elle et faisait ce qu'une dame de son âge est « censée » faire : regarder des feuilletons télévisés.

Pourtant, Sandra n'aimait pas les feuilletons. Ce dont elle rêvait, c'était d'aller à la plage, de sortir danser, de chanter… Quel dommage qu'elle soit déjà trop vieille pour tout cela ! En outre, personne ne voulait l'accompagner.

Un jour, lors d'une séance individuelle, elle me confia souffrir d'insomnies depuis quelque temps et avoir régulièrement des attaques d'anxiété. La situation était devenue telle qu'elle n'avait plus qu'une idée en tête : mourir et en finir une fois pour toutes.

Nous avons discuté pendant longtemps à propos de la façon de gérer ces peurs qui l'assaillaient, de mettre un terme à sa dépendance envers les autres et de consacrer plus de temps à ce qu'elle aimait réellement. Deux séances plus tard, quelque chose changea chez Sandra.

Au bout de deux semaines, je remarquai qu'elle s'habillait différemment : elle avait abandonné sa tenue tristounette de petite veuve et renouvelé non seulement sa garde-robe, mais aussi son permis de conduire. Avec ses économies, elle acheta une voiture d'occasion et commença à aller, seule, à la plage, à des cours de peinture, à se promener avec des amies, à sortir à la campagne… et même à danser !

La famille était ébahie par la nouvelle indépendance de leur grand-mère qui ne se contentait plus de cuisiner pour les autres. Non, Monsieur, elle ne pouvait plus. Elle avait des choses à faire. Elle était bien trop occupée (au lieu d'être *pré-occupée*)… à vivre sa vie ! Enfin, elle se vouait plus de temps à elle-même, tout en partageant des moments très enrichissants avec ses arrière-petits-enfants. Bref, une nouvelle expérience !

Une de ses filles me rapporta un jour que Sandra avait subi une véritable métamorphose. C'était incroyable la force et la joie qu'elle exhalait.

Or en réalité, ce que Sandra avait simplement fait, était de s'être libérée de peurs absurdes, des opinions d'autrui, de sa dépendance envers les autres, de sa gêne à déranger…

Trois ans plus tard, Sandra décéda. Jamais je n'oublierai les mots qu'elle m'a dits un mois avant de mourir :

— José, j'ai vécu davantage ces trois dernières années que tout le reste de ma vie.

(À l'écoute du silence intérieur, ressentez cet instant.)

Conte :

Quelqu'un demanda un jour à un maître :

– Et si je ne veux pas être heureux ? Que se passe-t-il si je préfère être malheureux ?

Ce à quoi le maître répondit :

– Eh bien, sois malheureux, si cela peut te rendre heureux !

Chapitre 45 : Les événements sont neutres : tout dépend du lien émotionnel que l'on tisse envers eux

« Les plaintes sont le langage de la défaite. »

Frank Crane

« Havelock Ellis : l'asile d'aliénés est l'endroit où fleurit le plus d'optimisme.

Albert Einstein : eh bien, je préfère être un optimiste fou qu'un pessimiste qui a raison. »

Alice Calaprice (dans les citations d'Einstein)

Il y a quelques années, je partais pour San Diego depuis Madrid. J'étais très content, car c'était la première fois que je me rendais aux États-Unis. En arrivant à Chicago, où une escale de près de deux heures et demie était prévue, tous les passagers devaient passer un scrupuleux contrôle d'immigration : au bout de files d'attente interminables, des agents vérifiaient nos passeports, posaient des questions, prenaient les empreintes digitales des deux mains, faisaient des photos…

Moi, simplement, je souris, me disant que c'était «*their way*», leur façon à eux de protéger leurs frontières. J'acceptai donc totalement cette procédure tout en gardant cette sensation d'exaltation à être dans ce grand pays.

Juste à côté de moi, dans la même file, se tenait une femme qui voyageait avec son amie. Toutes deux n'arrêtaient pas de se plaindre du désagrément que leur causait cette queue interminable. En clair, elles n'acceptaient pas la situation dans laquelle elles se trouvaient, et leur propre résistance les faisait souffrir, déclenchant leurs programmes mentaux de victimisation.

Lorsque nous arrivâmes en début de file, nous passâmes tous les trois au même poste de contrôle. Ce fut d'abord mon tour : un grand sourire aux lèvres, je saluai l'agent, et celui-ci, après m'avoir posé les questions d'usage, m'autorisa poliment à passer.

Notre amie prit la relève, dans une attitude hostile et une expression sur le visage encore pire : elle commença à répondre aux questions de l'agent sur un ton méprisant et en affichant un air dédaigneux. L'agent, face à ce comportement, décida de contrôler leurs bagages et de les faire attendre dans une salle adjacente. Les deux amies ratèrent leur correspondance et durent attendre le lendemain, car tous les vols étaient pleins. Quand je quittai cet endroit afin d'embarquer dans l'avion en partance pour San Diego, elles étaient encore en train de se lamenter, disant qu'on les avait traitées comme des criminelles et proférant des «si on avait su, on ne serait pas venues».

En regardant tout cela avec du recul, on peut se demander si ce n'est pas justement cette attitude de refus et de négation quant à la nécessité de coopérer qui a déclenché cette situation.

Dans leurs enseignements, certains maîtres font parfois la remarque suivante à ce propos : *«Trébucher et tomber sur le chemin est du domaine du normal; devenir dépendant de la pierre qui vous a fait tomber... ça, c'est une autre histoire!»*

(À l'écoute du silence intérieur, ressentez cet instant.)

Conte :

Deux moines vivaient ensemble depuis 40 ans et jamais ils ne s'étaient encore disputés. Pas même une fois.

Un jour, l'un dit à l'autre :

– Vous ne croyez pas qu'il serait temps que nous nous querellions, au moins une fois ?

L'autre moine dit :

– Pourquoi pas. Commençons ! Sur quoi allons-nous nous quereller ?

– Que pensez-vous de ce pain ? proposa le premier moine.

– Bonne idée, parlons du pain. Comment faisons-nous ? demanda l'autre moine.

– Ce pain est à moi, il m'appartient, répondit alors le premier moine.

– Si c'est ainsi, alors prenez-le ! répliqua le deuxième moine.

Anthony de Mello

Chapitre 46 : Le moine qui dansait la Salsa

« Ceux qui ne savent pas rire n'ont rien appris. »

Lao Tseu

À la fin des années 1990, j'ai fait la connaissance d'un moine tibétain que nous appellerons ici T. C'était une personne qui me paraissait vraiment extraordinaire et qui avait un point de vue intéressant sur l'évolution spirituelle. Pour lui, en effet, il ne s'agissait pas d'adopter le rôle d'un saint (qui ne serait au fond qu'un autre aspect du programme mental conflictuel – un ego qui se veut spécial), mais de vivre les changements qui se déroulent comme un processus naturel, en se sentant à l'aise et toujours respectueux de soi-même.

Durant un atelier de fin de semaine dirigé par T., il arriva une situation amusante qui illustre parfaitement cette compréhension de la spiritualité. Nous étions en plein mois d'août, et il faisait une chaleur torride. À la pause du déjeuner, notre groupe, composé d'une vingtaine de personnes, se dirigea vers un restaurant en compagnie du lama. Une fois toutes ces personnes installées, le serveur nous demanda ce que nous voulions boire en attendant notre repas. Sans doute conditionnés par la présence du lama, nous commandâmes tous le même genre de boissons : infusions, thés, eau… Quand ce fut le tour du lama, tout sourire, il ouvrit les bras et s'exclama :

— Une bière, grande comme ça !

Tout le monde se mit à rire, même T., qui dit simplement :

— Souvenez-vous, mes amis : le chemin du milieu.

Un autre soir, où nous avions terminé presque à minuit, quelqu'un suggéra d'aller danser. Ainsi, après le dîner, nous avons proposé au lama de le ramener dans son hébergement pour qu'il puisse se reposer… Mais celui-ci répliqua avec un grand sourire :

— Pourquoi ? Moi aussi je veux danser !

Nous nous sommes alors tous rendus dans un petit établissement près du restaurant où là encore T. nous surprit : de toutes les personnes présentes, le lama est celui qui dansait le mieux la Salsa !

Il nous avoua l'avoir apprise d'un moine originaire de Cuba qui avait vécu trois ans et demi dans son monastère.

Une fois de plus, j'avais devant moi un grand maître qui m'aidait à rompre des croyances limitantes.

Exercice pratique :

En position de méditation, profondément connecté à votre ressenti, faites les affirmations suivantes sur le rythme de votre respiration :

À l'inspiration : *« Mon esprit est comme l'eau cristalline. »*

À l'expiration : *« Il reflète tout ce qui est, tel que c'est. »*

Répétez cet exercice autant de fois que vous le jugez nécessaire. Il vous apportera la clarté mentale.

Pour finir, souhaitez que les bienfaits de cette méditation bénéficient également à tous les êtres sans exception.

Bénédiction apache :

« Puisse le soleil t'apporter une nouvelle énergie chaque jour.

Puisse la lune doucement te soigner chaque nuit.

Puisse la pluie te nettoyer de tes soucis.

Puisse la brise nourrir ton être d'une force nouvelle.

Puisse tes pas doucement traverser le monde et découvrir sa beauté chaque jour de ta vie. »

Chapitre 47 : Arrosons la semence du pouvoir chez les autres

« Le cœur de l'homme est un instrument de musique et il contient une musique grandiose. Elle est endormie, mais elle est là, à attendre le moment propice pour être interprétée, exprimée, chantée, dansée. Et c'est à travers l'amour que le moment arrive. »

Rûmî

Il y a quelques années, j'ai rencontré un être extraordinaire à Sydney. Son nom était en réalité Woong Sun An, mais ses amis occidentaux l'appelaient A.J. C'était un jeune photographe coréen de 22 ans. À cette époque-là, ses parents faisaient pression sur lui pour qu'il commence à travailler. Peu importe dans quoi. Ils voulaient juste qu'il puisse trouver un emploi qui lui permette de vivre une vie « normale », qui prouve qu'il était un « homme travailleur ». Bien que sa passion et son aspiration professionnelle soient la photographie, sa famille insistait pour qu'il « arrête ces enfantillages et revienne une fois pour toutes en Corée ».

Même lui commençait à y croire… Toutefois, avant de retourner dans son pays pour amorcer une existence banale au parcours tracé d'avance, il avait décidé de tenter sa chance et d'aller passer quelques mois en Australie avec sa caméra comme unique compagnie. On ne savait jamais...

Il travaillait là où il trouvait une occupation, ce qui lui permettait de vivre un temps et de poursuivre son périple en Australie pour faire des photos dans tout le pays. Il vivait au jour le jour. Mais loin de l'accabler, cette situation le satisfaisait pleinement.

Nous commençâmes à parler de photographie, de peinture, d'expériences artistiques... Il me montra quelques-unes de ses photos. De véritables chefs-d'œuvre ! Elles débordaient de sensibilité, de magie et d'inspiration.

On se rapprochait de la nuit de la Saint-Sylvestre. Je lui demandai ce qu'il projetait de faire ce soir-là, et il me répondit qu'il comptait prendre quelques photos depuis le port de Sydney... s'il avait la chance de trouver une bonne place. Le mieux serait depuis la mer, dans un de ces bateaux que les gens louent pour l'occasion... Rien que d'y penser, tout son visage s'illuminait. Pourtant, il était clair qu'un billet ce soir de l'année, où tout le ciel de Sydney se remplissait de lumière et de couleurs, n'était pas à la portée de sa bourse.

Je ne roulais pas non plus sur l'or. Néanmoins, le lendemain, je me rendis au port et, sans hésiter une seconde, j'achetai deux billets, chacun coûtant environ 400 dollars australiens. Je lui demandai de venir m'y rejoindre vers 14 h, le jour du 31.

Quand je le vis arriver, j'allai à sa rencontre et, enjoué, je lui montrai les billets. Il n'en revenait pas. Il sautait de joie et ne cessait de répéter qu'il ne savait pas comment il allait pouvoir me rembourser ou me rendre ce cadeau.

— Mon ami, tu n'as rien à me payer et encore moins à me donner en contrepartie. Je sais que tu vas être un grand photographe, un artiste qui va apporter beaucoup au monde et aux êtres. Si tu veux, nous pouvons faire quelque chose de symbolique : quand tu feras ta première exposition internationale, tu pourras m'inviter à l'inauguration.

Ses yeux brillaient d'émotion. Que quelqu'un ait une telle confiance en lui et en son art lui paraissait, disait-il, fabuleux. À ce moment-là, il était plus que jamais décidé à poursuivre son rêve et à se consacrer pleinement à la photographie.

La traversée en bateau dans la baie de Sydney fut merveilleuse. Cette fin d'année inoubliable resta gravée pour toujours dans nos cœurs et sur les photos incroyables prises par A.J., qui n'arrêtait pas de redire combien il se sentait heureux et inspiré.

(À l'écoute du silence intérieur, ressentez cet instant.)

Conte :

Il était une fois trois vers à soie qui ignoraient tout de leur future vie de papillons. Ils s'appelaient : Pessimiste, Réaliste et Optimiste. L'heure de leur transformation approchait, et ils commencèrent à ressentir les premiers symptômes...

Leur appétit vorace diminua, et ils avaient de moins en moins de mobilité. Enfin, ils sentirent comment le cocon les isolait du monde connu, de la sécurité du quotidien. Dans l'obscurité entourant le mystère de leur avenir, chacun se fit des réflexions différentes :

Pessimiste pensa qu'il était en train de vivre la fin de sa vie et, du fond de son âme, il dit au revoir au bon temps.

Réaliste s'encouragea en se disant que tout cela n'était que passager et que, tôt ou tard, tout redeviendrait normal.

Optimiste sentit que ce qui arrivait pouvait être une chance pour que s'accomplisse son rêve le plus cher : pouvoir voler. Et il profita de l'obscurité pour perfectionner ses rêves.

Le jour où les trois cocons s'ouvrirent, ils révélèrent trois situations identiques et en même temps distinctes...

Pessimiste était un papillon magnifique, mais... il était mort. C'était la peur qui l'avait fait mourir !

Réaliste était également un papillon fantastique, mais... malgré sa nouvelle forme, il commença à se traîner par terre comme au temps où il était un ver. Satisfait, il remercia le ciel que tout soit comme auparavant.

Optimiste, dès qu'il aperçut la lumière du jour, commença à chercher ses ailes... À les voir, son cœur se mit à bondir de joie, il prit son envol et il dit merci au monde, répandant son bonheur dans toute la forêt.

Carlos Gonzáles Pérez

Chapitre 48 : Maîtres qui demandent des défis à la vie

« La souffrance ne nous enseigne absolument rien;
elle indique juste que tu es déconnecté de la vie
et de qui tu es réellement. »

Maître J. Kim

« S'accrocher au bonheur revient à s'accrocher
à la souffrance, mais on ne s'en rend pas compte.
Quand on s'attache au bonheur, il est impossible d'éloigner
la souffrance qui s'y attache : ils sont inséparables. »

Ajahn Chah

Lorsque j'avais tout juste 20 ans, j'ai vu quelque chose qui m'a intrigué, à savoir des lamas d'un âge déjà avancé qui pratiquaient une forme de méditation particulière… Du moins, me semblait-il. Mon intuition fut effectivement confirmée lorsque je découvris de quoi il s'agissait. Ce que ces moines faisaient sortait de l'ordinaire et était nouveau pour moi.

Un jour, pendant une retraite, je priai l'un d'eux qu'il veuille bien m'expliquer en quoi consistait cette pratique. Il me répondit qu'ils demandaient «simplement» que, dans leur prochaine réincarnation, l'univers leur réserve des situations difficiles. Par exemple, naître au sein d'une famille vraiment austère, avec l'objectif de s'éveiller le plus tôt possible et de poursuivre leur chemin spirituel.

Je n'arrivais toujours pas bien à comprendre ou, plus exactement, j'avais des difficultés à assimiler cette vision des choses. Le moine continua alors et me cita un vieux proverbe chinois qui fait référence au bonheur conditionné : *La meilleure façon de faire du mal à son ennemi, c'est de lui souhaiter cent ans de bonheur.*

« Entends par là, m'expliqua-t-il en souriant quand il me vit déconcerté, que si je renais à un endroit où tout m'est donné, je n'aurai jamais l'impulsion nécessaire à mon éveil. Je croirai le monde que je vois et je ne reprendrai pas les enseignements... Car il y a une question essentielle qui nous ouvre les portes de la compréhension et qui est : «Existe-t-il une solution de rechange à la souffrance?» Même si ce qui est arrivé à Siddhartha Gautama Bouddha est une autre possibilité – bien qu'il soit né dans des circonstances princières et qu'il disposât de tout ce qu'il voulait –, sa grande insatisfaction l'a amené à partir à la recherche de l'éveil. Prends également conscience que tout ce qui paraît souffrance pour l'ego n'est qu'une illusion pour l'esprit lucide. Alors, quand je m'éveillerai, je comprendrai que ce que je prenais au départ pour de la souffrance n'était qu'un moyen pour m'amener sur le chemin de l'éveil. »

Par la suite, je connus d'autres maîtres qui travaillaient avec des techniques chamaniques originaires de l'ancienne philosophie tibétaine Bön. Dans leurs pratiques, ils priaient l'univers de leur envoyer des défis (ce que nous appelons d'ordinaire des «problèmes») qui leur permettraient de continuer à s'épurer, à lâcher des résistances, à remettre leur esprit à l'amour et à la compréhension. Le plus étrange, c'est que lorsque ces maîtres sollicitent ce genre de défis, ils ne les reçoivent pas forcément, ou alors surviennent juste ceux dont ils ont vraiment besoin pour purifier certains aspects de leurs vies.

Le cas de M. Díaz en est un exemple. Il réclamait constamment des défis à la vie, sans les obtenir, jusqu'au jour où il commença à ressentir une douleur sourde sur le côté. Il alla à l'hôpital où, après les examens habituels, on lui annonça qu'il avait un cancer du foie. C'était comme s'il venait d'apprendre qu'il avait gagné à la loterie; M. Díaz sourit et remercia chaleureusement le docteur, qui face à cette étrange réaction ajouta avec tact :

— Oui, je sais que ce n'est pas facile à concevoir… Si vous le désirez, nous pouvons vous proposer un soutien psychologique…

— Merci beaucoup, mais ça ne sera pas nécessaire, répondit M. Díaz. En revanche, ce que j'aimerais, c'est que ce soit vous qui me receviez dans un mois et que vous me refassiez alors tous les examens.

Le médecin, déconcerté, lui rappela la possibilité de voir un psychologue et essaya de le convaincre de l'urgence à commencer dès maintenant le traitement conventionnel qui s'appliquait à tous les patients cancéreux.

Toutefois, M. Díaz refusa poliment et sortit de l'hôpital vraiment heureux, remerciant l'univers, car il comprenait que la vie lui parlait à travers cette maladie. Il savait que subsistaient encore en lui quelques points psychologiques de son passé qu'il lui fallait assainir. La phrase de son maître, Kalu T., lui revint alors en mémoire : *La maladie est la main guérisseuse de Dieu*. C'est cela qu'il devait faire : continuer à guérir son esprit, tout particulièrement son passé.

M. Díaz ne fit même pas de traitement pour son foie. Il travailla juste sur la cause émotionnelle qui se cachait derrière tout cela. Le mois passa, et il retourna donc voir ce même médecin qui lui refit tous les examens… Le résultat fut époustouflant : il ne restait pas une trace de la tumeur. Le médecin fut si perplexe qu'il en arriva à se demander s'il n'était pas une sorte de magicien. Ce même jour, il devint l'un des élèves de M. Díaz.

Le message de ce chapitre n'est pas que nous devons souffrir pour nous développer… Bien au contraire : si l'on souffre, c'est que l'on résiste au courant naturel de la vie et que l'on perçoit le monde depuis la mentalité erronée, utilisant le programme conflictuel. Ce que je peux dire, c'est qu'on n'apprend rien en souffrant constamment ou en produisant de la souffrance. Tout ce que cette souffrance nous enseigne, c'est que ce n'est pas le chemin à suivre. En prendre conscience peut vous aider à décider de bifurquer vers la paix et la recherche de ce que vous êtes réellement, dans une attitude d'humilité et de réceptivité.

Exercice pratique :

Connecté à vous-mêmes et à votre cœur, faites l'affirmation suivante :

*« Aujourd'hui, je lâcherai le contrôle et
toutes mes résistances. »*

*« Aujourd'hui, je permettrai que la volonté de l'Univers
se fasse, collaborant avec le flux de la vie, dans la joie
et en totale acceptation. »*

*« J'arrêterai de lutter contre ce qui est et
je ferai un avec la vie. »*

« Merci, merci, merci ! »

Conte :

– Pourquoi est-ce que tu es toujours en train de prier ? demanda le maître.

– Parce que la prière soulage mon esprit d'un lourd fardeau.

– Oui, malheureusement, c'est l'effet de la prière...

– Et qu'y a-t-il de mal à cela ?

– En premier lieu, cela t'empêche de voir qui a placé ce fardeau, dit le maître.

Anthony de Mello

Chapitre 49 : Lâcher du lest, libérer les résistances

« Quand vous engendrerez cela en vous,
ce qui est à vous vous sauvera;
mais si vous n'avez pas cela en vous,
ce qui n'est pas à vous vous tuera. »

Évangile selon Thomas, 1,70

« Celui qui marche doucement ira loin. »

Proverbe chinois

Comme nous l'avons vu dans les chapitres précédents, derrière une dysharmonie, ou maladie, se cache une cause émotionnelle, déconnectée de l'amour.

Il y a quelques mois, j'ai eu un cas assez curieux qui est venu confirmer encore une fois cette grande vérité. Il s'agissait d'une femme qui, sans raison apparente, était passée de 60 à 120 kg. Malgré tous ses efforts pour maigrir, elle n'arrivait pas à se débarrasser de ce surplus. Elle était perplexe : elle disait ne pas manger excessivement et ne pas mener une vie sédentaire.

Elle vint me voir désespérée. Elle se sentait coupable et triste de cette situation qui induisait des complications dans sa vie et de sérieuses limitations dans son travail. Notre conversation me fournit des indices pour découvrir un point intéressant, à savoir la cause émotionnelle de son symptôme physique.

Peu de temps avant cette prise de poids subite, sa mère, de laquelle elle dépendait beaucoup émotionnellement, tomba malade et mourut. Elle n'avait pas pu la prendre en charge durant sa maladie et vivait maintenant dans la culpabilité. Elle éprouvait une profonde angoisse et était incapable d'accepter son décès.

Je lui demandai à partir de quel moment elle avait commencé à grossir. Cela faisait trois ans et demi, exactement la durée qui s'était écoulée depuis la disparition de sa mère. Mais le plus surprenant vint quand je l'interrogeai sur le poids de sa mère… Elle me répondit que, toute sa vie, elle avait pesé dans les 60 kg. Incroyable ! Nous pourrions dire que cette femme portait sa mère en elle, émotionnellement et énergétiquement parlant.

Pour l'aider à abandonner définitivement ces sentiments si négatifs, je lui recommandai d'aller au cimetière et de prendre sincèrement congé d'elle. Elle suivit mon conseil et, après avoir libéré remords et résistances, elle commença à perdre cet excès de poids et à retrouver le sien. Plus important encore, elle commença à se sentir réellement libre et légère.

Exercice pratique :

Observez vos pensées comme quelque chose d'étranger à vous; laissez-les passer. Ne les retenez pas, ne leur accordez pas votre attention. Permettez qu'elles s'écoulent librement et observez-les comme si vous étiez un espace ouvert, comme le ciel qui laisse passer les nuages.

Intégrez cette pratique dans votre quotidien; au début pendant quelques minutes, puis augmentez la durée au fur et à mesure que vous vous sentez à l'aise en le faisant.

À la fin de chaque méditation, souhaitez que ses bienfaits bénéficient également à tous les êtres sans exception.

Conte :

« Si vous cherchez Dieu, ce que vous faites c'est chercher des idées... Et vous ignorez la réalité », dit le maître.

Puis il raconta le cas d'un moine qui se plaignait de la cellule qui lui avait été assignée. « Je voulais une cellule de laquelle je puisse contempler les étoiles, mais celle-ci a un stupide arbre juste devant qui m'en empêche... »

Pourtant, c'était précisément en regardant cet arbre que l'occupant précédent de cette cellule avait atteint l'illumination.

Anthony de Mello

Chapitre 50 : Témoignages

« Nous cherchons tous à atteindre le sommet de la Montagne Sainte; mais notre chemin ne sera-t-il pas plus court, si nous considérons le passé comme une carte et non comme un guide ? »

Khalil Gibran

Avant de terminer, j'aimerais partager avec vous quelques témoignages authentiques, écrits par des personnes qui ont fait l'expérience des bienfaits de ces outils dans leur vie. Ils m'ont permis de faire part de leur histoire aux lecteurs de ce livre.

Témoignage de Juan Tomás González

Les mots ne suffisent pas pour décrire la sensation que j'ai éprouvée lors de ma première séance de Reiki et de thérapies énergétiques tibétaines. C'est une expérience qu'il faut vivre soi-même. En vérité, au départ, je n'étais pas très réceptif. Mes problèmes m'avaient conduit à essayer diverses médecines douces, sans résultat. Toutefois, quelque chose en moi me disait que cette fois ce serait différent. Et ce le fut !

C'est peut-être grâce au bon pressentiment et à la confiance que j'ai toujours eue en la personne qui m'avait conseillé d'y aller que j'ai finalement décidé de faire le pas pour me rendre chez José Antonio ce jour-là. Je n'avais rien à perdre et même, maintenant, je peux dire que j'avais tout à gagner.

Je suis arrivé au rendez-vous en fauteuil roulant, car, ayant subi une attaque cérébrale, j'étais dans l'incapacité de maintenir l'équilibre en marchant (ou, du moins, le croyais-je). De plus, je souffrais d'un trouble de fonctionnement de la vision qui me faisait voir double. Sur les lieux, un jeune homme souriant me reçut, et il me sembla le connaître depuis toujours; c'est la sensation qu'il donnait. Quand la séance commença, je fermai les yeux et je me laissai aller. Je commençai à me sentir détendu, tranquille puis, à un moment donné, je ressentis une grande chaleur dans la poitrine. Après cela, je me suis de nouveau détendu.

Au bout d'un moment, José Antonio me dit : « Ouvre les yeux, Juan. Lève-toi et marche parce que maintenant tu n'as plus peur. » Je le regardai en écarquillant les yeux, mais je fis ce qu'il me demandait. Je commençai à marcher. J'arrivai à le suivre sans avoir besoin d'aide et sans perdre l'équilibre, comme avant mon attaque.

Je me souviendrai de ce jour toute ma vie. En sortant de chez lui, c'est moi qui poussais le fauteuil, et non plus lui qui me portait ! Après plusieurs sessions hebdomadaires, je suis également parvenu à ne plus voir double. Incroyable ! Auparavant, j'étais très sceptique à propos de tout ce qui avait trait aux thérapies énergétiques, mais maintenant que je connais plus concrètement José Antonio, je suis convaincu qu'il existe d'autres voies. Je continue à recourir à cette forme de thérapie parce que je me sens de mieux en mieux. Soit dit en passant, depuis cette histoire, mon médecin me dit que je suis un « petit miracle ».

Témoignage de Carmen Delgado Hernández

Cette nuit-là, j'étais résolue à mettre un terme à mon existence. Cela faisait un moment que j'y réfléchissais; il ne me manquait que la manière de le faire. Le plus simple était de prendre une bonne dose de médicaments. Toute ma vie j'avais pris des antidépresseurs; j'avais donc une solution à portée de main. Pourtant, que se passerait-il si mes enfants me trouvaient trop tôt? Qu'est-ce que je leur laisserais? Encore plus de souffrance, de douleur et d'incertitude face à une rechute? Non, les médicaments n'étaient pas une bonne option. Il fallait que ce soit quelque chose de sûr, sans droit à l'erreur, sans retour possible.

J'attendis que tout le monde dorme et, vers 3 h, je pris ma voiture pour me diriger vers le Mirador del Rio, un point de vue en haut d'une montagne. J'avais l'intention de sauter de la falaise. Aujourd'hui encore, je ne sais pas d'où me venait cette détermination. Moi qui souffrais d'agoraphobie, qui n'osais pas sortir seule de chez moi, maintenant j'avais un objectif clair : en finir avec ma vie.

Je me souviens d'une profonde tristesse. Les larmes m'empêchaient de bien voir la route. Toutefois, la certitude augmentait au fur et à mesure que je me rapprochais de ma destination. Tout allait prendre fin cette même nuit.

J'étais presque arrivée au sommet – il manquait à peine 300 mètres – lorsqu'un nuage très épais apparut devant moi, empêchant toute visibilité. En l'espace d'un instant, toute la voiture se retrouva prise à l'intérieur. Comme je n'y voyais plus rien, je me rangeai sur le côté de la route pour attendre. Les pensées se chevauchaient dans ma tête. Je n'arrêtais pas de pleurer, je ressentais un grand nœud dans la poitrine qui m'appuyait sur le cœur et m'oppressait. Je pensais à mes enfants, à la douleur que cela leur causerait, mais j'étais convaincue que c'était mieux comme ça pour tous. Je leur avais infligé assez de souffrances avec mes dépressions à répétition.

Ma famille avait toujours occupé la première place dans ma vie : mes enfants, mon mari, mon chien, ma maison… et ensuite, moi. De ce fait, à ce moment-là, alors que j'attendais que le nuage se dissipe, je décidai de sauter sans la voiture. Au moins, mes enfants pourraient continuer d'en profiter.

Mais ce nuage ne voulait pas s'en aller; il s'était installé là. Les minutes passèrent puis ce furent les heures, jusqu'au moment où je vis enfin une petite lueur à l'horizon. Soudainement, comme si d'en haut quelqu'un soufflait sur moi, le nuage s'écarta sur le côté, faisant place au plus magnifique lever de soleil que j'aie vu dans ma vie. Tandis que je contemplais la beauté du moment, songeuse, une pensée jaillit en moi et occupa tout mon esprit : « Dieu ne veut pas encore que je parte. »

Si Dieu voulait que je reste, même dans un état de souffrance, je resterais. Mes larmes ne cessaient de couler, plus fortes qu'auparavant. Je demeurai à cet endroit, immobile, incapable de mettre la voiture en marche. Plusieurs heures passèrent, jusqu'à ce que les rayons du soleil finissent par me gêner. Il était déjà 11 h quand je rentrai chez moi. Tout le monde se faisait beaucoup de soucis, pensant qu'il m'était arrivé un malheur. Ce n'est que plusieurs mois plus tard que je leur racontai les faits.

Ma vie suivit son cours avec ses hauts et ses bas, mes crises d'anxiété, mes paniques, mes tristesses... Jusqu'au jour où, peu de temps ensuite, quelqu'un me recommanda d'aller à une rencontre de « Reiki solidaire ». Je ne sortais jamais seule nulle part et, honnêtement, j'eus du mal à rompre cette habitude et à faire le pas pour m'y rendre. Mais je le fis; je me surpris moi-même à m'écarter de ma routine. À peine arrivée, je me retrouvai dans une salle remplie de gens. Beaucoup trop à mon goût, pensai-je alors. Parmi toutes les personnes, il y en eut une qui attira spécialement mon attention, un être merveilleux. Il me parla avec beaucoup d'affection et me donna des enseignements clés qui me furent d'une grande utilité. Quelque chose avait changé.

J'étais une autre personne en rentrant chez moi ce jour-là. Le 4 août 2012, je fis une initiation au Reiki Usui. À partir de cette date, ma vie prit un tournant à 180 degrés. Pendant toute mon existence, j'avais avalé des antidépresseurs à forte dose, entre 8 et 10 par jour, 2 dans mes meilleurs moments. Depuis cette époque, je ne prends plus rien. Mais le plus important, c'est que je suis heureuse. Chaque jour je remercie Dieu d'avoir mis sur mon chemin ce nuage au sommet de la montagne et de m'avoir fait connaître mon maître, cet ange qui m'a aidée à m'en sortir et m'a redonné la joie de vivre, joie que malheureusement j'avais perdue trop tôt.

Maintenant, je me rends compte que, bien que la vie m'ait offert de très beaux moments, j'ai toujours été quelqu'un d'ancré dans le passé. J'ai vécu des périodes, des jours, des années où je me suis sentie tellement déprimée, triste, en colère… En colère contre mes collègues, ma famille, le monde, et contre moi-même. En outre, j'étais accablée par tout le mal que je faisais à mes enfants et à mon mari à cause de mon amertume permanente !

À ce jour, j'ai passé deux niveaux de Reiki Usui et de techniques énergétiques tibétaines, et je me sens une personne totalement différente. Je ressens un amour immense, un amour pour tout et envers tous. Même si j'ai dû m'éloigner de certaines personnes de mon entourage qui me nuisaient parce qu'elles entravaient mon développement et mon bonheur, j'ai goûté la douceur du pardon et je souhaite de tout cœur que ces personnes-là trouvent également le bonheur, la paix et l'amour que j'ai moi-même eu la chance de connaître.

Aujourd'hui, je ne regarde ni le futur, ni le passé, mais je vis le quotidien, en éprouvant la gratitude d'appartenir à cette merveilleuse famille dans laquelle je me sens si bien.

Aujourd'hui, je jouis de chaque aurore, de mon merveilleux compagnon de voyage (mon mari), de mes enfants, de ma petite-fille, de mon travail, de la nature et des cadeaux que la vie m'offre chaque jour.

Si, aujourd'hui, je raconte mon histoire, c'est avec la pensée qu'elle pourra peut-être aider d'autres personnes qui vivent des situations compliquées... Je suis passée par là. Je n'ai qu'un souhait : c'est qu'elles puissent reprendre de la force et connaître le bonheur que j'éprouve désormais, qu'elles puissent apprécier tous ces petits, quoique merveilleux moments de l'existence qui sont à notre portée jour après jour, mais qui passent souvent inaperçus.

Aujourd'hui, je ne me lasse pas de dire merci, parce que même si c'est vrai que j'ai souffert, j'ai aussi réussi à être où j'en suis et à sentir ce que je ressens. Et ça, c'est beaucoup. Merci à ce nuage. Merci, José Antonio. Merci, mon mari. Merci à la vie.

Témoignage de Carmen Hernández

J'ai vécu la première de ces expériences à peine quelques semaines après avoir passé le deuxième niveau de Reiki Usui. Je travaille comme infirmière à l'Hôpital Général d'Arrecife et, un jour, une parente à moi est entrée au bloc opératoire pour une césarienne programmée. J'étais à la porte du bloc, observant le déroulement de l'opération. Soudain, il y eut des complications. Tout s'est passé très rapidement : le bébé cessa de respirer, et les médecins essayèrent de le réanimer, sans résultat; le bébé était en arrêt cardiorespiratoire. D'où je me trouvais, j'entendais une voix qui me disait : « Tu es lumière, tu dois aller à l'intérieur. » Je voyais comment le pédiatre cherchait un battement de cœur chez la petite, mais celle-ci ne réagissait pas. Je suis alors rentrée dans la salle et j'ai commencé à pratiquer sur elle la méthode du Reiki, sans tenir compte de ce qui se passait autour de moi. Je ne pensais qu'au bébé. Je fis le symbole du « Cho Ku Rei » et, imposant mes mains sur son petit corps, je lui projetai de l'énergie dans la zone de la poitrine et du cœur. Instantanément, le bébé se mit à pleurer, recommençant ainsi à respirer. Bien que l'arrêt cardiaque ait duré presque cinq minutes, l'enfant est en parfaite santé et ne présente pas de séquelles.

La seconde expérience m'arriva quelque temps plus tard. Ce jour-là, j'avais commencé mon travail dans le secteur des soins intensifs et, pour diverses raisons, je me suis retrouvée en salle d'accouchement. On nous informa qu'une femme sur le point d'accoucher (il s'avéra que c'était une de mes amies qui attendait son deuxième enfant) allait monter pour qu'on lui fasse certaines analyses. Après les examens, le diagnostic annonçait un « syndrome d'aspiration du méconium ». Le méconium, ce sont les premières matières fécales du bébé qui, normalement, sont emmagasinées dans l'intestin jusqu'après la naissance. Néanmoins, il peut parfois arriver (en général, en raison d'une souffrance fœtale) qu'il soit expulsé dans le liquide amniotique avant l'accouchement. Si cela arrive, le bébé peut avoir de sérieux problèmes respiratoires. Dans le cas de mon amie, le bébé, bien qu'encore dans l'utérus, avait cessé de respirer et faisait un arrêt cardiorespiratoire. La sage-femme et moi, nous commençâmes à pratiquer sur elle le Reiki pour que son cœur recommence à battre. Nous sommes passées en salle d'opération pour une césarienne d'urgence. En plus du méconium, il fallut faire face à d'autres complications : malaise vagal, bradycardie et double circulaire du cordon ombilical. Les médecins tentèrent de réanimer la petite fille, sans y parvenir. C'est alors que le pédiatre s'adressa à moi en ces termes :

— Réveille-la, toi. Tu sais comment t'y prendre.

Je m'approchai d'elle et utilisai la méthode du Reiki. Chaque fois que je m'éloignais, la petite fille rechutait. Le pédiatre et la sage-femme me demandèrent par conséquent de rester à ses côtés. On la monta à l'étage du service pédiatrique. Là, on lui fit une radiographie du thorax qui révéla que le poumon contenait du liquide amniotique contaminé par le méconium. Or, ce liquide est très dangereux puisqu'il peut provoquer une pneumonie chez le nouveau-né. Je passai donc toute ma journée à pratiquer le Reiki. Son état s'améliorait, mais elle éprouvait malgré tout encore des difficultés à respirer. Le jour suivant, je décidai d'utiliser une technique énergétique tibétaine qui consiste à « enlever » tout excès d'énergie négative. Au bout de quelques secondes, la petite fille commença à vomir et à expulser le liquide de ses poumons. Après avoir réalisé les examens de rigueur, le pédiatre m'annonça qu'elle était complètement rétablie. Aujourd'hui, elle ne présente aucune séquelle; son poids et sa taille sont normaux, comme ceux de n'importe quel bébé.

Je suis très heureuse de connaître cette méthode énergétique qui enrichit tant ma vie et celle de mon entourage, et j'en remercie l'univers chaque jour.

Témoignage de Ibán Bermúdez Betancor

Bonjour. Je m'appelle Ibán, j'ai 32 ans. Il y a sept mois, les médecins m'ont annoncé que j'avais un cancer, et aujourd'hui je suis reconnaissant de l'avoir eu. Que s'est-il passé pendant ce laps de temps pour que j'en arrive à ces conclusions ? Ma réponse est : « Je ne sais pas. » Mais commençons par le début et voyons si j'arrive à m'expliquer…

En août de l'année dernière, j'ai été hospitalisé, car, après un contrôle de la médecine du travail, on a détecté certaines anomalies dans mon organisme. Anomalies qu'il fallait vérifier afin d'écarter l'éventualité de cette maladie que je redoute tant… ou redoutais. Les jours qui ont précédé les tests ont été un véritable calvaire : le fait de m'inquiéter pour quelque chose, sans savoir si cela allait arriver (et finalement cela arriva), paralysait complètement ma vie. L'attente se faisait insupportable et me plongeait dans l'angoisse et le désespoir… jusqu'à ce que la nouvelle si redoutée arrive.

Des jours passés à l'hôpital, je ne me souviens que de la peur : peur des médecins, peur d'être seul, peur d'écouter ce que je ne voulais pas entendre, peur de mourir, panique à la pensée de ne plus vivre…

La grande nouvelle arriva alors : ils m'annoncèrent que j'avais un cancer. Auparavant, les médecins avaient écarté une autre forme de cancer qui, selon eux, était incurable. C'est ce que je croyais aussi, quoique par la suite j'aie appris que tout a une solution. Mais ceci n'arrivera que plus tard, et je ne veux pas mélanger l'ordre des événements.

C'est donc avec le diagnostic en main de «lymphome hodgkinien» que je quittai l'hôpital, soulagé. Ce soulagement n'était dû qu'au fait d'abandonner l'hôpital, cet endroit où j'avais ressenti tant de craintes. Une fois à l'extérieur, je ne pouvais penser à rien, j'étais incapable de penser au futur. Tout ce que je voulais, c'était seulement de continuer à vivre, d'avoir l'opportunité de revivre. Ce que je voulais, c'était d'avoir la chance de renaître, comme ce qu'éprouvent beaucoup de personnes après avoir vaincu un cancer.

Je racontai tout cela à une amie à moi, que j'aime appeler «petit ange», et elle considéra que mon attitude était très positive. Elle me recommanda d'assister à une séance de Reiki parce qu'elle avait l'intuition que cela pourrait m'aider, en m'apportant un outil supplémentaire pour affronter ce qui m'attendait. J'étais ouvert à tout ce qui me permettrait de saisir cette chance de revivre, et j'acceptai donc sa proposition sans un instant d'hésitation. C'est ainsi que j'ai connu José Antonio Manchado, mon maître, mais comme je sais qu'il ne tient pas spécialement à cette appellation, j'utiliserai désormais le terme ami – c'est en effet ce qu'il a été pour moi et ce que j'ai ressenti.

Dès ma première séance avec lui, tout changea, même si sur le moment je n'étais pas conscient que tout allait changer. Je me souviens de cette rencontre : nous étions assis face à face, en nous regardant dans les yeux. Il voulut entendre toute mon histoire pour savoir ce qui s'était passé et pourquoi j'avais décidé de venir le consulter. Je ne connaissais rien au Reiki (et je continue probablement à ne pas savoir grand-chose), mais je rencontrai juste ce dont j'avais besoin : une personne qui transmettait de l'espoir et qui me surprenait en me disant que les maladies ont des raisons émotionnelles, que le traitement soigne les symptômes, mais qu'il faut aussi guérir ces causes émotionnelles parce que sinon, d'une façon ou d'une autre, elles réapparaîtront…

— Le cancer est dû à une cause émotionnelle, me répétait-il sans cesse.

Moi, je lui demandais comment je pouvais m'y prendre pour la découvrir, parce que je voulais guérir.

— En t'écoutant, tu trouveras la réponse, en te connectant à ton ressenti et à ton cœur, tu le sauras de source sûre, me répondit-il.

Il me dit une autre phrase qui, plus tard, deviendra ma préférée :

— Le cancer est une opportunité que la vie te donne pour créer une meilleure version de toi-même.

Il ne reste pas grand-chose à ajouter à pareille affirmation. J'ai donc écouté cette phrase et je l'ai gardée au fond de moi, même si, en cet instant précis, je ne lui accordais pas autant d'importance que par la suite.

— Je pourrai sortir, aller dans les endroits où il y a beaucoup de monde ?

Telle fut cette autre question que je lui posai, car ma famille me surprotégeait au point de me mettre presque dans une bulle et de m'isoler. D'après elle, en effet, il ne fallait pas que je tombe encore plus malade, vu que mes défenses immunitaires devaient certainement être faibles.

— Bien sûr que tu peux sortir ! Mène une vie normale, ressens la vie. Tout ça, ce sont juste des croyances limitantes que les gens t'imposent, des croyances qui se traduisent par des peurs. Mais si tu veux, tu peux.

C'est donc comme cela que j'ai commencé à vivre, ou continué à vivre, en me sentant vivant, en ne laissant pas les gens m'effrayer et en croyant toujours en moi. Et je dois avouer que, pendant la totalité du traitement («traitement de beauté» comme j'aimais l'appeler), je ne suis pas tombé une seule fois malade. Autour de moi, tous étaient touchés par ces grippes violentes qui circulaient apparemment... Tous, sauf moi! Malgré ma prétendue faible immunité!

Je me souviens d'une autre occasion, deux ou trois séances de Reiki plus tard, où José Antonio me dit que c'est seulement lorsque j'accepterais le processus que je traversais, quand je sentirais que ce que je vivais était pour mon bien, que le cancer disparaîtrait. C'était en effet un symbole, un signe que quelque chose devait changer en moi.

Disposant de tous ces outils et d'autres que j'appris en chemin, j'ai alors commencé à marcher, à expérimenter, à chercher, à sentir, à continuer tout simplement, tout en menant la vie la plus normale possible. Vint un jour – je ne me rappelle plus quand – où je me surpris à ressentir de la gratitude envers ce cancer. Ce jour-là – je ne sais plus comment ni pourquoi –, je me sentis reconnaissant, peut-être parce que j'étais en train de découvrir une version de mon propre être que j'ignorais. Les jours suivants, j'entrepris de faire part de ce sentiment à mon entourage, au risque que les gens me prennent pour un fou... Tout d'abord avec ceux qui étaient les plus susceptibles de me comprendre, puis dans un deuxième temps, ouvertement, avec tout un chacun, parce que c'est comme ça que je le sentais. Plus je le disais, plus j'étais certain de ce que je sentais, plus j'étais reconnaissant de vivre ce processus et de retrouver ce que j'étais, ce que je voulais devenir.

Autrefois, je pensais être heureux, mais maintenant, sachant ce que je sais, je me rends compte que je ne l'étais pas. Maintenant, oui, je peux affirmer que je suis heureux, que je ressens la paix. Et dorénavant, je veux être heureux. C'est ça que je veux, être heureux. Comment y parvenir? En m'écoutant, en sentant que ce que je fais est vraiment ce que je veux faire.

J'ai su que j'avais guéri ma cause émotionnelle à partir du moment où j'ai commencé à ressentir la paix. Tout au long de ce processus, j'ai éprouvé beaucoup de peurs, surtout celle de ne pas surmonter la maladie, mais ces peurs ne m'ont pas empêché de continuer à avancer. Je partais toujours du principe que mon désir était de vivre, et c'est cela qui m'a appris à vivre, à vivre en paix. Chaque pas que je faisais était une victoire et une source de satisfaction personnelle. Je pus travailler, rejouer au padel, mon sport favori (quoiqu'avec la main gauche au lieu de la droite), voyager, surmonter mon aversion aux odeurs. Je pus même m'accommoder de mes cheveux, qui non seulement ne tombèrent pas, mais qui se mirent en plus à pousser avant la fin de mes « séances de beauté ». Je pus faire beaucoup de choses et, malgré les difficultés et les mauvais moments, je continuais à dire que j'étais reconnaissant d'avoir un cancer, parce que, maintenant, j'étais vraiment heureux, un fou heureux.

Quand les médecins m'annoncèrent les résultats des examens et m'apprirent que tout était fini, que j'étais complètement guéri, je n'ai pas eu la sensation de renaître. Ça, c'est ce que je pensais avant de démarrer le traitement parce que je croyais que ma vie serait paralysée jusqu'à l'annonce de cette nouvelle. Mais je dois avouer que ce ne fut pas le cas, parce que je n'avais jamais cessé de vivre. En fin de compte, ce que j'avais fait, c'était de continuer à vivre ma vie. On m'a dit que j'ai compris la symbolique du cancer, que j'ai eu confiance en moi-même et en tous ceux qui m'ont aidé (et ils furent nombreux), et que j'ai réussi à surmonter mon défi parce que je me suis reconnecté à la vie. Comment l'ai-je fait ? Je ne sais pas !

www.ibanconbb.blogspot.com.es

Témoignage de Jezabel Suarez

Qu'est-ce qu'un miracle ? Selon mon maître, c'est la désactivation d'une croyance limitante qui prétend que « c'est impossible ». Il y a des moments où ce qui semble impossible, devient possible… L'univers est tel que plusieurs situations surgissent simultanément ou en alternance. Il en découle un résultat... un bon ou un mauvais. Et, si nous ne jugions pas? Ce qui arrive est simplement la leçon qui nous incombe.

Je crois aussi que l'univers nous écoute... Quel est le message qu'on lui envoie : espoir ou désespoir? Quelle est notre tendance habituelle? La plainte ou la reconnaissance? Sommes-nous conformistes ou poursuivons-nous nos rêves? Nous laissons-nous happer par la peur ou l'écoutons-nous avec amour?

Voici une histoire de plus parmi tous les processus de maladie passés, présents et à venir. Mais celle-ci est l'histoire du processus de maladie et de guérison de mon père. Et, c'est aussi l'histoire de mon propre processus de maladie et de guérison en tant que fille. Aujourd'hui, j'ai 30 ans. Depuis six années, je suis infirmière en oncologie, ce qui m'a permis de voir et de partager de nombreux processus de maladies, d'espoirs, de guérisons, de conflits intérieurs et de décès. Il y a deux ans, motivée principalement par le désir de réconforter ceux qui souffrent, j'ai commencé à expérimenter l'énergie à travers le Reiki. Cette approche énergétique s'avérera un outil puissant et utile, comme je l'expliquerai plus loin.

Et le cancer, que je connaissais déjà trop bien, refit son apparition... Cette fois-ci en la personne de mon père.

Le 31 décembre 2010, mon père fit une poussée d'ictère (peau et muqueuses jaunes en raison d'une obstruction hépatique). En Espagne, la coutume veut que pour le réveillon on mange 12 graines de raisins, une pour chaque mois. Nous, nous avons célébré la Saint-Sylvestre à l'hôpital. C'est là que je me rendis compte du nombre de fois où je n'avais pas été reconnaissante pour les Saint-Sylvestre antérieures, comme si être alors en famille et en bonne santé allait de soi.

Après plusieurs jours d'examens, les médecins nous annoncèrent que l'ictère devait probablement venir d'une obstruction des canaux biliaires. Le 6 janvier, jour des Rois Mages (et des cadeaux, en Espagne), nous pleurions, car la cause de cette obstruction était une tumeur dans la voie biliaire. Comme il semblait absurde de déballer des cadeaux ce jour-là ! L'aspect matériel ne nous apportait évidemment aucune consolation. Ce fut à partir de là que nous avons vraiment commencé à prier pour mon père. Des sentiments opposés nous habitaient, ma famille et moi, allant de l'espoir au désespoir.

La présence de la peur a été accentuée chez moi par les codes mentaux que j'avais renforcés au cours de nombreuses années de travail avec des patients oncologiques. Je consultais Internet pour m'informer sur les prédominances, les statistiques, les pronostics, les traitements... Comme si ces informations pouvaient me réconforter ! En réalité, elles ne firent que m'apporter davantage de peurs et de doutes : au lieu de me concentrer sur son processus de guérison et sur le mien, la seule chose que je réussissais à faire était de renforcer l'idée qu'il n'y avait pas d'espoir pour mon père.

L'information nous aide-t-elle ou nous nuit-elle ? En raison de mon profil d'infirmière, j'ai toujours pensé que le patient devait être tenu au courant de sa situation pour lui permettre de l'aborder. Aussi douloureuse soit-elle, la maladie nous donne la possibilité de faire émerger les outils de notre pouvoir personnel, celui qui est au fond de nous-mêmes. J'ai été témoin d'innombrables cas de conspiration du silence. C'est un procédé assez commun, surtout quand la maladie frappe nos parents âgés. Dans ce cas, certaines personnes au sein de la famille, en général les enfants, jugent que le diagnostic est trop dur pour que la personne âgée puisse l'affronter. Animés par un sentiment protecteur vis-à-vis de l'être cher, ils sous-estiment le pouvoir personnel de celui-ci et adoptent le rôle du père : « Je te protège et je prends sur mes épaules ta souffrance et la mienne. » De son côté, le patient se retrouve assigné au rôle d'enfant démuni, privé des moyens qui l'aideraient à aborder sa situation et à s'emparer de ses facultés curatives. Dans ce modèle de conspiration du silence, on investit beaucoup d'énergie pour tenter d'occulter une réalité à «l'enfant» qui, tôt ou tard, finira par la découvrir. Il peut même arriver que ce patient veuille à son tour cacher cette découverte aux personnes qu'il aime. De cette façon, les deux parties dépensent une quantité d'énergie considérable à essayer de taire «leur secret», en plus de produire et de garder une grande peine à l'intérieur d'eux-mêmes.

Je crois qu'il est important que la personne malade sache ce qui lui arrive afin qu'elle puisse se poser la question, depuis l'amour : «Qu'est-ce que ce malaise essaie de me dire? Qu'est-ce que je peux modifier en moi pour retrouver ma santé physique et émotionnelle? » Et les réponses surgiront. Ignorer la maladie ne peut que la rendre plus persistante pour qu'enfin nous écoutions ce qu'elle a à nous dire.

Jusqu'à quel point devons-nous savoir? Je n'aime pas les pronostics; ils me paraissent cruels. Évaluer le temps qu'une personne a encore à vivre peut avoir un tel impact que nous courons le risque de la catapulter à la date fatidique. Il y a quelque temps, une jeune personne atteinte d'un mélanome (cancer de la peau) vint pour un traitement dans le service où j'exerce. Elle avait déjà terminé la phase d'induction du traitement et elle devait passer à la phase de maintien. Elle s'approcha alors de moi pour se renseigner sur son prochain rendez-vous. À ce moment-là, j'avais son dossier dans les mains. En vérifiant la date de la prochaine visite, je m'aperçus que ses yeux étaient rivés sur son diagnostic médical : «Mélanome avec métastases, stade IV, faible probabilité de guérison.» La personne s'en alla rapidement, le visage décomposé, reflétant clairement l'impact qu'avait eu sur elle ce diagnostic-pronostic. Ce même après-midi, elle fit une crise cardiaque et mourut.

L'information a du bon quand elle nous permet de regarder le malaise en face et d'être en mesure d'employer toute notre énergie pour accéder à notre pouvoir intérieur, amorçant ainsi la guérison. Néanmoins, une fois ce malaise défini, je pense qu'il n'est pas sain de continuer à s'abreuver d'informations, car cela peut nous sortir du processus de guérison que nous voulons initier.

Mais revenons à l'histoire de mon père, à mon histoire. Pour avoir confirmation du diagnostic, nous nous sommes dirigés vers un hôpital de Grande Canarie qui disposait de plus de moyens techniques et humains pour ce type de maladie. Là, on lui fit passer de nouveaux examens, et les médecins nous proposèrent comme solution de rechange la résection chirurgicale de la tumeur. Au préalable, il fallait procéder à un drainage de la bile contenue dans le foie pour diminuer l'ictère. Un matin de février 2011, mon père sortit de la salle de radiologie interventionnelle complètement abattu. Il n'avait pas la force de se lever du lit, il n'avait pas d'appétit, il arrivait à peine à s'exprimer et ressentait une douleur aiguë qui dura une bonne semaine. La tentative de drainage fut vaine, et les nombreux piquages avec l'aiguille provoquèrent une propagation de la tumeur. Deux semaines plus tard, les médecins nous dirent que la tumeur avait grossi très rapidement et que la veine porte qui irrigue le foie était touchée; les chances de survie s'amenuisaient.

Quand l'éventail des possibilités diminue, c'est un peu de vie qui s'en va avec chacun de ces espoirs. Espoirs placés... dans quoi? Dans des traitements médicaux qui vont permettre de survivre? De ce côté du monde, lorsque nos chances de survie ne sont plus celles «estimées», et que les possibilités chirurgicales ou les traitements pharmaceutiques s'épuisent, il semble que nous n'ayons plus d'espoirs. Pourtant, est-ce que l'énergie qu'on a envoyée à l'univers, pour que ce parent ou nous-mêmes guérissions, se perd dans ces «impossibilités médicales»? Remettons-nous à la médecine le poids total de notre guérison? Nous attendons-nous à ce que quelqu'un d'autre, qu'en l'occurrence nous ne connaissons pas et qui ne nous connaît pas, s'implique dans notre processus de maladie? Nous lui disons : «Prends mon défi, résous-le pour moi s'il te plaît, parce que ça me fait peur d'assumer qu'il y a des émotions, des ambiances, des mécanismes acquis, des conduites de dépendance, des colères, du ressentiment, de la culpabilité... que je ne sais pas gérer. » Nous nous comportons comme des enfants dépourvus d'outils et nous avons besoin d'un *médecin-père* qui nous oriente vers le chemin de notre propre guérison.

Je me suis souvent posé la question suivante : qu'est-ce que l'acceptation ? Qu'englobe-t-elle ? La définition générale nous dit : « Admettre quelque chose ou recevoir de façon volontaire et sans opposition. » Mais qu'est-ce qu'on accepte ? Quand on vit dans un état d'acceptation, nous nous ouvrons en confiance au fait que la vie nous a conduits jusqu'ici pour que nous grandissions avec le défi du moment, pour que nous ayons confiance en nos facultés personnelles et pour chercher toute la gamme de ressources qui peuvent nous aider dans notre processus de guérison. Le contraire est la résignation. Et lorsque nous nous résignons, nous autorisons les schémas qui nous ont gouvernés pendant des années à tenir encore la barre et à croire qu'ils ont gagné. Nous leur donnons les rênes de notre pouvoir personnel.

De mon point de vue, ceux comme nous qui travaillent aujourd'hui dans le système sanitaire occidental ne voient pas toujours bien la différence qu'il y a entre acceptation et résignation. Nous croyons très souvent que les malades acceptent leur situation, quand en fait ils ne sont que résignés. Certaines personnes en revanche grandissent réellement intérieurement lorsqu'elles passent par un tel processus. Elles s'ouvrent à la possibilité d'extérioriser leurs émotions, elles commencent à s'estimer, à se pardonner, elles se rendent compte que le plus important dans la vie est d'aimer le moment présent, sans se préoccuper d'un futur incertain et sans se focaliser sur un passé éventuellement douloureux. Le défi leur ouvre les yeux pour qu'elles puissent apprécier la réalité du moment. Et même si le médecin leur annonce que les possibilités thérapeutiques sont limitées, elles ont déjà connecté à leur véritable grandeur intérieure, et leur sens de la liberté est tel que le choc n'est pas aussi rude.

À la suite de l'annonce de l'expansion de la tumeur, en bonne infirmière oncologue que j'étais, mon attitude fut celle de la résignation. Pourtant, il y avait une personne dans ma famille qui ne se résignait pas, qui vivait dans le mode de l'acceptation; c'était ma mère : elle gardait à l'esprit qu'il existait encore des chances et qu'il fallait les trouver. C'est ainsi que, grâce à l'aide du chef du service de chirurgie, trois semaines plus tard, nous nous envolions pour Barcelone avec l'espoir qu'une intervention chirurgicale difficile pourrait sauver la vie de mon père.

Là, tout alla très vite : l'opération devait avoir lieu dans la semaine. Je comprends à ce moment que la vie est indulgente avec nous, et consciemment je me dis : je vais utiliser tous les moyens dont je dispose pour que le processus dans lequel toute la famille est engagée ait une fin heureuse. Quelques jours avant l'intervention, ma mère et moi, nous nous mîmes à l'œuvre : nous pratiquions l'Ho´oponopono, nous visualisions mon père en bonne santé, nous lui envoyions consciemment l'énergie de l'amour, nous pratiquions le Reiki au moment de l'opération, nous récitions des mantras… En somme, toutes les deux, nous projetions sur lui des actes connectés à des énergies ayant les fréquences de la guérison. Sans le réaliser, toutes ces actions éveillèrent davantage de conscience chez ma mère et moi, ouvrant des chemins qui nous relièrent aussi à notre propre processus de guérison intérieure.

Quant à l'attitude du patient, je dois dire que deux réalités se dessinaient clairement chez mon père : la résignation et l'isolement. Le résultat en fut la solitude, la souffrance, l'impuissance.

Combien d'attitudes et de comportements différents la maladie nous fait-elle manifester ! À mes yeux, bon nombre de ceux-ci proviennent des croyances que nous portons en nous depuis notre enfance à propos de la maladie, de l'extériorisation de nos émotions, et de la relation d'amour que nous avons avec nous-mêmes.

Qu'est-ce que la maladie ? Pour quelles raisons, ou dans quel but, apparaît-elle ? Que m'apporte-t-elle ? Ces questions, et leurs réponses, peuvent déterminer l'attitude de la personne malade. Regardez si, dans votre enfance, on vous a appris que la maladie est un vecteur permettant d'attirer l'attention ou si, lorsque vous étiez malade, on vous isolait dans votre chambre, ou bien encore si on vous surprotégeait en ne vous laissant rien entreprendre. Faire la lumière sur ces concepts et voir que nos modèles de comportements se répètent, cela nous aide à ajuster notre attitude à l'égard de la guérison. L'extériorisation des émotions et la façon dont nous gérons chacune d'elles conditionnent le déroulement de la maladie. Quand un organe crie de douleur, c'est qu'il nous demande d'extérioriser quelque chose à travers la parole, le pleur, le rire, la colère mesurée… Cet organe dit alors «écoute-moi et parle pour moi!» C'est en effet à travers la libération que nous prenons conscience que ce que nous réprimions au fond de nous depuis si longtemps était ce qui nous nuisait. Et quand on se libère, c'est l'amour qui occupe l'espace libéré.

Tout au long de ma trajectoire professionnelle et personnelle, j'ai observé comment l'agressivité, la labilité émotionnelle, l'anxiété et la dépression sont le signe que nous ne maîtrisons pas bien le processus.

L'agressivité, à des degrés variables, s'exprime à travers des mots, des gestes, des tentatives d'attaque abordant des thèmes du passé qui sont hors propos, etc. Un jour où j'interrogeai la femme d'un patient à propos des égratignures et des bleus qu'elle avait au bras, celle-ci m'avoua, en larmes : «Mon mari est devenu agressif. À tel point que dernièrement, il a essayé de me battre pour la toute première fois de ma vie. Il se sent impuissant.» L'impuissance est la non-acceptation du processus et le refus de regarder à l'intérieur de nous-mêmes pour trouver et gérer notre pouvoir personnel.

Dans les cas de labilité, la personne s'émeut pour toute chose extérieure qui, aussi superflue soit-elle à ses yeux, a une symbolique démesurée. Il s'agit d'une forme de débordement émotionnel. La personne continue à ne pas manifester sa douleur, mais la douleur, elle, veut passer à travers n'importe quelle fente émotionnelle qui a été activée.

Au cours du déroulement de la maladie, un de ces sentiments peut prédominer (agressivité, labilité émotionnelle, anxiété ou dépression), et même plusieurs d'entre eux peuvent apparaître simultanément.

La question de la relation d'amour que nous ressentons pour nous-mêmes est tout aussi centrale. Comment allons-nous déclencher notre processus de guérison si nous ne nous aimons pas? C'est une incohérence. L'amour, la compassion et le pardon envers nous-mêmes nous permettent de nous connecter directement à nos facultés curatives.

Le matin du 2 mars, mon père était transporté en salle d'opération. Depuis la salle d'attente de cet hôpital austère, ma mère et moi récitions le mantra du Bouddha de la médecine, nous utilisions le Reiki pour envoyer de l'énergie (à lui et aux médecins), et nous le visualisions en bonne santé et heureux. L'après-midi, il était déjà en soins intensifs. Des neuf segments qu'un foie sain possède, sept lui avaient été retirés. La petite partie restante luttait pour le maintenir en vie. Nous allions le voir tous les matins et après-midi, pendant les heures de visite, et nous en profitions pour faire quotidiennement une séance de Reiki et des thérapies énergétiques tibétaines. Je notais une amélioration de mon flux énergétique, je recevais des bénédictions et de l'amour depuis l'univers... Je me sentais fortunée. Cinq jours après l'intervention chirurgicale, mon père retournait déjà dans sa chambre et se rétablissait convenablement. Trois semaines plus tard, nous rentrions à Lanzarote.

La motivation du travail intérieur doit venir de la personne malade. Mais nous avons tous des rôles au sein de la structure familiale, ceux-ci pouvant être pathologiques et entraver le processus. Nous devons prendre conscience de notre rôle dans la famille : la maladie est une occasion pour corriger les structures qui ne nous apportent ni santé ni amour. Pardonnons. Nos ego sont absurdes face à la force de la maladie et face à la menace d'une mort possible. Nous réalisons alors la quantité d'énergie gaspillée à essayer de préserver ces structures égotistes qui nous éloignent de notre véritable essence. Quand toute cette énergie est transposée dans le positif et dans l'amour véridique envers notre parent, elle est plus saine et transformatrice.

Le retour à la maison fut compliqué. Depuis janvier, mon père avait perdu près de 50 kilos et il n'en pesait maintenant plus que 47. Le manque d'énergie vitale et d'appétit faisait qu'il restait au lit presque toute la journée. Il ne s'était pas écoulé cinq jours depuis notre rentrée qu'il fallut le ramener à l'hôpital. Je me souviens de ce moment comme ayant été l'un des plus difficiles. Divers examens confirmèrent que la tumeur réapparaissait, situation compliquée en outre par un sepsis sévère. Mon père était à moitié conscient, respirant avec difficulté, entre la vie et la mort. Il ressemblait davantage à un cadavre qu'à une personne. Les médecins nous annoncèrent qu'il ne lui restait probablement plus que quelques heures de vie.

Pourtant, ce message ne trouvait pas d'écho en moi, et chez ma mère non plus. Refus? J'avais moi-même utilisé et écouté ce terme tant de fois! Mais non, ce n'était pas du refus. J'acceptais la situation et continuais à canaliser de l'énergie, à réciter des mantras et à envoyer de l'amour. L'après-midi de son admission, une amie et collègue de travail s'approcha de moi et me dit : «Jeza, ton père va mourir, et j'ai l'impression que tu ne vis pas la réalité que nous voyons tous.» Sa rude franchise me fit penser à toutes les occasions où un membre de la famille d'un patient sur le point de rendre son dernier souffle, en pleine agonie, s'approchait de moi et, à ma grande surprise, me demandait : «Tu crois qu'il/elle va s'en sortir?» Je me souviens de toutes ces fois où j'avais dit : «oh, cette femme ne va pas y échapper!» ou «elle n'est plus très loin de la sortie!», comme on le dit familièrement dans le milieu de la santé. Je réalisai la terrible charge énergétique que nous projetions alors sur ces personnes en usant de tels messages.

Pourtant, il existe bien des personnes qui transcendent la maladie alors qu'elles sont soi-disant sur le seuil de la mort. Il y a des gens qui se connectent au dynamisme du changement intérieur s'opérant en eux et qui se rendent compte qu'ils peuvent encore apporter de la valeur au monde à travers l'amour.

Après trois semaines de traitement aux antibiotiques et par énergie positive, mon père était encore en vie. Nous sommes retournés à l'hôpital de Barcelone où les médecins finirent de soigner son sepsis et où, à la surprise générale, ils constatèrent que son foie était sain. Il n'y avait plus une trace de la tumeur ! Aujourd'hui, cet organe a doublé de taille, et mon père est en bonne santé. La vie nous a donné une opportunité, à lui et à nous.

C'est curieux, mais durant le processus d'une maladie, nous ne remarquons pas les changements qui se produisent en nous et dans la structure familiale. Ce n'est que maintenant, un an et demi après cette difficile intervention, que je commence à comprendre le sens profond de cette maladie, son enseignement pour moi. J'imagine que chaque personne, chaque famille, dans son contexte personnel et son idiosyncrasie propre, pourra comprendre cela si elle veut réellement grandir durant ce processus.

Aujourd'hui, je peux voir quels ont été les enseignements pour moi…

J'ai compris que, pour certaines raisons, mon père a été présent et à la fois absent des grands événements de ma vie. « Isolement inconscient » ; du moins, c'est comme cela que je le ressentais et le vivais. Sa maladie fut importante puisqu'elle m'a permis de le mettre là où il méritait d'être.

J'ai compris que, pendant longtemps, je n'ai pas considéré ma famille comme un espace ouvert et sécurisant où je pouvais exprimer mes émotions et mes sentiments, ou bien parler sur des sujets qui me tenaient à cœur et qui avaient une répercussion émotionnelle dans ma vie. J'ai vu comment, en raison des conduites acquises et perçues au sein de la famille, je me suis isolée des autres, à quel point j'avais peur d'être jugée et de ne pas être acceptée.

J'ai compris que nous jugeons les processus des autres êtres, quel que soit le défi (une maladie, une séparation, un conflit personnel, etc.), et que, en outre, nous les influençons énergétiquement parlant. Nous sous-estimons très souvent le pouvoir personnel et la projection qu'un être veut avoir sur sa vie ou son processus, quelle qu'en soit la nature.

J'ai compris que la structure familiale est un organisme complet. Comme le dit le concept holistique, c'est «beaucoup plus que la somme de ses parties». Ceci a son importance, puisqu'à partir du moment où l'une d'entre elles tombe malade, c'est la totalité de la famille qui se trouve affectée. Observer nos réactions et émotions, et celles de l'ensemble, nous renseigne énormément sur les peurs, les conduites, les croyances acquises et perçues au sein de notre famille.

J'ai compris que nous avons peur de regarder à l'intérieur de nous-mêmes, de nous aimer comme nous sommes à cet instant précis. Nous remettons cette tâche à «plus tard», quand la vie, à travers des défis d'envergure, nous dit «maintenant, c'est le moment». J'ai appris que nous pouvons nous connecter fermement à cette invitation d'amour envers nous-mêmes, en partant du «présent».

J'ai compris qu'en général, nous cédons notre pouvoir personnel à toute force étrangère à nous, en pensant qu'elle va pouvoir nous sauver. Si nous croyons en «quelque chose» ou en «quelqu'un», ce que nous faisons consiste à déposer notre confiance dans ce quelque chose ou ce quelqu'un. Et, si nous déposions cette confiance en nous-mêmes? Car, finalement, tout et tous proviennent de la même source originelle qui a rendu la vie possible.

J'ai compris que je choisis d'accepter chaque processus et changement dans ma vie comme une opportunité me permettant de continuer à apprendre.

J'ai compris que, très souvent, nous nous obstinons à investir toute notre énergie (et celle qui n'est pas la nôtre) dans le processus de

« guérison » d'autres individus. Pourtant, il nous faut reconnaître que la guérison, comme nous l'entendons sur le plan matériel, se distingue de celle qui peut survenir sur le plan spirituel. Il se trouve qu'il est parfois préférable de laisser partir les êtres chers pour qu'ils se reconnectent à la vie à travers la mort. Nous devons projeter des désirs de « guérison » qui soient vastes, sans nous limiter seulement au domaine physique. L'intelligence universelle qui nous protège sait quel est le meilleur destin pour notre âme.

J'ai compris tout cela... Et il est probable que j'apprenne encore beaucoup plus...

Merci à mon père, ma mère, ma sœur, ma fille... Merci à tous ceux qui ont été là, tout comme à ceux qui n'ont pas été là.

À bientôt !

« Personne ne peut revenir en arrière et prendre un nouveau départ, mais n'importe qui peut commencer dès aujourd'hui à construire une nouvelle fin. »

Roberto Pérez

Cher lecteur,

Merci de m'avoir accompagné tout au long de ces histoires, réflexions, pratiques… Je les ai toutes expérimentées et vérifiées moi-même. Elles m'ont servi (à moi comme à d'autres) à me connecter à l'Essence et à vivre un bonheur inébranlable.

Au terme de ce voyage avec vous, permettez-moi de vous suggérer quelque chose que je recommande au début de chacun de mes ateliers et rencontres : « Ne croyez rien ! Simplement, expérimentez-le par vous-mêmes ! »

À peine quelques semaines avant de terminer la rédaction de ce livre, une élève à moi en méditation, dont le fils de tout juste 4 ans est décédé d'un cancer il y a quelques années, me disait, reconnaissante :

— Maintenant, je sais par expérience que nous sommes tous un. Je ferme les yeux et je le sens dans mon cœur; je vois que mon fils est là avec moi et qu'il ne m'a jamais quittée. Ceci me rend extrêmement heureuse.

Le sentiment qui n'a cessé de me guider est : « Toujours apprendre, toujours partager. »

Rappelez-vous : pour être vraiment heureux, il n'est pas nécessaire d'être né au Tibet ou en Inde. Ni même de se donner un nom exotique ! Il y a juste une chose qui compte : que la PAIX soit votre priorité.

Merci du fond du cœur !

José Antonio Manchado

Pour de plus amples informations et outils complémentaires :

http://mundoarmonia.es

www.facebook.com/Mundo-Armonia-Lanzarote-104612556238537/

https://mundoarmonia.es/en/books/be-happier-than-the-dalai-lama/

https://mundoarmonia.nl/about-jose-antonio-manchado/

À propos de l'auteur

José Antonio Manchado est né à Lanzarote (Îles Canaries, Espagne) en 1976.

Depuis 1999, il est engagé dans une étude et une pratique permanentes auprès de plusieurs maîtres spirituels (moines et lamas bouddhistes, tibétains et zen) dans les domaines de la méditation, de la guérison, du son et des thérapies vibratoires et énergétiques.

Actuellement, il consacre son temps à partager cette sagesse et les outils qui ont transformé sa vie, en donnant des cours, des ateliers et des conférences, en dirigeant des retraites de méditation, et en organisant divers événements et séminaires sur le bien-être mental, physique et spirituel.